美 育

主　编　王云峰　杨　帅
副主编　马温才　阙建华　吴　宇
　　　　　李　晶　张　英　周　泉

北京理工大学出版社
BEIJING INSTITUTE OF TECHNOLOGY PRESS

内容提要

为实践党的教育思想、填补高校美育教育的不足,组织编写了《美育》一书,试图从美育实践中的"审美理论""审美欣赏""审美创造"这个递进体系,构建大中专院校美育教程学科的科学体系。

本教材强调理论性,以"论美""审美""评美""创美"为理论体系,拓展"审美理论";并紧密围绕"心灵美"美育的核心,相应精练"审美欣赏"所涉内容:"艺术形式"与"人体艺术"。

版权专有　侵权必究

图书在版编目(CIP)数据

美育 / 王云峰,杨帅主编. -- 北京:北京理工大学出版社,2010.7(2024.7重印)

ISBN 978-7-5640-3316-3

Ⅰ. ①美… Ⅱ. ①王… ②杨… Ⅲ. ①美育-专业学校-教材 Ⅳ. ① G40-014

中国版本图书馆 CIP 数据核字(2010)第 124074 号

责任校对：周瑞红	责任印制：边心超

出版发行 / 北京理工大学出版社有限责任公司
社　　址 / 北京市丰台区四合庄路 6 号
邮　　编 / 100070
电　　话 /（010）68914026（教材售后服务热线）
　　　　　（010）68944437（课件售后服务热线）
网　　址 / http://www.bitpress.com.cn
版 印 次 / 2024 年 7 月第 1 版第 5 次印刷
印　　刷 / 定州市新华印刷有限公司
开　　本 / 787mm × 1092mm　1/16
印　　张 / 9
字　　数 / 230 千字
定　　价 / 25.00 元

图书出现印装质量问题,请拨打售后服务热线,负责调换

前言

所谓"全面素质教育",教育部在《教高(1998)2号》文件中指出:"当前,要加强素质教育,注重学生思想道德素质、文化素质、业务素质和身心素质的全面综合发展。"这即是我党在教育方针中早就提出的"德""智""体""美"全面发展的高标准。也可以理解为:新的世纪,更需要思想进步、道德高尚、一专多能、身心健康、具有创造性的"通才"。

对人才需求的新标准,反映了人类社会进入了一个新的阶段——科学技术由精细的分工走向渗透与融合,从而促进生产力的高度社会化;世界经济出现合作、互补、互利、互惠的新秩序;国际政治多元化、平等协商、和平共处的局面成为共同的企盼。一个国家先进与否,更多地表现在经济、科技和人才三个方面,而人才质量的高低,又是决定经济与科技水平的核心要素。

可见,社会对高素质人才的渴求,反映了时代的特征。也就是说,新的时代对教育提出了新的标准——不是单一的"专业教育",更不是"应试教育",而是要求通过教育,使受教育者的全面素质得以提高。我国教育部在《关于加强大学生文化素质教育的若干意见》中指出"文化素质是大学生基本素质的'基础'",并强调"我们所进行的加强文化素质教育工作,重点指人文素质教育"。

这些新的教育思想,与时代的脉搏相吻合,是进行教育改革的指导思想。作为高校教师,在实施全面素质教育中起着关键作用。因为从客观条件来看,在"传道""授业""解惑"的实践中,教师是主导因素。

为实践党的教育思想、填补高校美育教育的不足,我们组织编写了《美育》一书,试图从美育实践中的"审美理论""审美欣赏""审美创造"这个递进体系,构建大中专院校美育教程学科的科学体系。

本教材强调教材的理论性,以"论美""审美""评美""创美"为理论体系,拓展"审美理论";并紧密围绕"心灵美"美育的核心,相应精练"审美欣赏"所涉内容。

本教材以马克思主义美学理论为指导，遵循邓小平美育思想的两个创造性突破——"艺术主体价值论"和"艺术功能超前论"所开辟的崭新途径，吸收现代研究成果，以确立和充实本教材的学术观点，改进和完善教材所构建的这一美育体系。

但由于时间仓促和水平有限，其中不足之处难免，敬请同仁批评指正！

编者

目　录

- 第一章　绪论 ……………………………………………………………（1）
- 第二章　论美 ……………………………………………………………（7）
  - 第一节　美的相关概念 …………………………………………（7）
  - 第二节　美与丑 …………………………………………………（13）
- 第三章　审美 ……………………………………………………………（17）
  - 第一节　审美认识与一般认识 …………………………………（17）
  - 第二节　审美过程 ………………………………………………（21）
  - 第三节　审美感受与审美思想 …………………………………（25）
- 第四章　评美 ……………………………………………………………（32）
  - 第一节　美与艺术 ………………………………………………（32）
  - 第二节　艺术鉴赏 ………………………………………………（36）
  - 第三节　艺术鉴赏的角度 ………………………………………（39）
- 第五章　创美 ……………………………………………………………（48）
  - 第一节　美是人类自由创造的结晶 ……………………………（48）
  - 第二节　培养青年人创造美的才能 ……………………………（52）
  - 第三节　内在美的创造 …………………………………………（60）
  - 第四节　气质与风度 ……………………………………………（62）
  - 第五节　塑造外在美 ……………………………………………（74）
  - 第六节　创造美好的环境 ………………………………………（81）
- 第六章　艺术形式 ………………………………………………………（85）
  - 第一节　音乐——扣动你的心灵 ………………………………（85）
  - 第二节　舞蹈——舞动的身躯 …………………………………（90）
  - 第三节　美术作品的形、神、韵 ………………………………（107）
  - 第四节　实用艺术与摄影艺术给你一个斑斓的世界 …………（120）
  - 第五节　生活、理想、追求——文学与综合艺术的美学内涵 …（122）
- 第七章　人体艺术 ………………………………………………………（131）
  - 第一节　人体艺术探索史 ………………………………………（131）
  - 第二节　人体艺术的审美特征 …………………………………（135）

目 录

第一章 绪论 .... (1)
第二章 音乐 .... (5)
　第一节 音乐的含义 .... (5)
　第二节 音乐元素 .... (8)
第三章 审美 .... (17)
　第一节 审美欣赏的一般规律 .... (17)
　第二节 审美意象 .... (23)
　第三节 审美意象与心境 .... (25)
第四章 情感 .... (30)
　第一节 美与情感 .... (33)
　第二节 音乐情感 .... (37)
　第三节 音乐美的情感 .... (39)
第五章 想象 .... (43)
　第一节 想象是人类的特有的能力 .... (43)
　第二节 音乐音响与想象的关系 .... (45)
　第三节 想象力的培养 .... (50)
　第四节 幻想的作用 .... (52)
　第五节 意境的进入 .... (74)
　第六节 意境美的获取 .... (81)
第六章 艺术欣赏 .... (85)
　第一节 立意——内涵的美 .... (89)
　第二节 意态——意的体现 .... (90)
　第三节 意和境的"生动" .... (101)
　第四节 艺术是各种因素的一个有机统一体 .... (124)
　第五节 主题、情趣、境界——美的内在条件 .... (131)
第七章 人声艺术 .... (154)
　第一节 人声的乐器性 .... (157)
　第二节 人声的音乐性 .... (173)

第一章 绪 论

 **本章概述**

本章提纲挈领，从宏观上论述了美育的内涵与定位，美育的指导思想，对美育有一个总体介绍。美育思想起到了定位和导向的作用，本章重点在于端正美育思想，有利于读者在进行美育教育和学习美学的过程中以正确的思想为指导，从而达到美育教学的真正目的。

 教学目标

使学生在学习过程中初步了解美育的内涵，确定正确的学习思想和学习态度，认识东西方美学，自觉地"取其精华，去其糟粕"。

* * * * * * * * * * *

一、美育的内涵与定位

美育是国民教育的一个重要方面。在有条件的理工科高校开展美学教育，是培养学生的艺术鉴赏能力，使其自觉抵制"黄色信息"的冲击，追求健康的精神生活，以全面提高学生内在素质的必要手段。

"美育"就其外延而论，它与"德育"归属同一领域，即在"德""智""体""美"全面发展的高标准中，德育与美育在根本上关系到学生的思想道德素质，是我们强调素质教育的目的所在。

教育部在《教高（1998）2号》文件的附件中指出："我们所进行的加强文化素质教育工作，重点指人文素质教育。主要是通过对理工科大学生加强文学、历史、哲学、艺术等人文社会科学方面的教育，同时对文科学生加强自然科学方面的教育，以提高全体大学生的文化品位、审美情趣、人文素养和科学素质。"

理工科高校的学生由于所学专业与"美学"有较大距离，会遇到一系列不同于理工学科的范畴、概念和术语。有的学生可能因新奇感而兴致勃勃地投入学习；有的则可能感到陌生而茫然，甚至望而却步。如何引导学生进入这色彩斑斓的科学领域，选好切入点至关重要。而最佳的切入点就是在美育中提出美育基础理论，通过美育基础理论的学习，使学生在思想上产生质的飞跃。

这个"飞跃"，即我们常说的思想品德的升华，指达到"真""善""美"的统一。这与道德品质的沦丧——"假""恶""丑"形成了鲜明的对立。

可见,美育在转变学生思想方面,显示出了它使德育、智育、体育达到统一和完善的重要作用。培育和引导学生去创造"心灵美",是我们实施美育的最高定位。

二、美育的指导思想

唯物辩证法诞生以后,以一种科学的思维方法启迪人们逐步以辩证的"多元系统思维"取代形而上学的"两极思维"。但这并不排斥人们追求指导思想的科学性、纯洁性和唯一性。

因此,在美学思想学派纷呈的今天,我们虽不简单地否定"异己",但却旗帜鲜明地向世人宣告:在美育实践中,我们坚持马克思主义美学观,坚持以此为我们美育实践的理论指导。我们的美学思想,集中体现在确保毛泽东思想和邓小平理论进入高校的美学讲坛。

在讲授美学基础理论之前,首先介绍邓小平同志对毛泽东美学理论的创造性贡献。

1. 邓小平美育思想的两个创造性突破

"美"与"德"是内在统一的,我们党把德育放在教育的首位,并在高等教育中把美育从提上议事日程到今天的全面实施,正是看到了这种的内在统一。不是为"美"而讲美,为"艺术"而论艺术,而是主张德育为美育导向,美育为德育的重要内容,使"心灵美"成为美与德统一的最高定位。

邓小平同志在论及美育时,直接继承了毛泽东同志通过《在延安文艺座谈会上的讲话》所创立的融会古今中外优秀成果的美学思想,创造性地丰富和发展了马克思主义的美学理论。这集中表现在他的美育思想的两个创造性突破。

(1) 创立了"艺术主体价值论" 马克思主义美学认为:在人类的审美活动中,生活实践是艺术创作的源泉。而人类的初期艺术反映的是直观的自然形态的东西,是粗糙的,但也是最生动、最丰富、最基础的东西。随着社会生产的发展,艺术同社会的联系越来越复杂,"源于生活"的艺术,逐渐脱离了与物质生产的直接联系,而成为"高于生活"的艺术,就成为相对独立的精神生活的一种具体形式了。但无论怎样,"作为观念形态的文艺作品,都是一定社会生活在人类头脑中反映的产物,""社会生活是一切文学艺术取之不尽、用之不竭的唯一源泉。"可见,艺术"源于生活"毋庸置疑。而邓小平同志并没有就此止步,他认为:"人民需要艺术,艺术更需要人民,自觉地在人民的生活中汲取题材、主题、情节、语言、诗情和画意。"否则,无源之水是要枯竭的。

邓小平同志在这里强调的"艺术更需要人民",反映了他的历史唯物论的思想境界,这种思想境界是确立以"生产实践"为依据的唯物论美学观的基础。充分体现了人民是生产实践和艺术创造的主体,人民的生活是艺术得以产生的基础。从这一基点出发,他开辟了一个更加广阔的美学理论视野——"艺术主体价值论"。即把艺术本身看做审美活动中的一个"主体",或者说在特定视角里艺术具有主体的性质。它不仅是被动地由社会生活所产生,它的产生、发展、完善,具有自身特殊的需要——需要与社会生活取得直接或间接的内在联系,需要社会的鉴赏、评论和支持,尤其需要社会提供赖以存在的物质基础。所以"艺术更需要人民",在"需求"与"满足要求"的价值关系中,艺术的主体性十分明显。"艺术主体价值论"突破了仅仅只看到艺术"源于生活"的被动性,它从艺术的创造者——艺术家"自觉地在人民的生活中汲取题材、主题、情节、语言、诗情和画意"的"自觉性"中,获得作为"主体"的能动性质。

(2) 创立了"艺术功能超前论" 群众和艺术家们的审美创造,使艺苑之花万紫千红,

第一章 绪 论

呈现了多种具体形式。而对诸种艺术形式的欣赏，必须依附于人类的社会生活。如果脱离人类的社会生活去鉴赏艺术，去追求某种"美感"，那必然使审美活动失去形象思维和生动的审美特征，而陷入所谓用"非理性方式"去竭力表现"自我"的"病态意识"。这种完全背离生活真实的东西，就不是"美"而是"丑"了。

不仅如此，就艺术的功能而论，它具有"高于生活"的属性。对此，邓小平同志曾从一个更新的历史高度谈到："我们的社会主义艺术，要通过有血有肉、生动感人的艺术形象，真实地反映未来的社会生活，反映人们在各种社会关系中的本质。"这就深刻指出了社会主义艺术的鉴赏标准必须根植于社会生活之中，而且要有"反映未来"的超前性和反映各种社会关系的"本质"。以下两段内容就对艺术功能"高于生活"的属性做了确切的理论回答。

● 艺术必须"真实地反映未来的社会生活"，而不是停滞于当前，更不是沉湎于过去。这种"反映未来"的"超前性"，即是作为意识形态的进步的艺术对人类行为有"导向"作用的内在依据，并深刻洞察了美育是德育的重要内容的逻辑联系，即两者的统一性。"超前性"是对"高于生活"的理论诠释。

● 艺术之所以"高于生活"，就在于它"反映人们在各种社会关系中的本质"，而不是反映使人眼花缭乱的社会"现象"。在此，也更深刻地指明了在做艺术评价时，马克思主义美学主张完善的艺术形式与健康进步的内容相统一，且内容决定形式，两者有主次之分的科学标准。从理论上看，这正反映了事物的"内容"由事物的"本质"所决定的规律。

因此，要想通过美育去培养学生的艺术鉴赏能力，关键是让学生牢牢掌握政治性与艺术性相统一的科学标准和培养审美主体的"超前意识"。这再次反映了美育与德育的统一性和德育对美育的导向作用。

可见，这第二个创造性突破，使我们在鉴赏艺术时，在正确理解艺术标准与政治标准的统一、形式美与内容美的统一的关系上，牢牢把握住确定艺术内容的社会关系的"本质"方面，以确保艺术"高于生活"的"超前功能"得以发挥。从而防止"以生活去裁剪艺术"这种形而上学的片面性，以便更加科学地用马克思主义的美学观去批判审美活动中的所谓"非理性主义"。

从邓小平美育思想这两个创造性的理论突破，可以清晰地引出如下定论："心灵美——艺术追求的最高定位。"

美育，引导学生去创造美、欣赏美，促进人们去追求和获得审美享受。作为美的凝聚的艺术所追求的最高定位，就是通过美育与艺术的熏陶，去净化人们的心灵——使人的思想、意识、道德、情操、品格升华到美的境界，从而获得愉悦、自由、宁静、正义、伟大、崇高的内心感受。

美育是德育的重要内容，是个人德、智、体、美全面发展的综合素质的"集中点"。美育是高层次的，体现人类对自身发展完善的追求。因此，我们对艺术追求的定位，就不能仅仅停留在"口之于美味""目之于色彩"的感官刺激与享受上，不能囿于"非理性主义"那种低层次的"审美愉悦"。而必须确保邓小平同志的美学思想"进教材，进课堂，进头脑"，必须使美育化为德育的重要内容，使学生从对艺术品"形式美"的欣赏，进入对"内在美"的体验，从而引起心灵的"共鸣—震撼—净化"。只有达到"心灵美"的境界，才是美育核心价值之所在，也是我们艺术追求的最高定位。

以上论及的"两个突破""一个定位"，是邓小平理论中有关美育理论的重要组成部分，它奠定了我们《美育》的结构基础，为我们的美育实践提供了理论依据。

2. 东西方美学思想分野

只有在正确的美学思想指引下，我们才能懂得用辩证的否定观去对待古今中外人类所创造的艺术文明。同时还要清楚地认识东西方美学思想的分野，这是我们坚持中国艺术的优良传统与民族特色的前提。

创造美的艺术手法，可谓流派各异，色彩纷呈，东西有别。但指导艺术创作的美学思想，却集中反映于"再现说"与"表现说"的分野。在高校美育课中，对此必须涉及，因为这关系到提高我们的艺术鉴赏能力的问题。尤其在东西方文化交流日益密切，信息获取广泛快捷的今天，我们面临来自同行、国外的信息会眼花缭乱，目不暇接，没有科学的艺术观，就不可能有较高的艺术鉴赏能力，反倒潜藏着被腐朽艺术俘虏的危险。因此，这就成为了美育的重要课题。

（1）"再现说"与中国艺术的民族特色 深厚凝重的中国文化，孕育了独具特色的美学思想，构建了以"再现说"为中心的艺术性质论。这就是主张艺术是社会生活的"再现"，它"源于生活，且高于生活"。

如人类最初的舞蹈、绘画，就是"再现"捕鱼、狩猎、采集等劳动生活。我国最早的诗歌总集《诗经》里也载有《伐檀》，歌唱伐木人的劳动生活及其爱憎和愿望。就在今天，我国少数民族以及非洲的一些舞蹈，也还大多是劳动动作的组合和加工。追溯历史，人们在劳动中产生了对美的追求：插翎毛，串贝壳，粉面文身，欢笑歌舞，以庆劳动的收获。可谓没有劳动，便没有歌唱、舞蹈和装饰艺术的诞生。艺术是生产实践的反映，生产实践是艺术的摇篮。

群众和艺术家们的审美创造，使艺术呈现出多种具体形式。比如：从粉面文身到图腾绘制，以至再现劳动生活的崖画、壁画、石刻、浮雕，逐步发展到国画、素描、油画、雕塑、版画、刺绣、印染、陶瓷、装潢等多种美术形式。而借此所创造出的骑射形象、耕耘锄割的劳动姿态，就来自于人们的狩猎、畜牧、农业、战争生活。所以，有战斗英雄和革命先烈，才有纪念碑上的浮雕；有地主的压迫剥削，才有泥塑《收租院》；有宗教的传播，才有上帝、玉皇和观音的画像，才有乐山大佛、云冈石窟这些世界级的艺术珍品。没有欧洲的"文艺复兴"和思想解放，就不会出现展示人体美的造诣极高的裸体雕塑和油画。可见，诸种美术形式，无一不深深植根于社会生活之中。

又如音乐的诞生。人类最初的歌唱是"劳动号子"——用哼唷之声，同心协力完成繁重的劳动。今天我们听到的《筑路歌》《川江号子》《抬工乐》《乌苏里船歌》《拉网小调》……都是以"号子"为原型的。当音乐升华为社会意识形态以后，它对政治的反映也极为敏感。例如，"四渡赤水"的《草鞋歌》，鼓舞着三万红军的斗志；在我国民族灭亡的紧急关头，《义勇军进行曲》极大地唤起了民族的爱国激情；抗日救亡《国际歌》号召全世界无产者联合起来；电视剧《水浒传》里的《好汉歌》唱出了农民起义除暴安良和企盼"你有我有全都有"的社会愿望。无论山歌、民歌、情歌，还是荡气回肠的乐曲作品，都是在吟诵过去的历史、讴歌与反映当今的生活和憧憬未来，古今中外，概莫能外。

再如我国的建筑，在美学和科学性上都给人类留下了极为珍贵的艺术瑰宝——雄伟豪华的宫廷建筑，庄严神秘的寺庙古刹，幽静多姿的园林，凝聚民族智慧的飞檐斗拱与虹桥建造，工程极为艰巨浩大的长城，艺术性、科学性、实用性和谐统一的水利工程都江堰，中西合璧的现代城市建筑群等，无一不反映出建筑艺术同生产劳动的密切关系。不从洞穴到窝棚，怎会有后来的亭、台、楼、阁和今天的摩天大厦？没有建筑实践，又怎会诞生建筑艺术？人类的艺术创作简直举不胜举，但都是对社会物质生活过程的再现。曹雪芹不处在那样的时代就写不出《红楼梦》；没有魏、蜀、吴的鼎立，罗贯中也创作不出《三国演义》。施耐庵《水浒传》中的梁山好汉，吴承恩《西游记》中的人物，蒲松龄《聊斋志异》中的人鬼故事，徐悲鸿的马，齐白石的虾，以至传说、寓言、神话中的妖魔鬼怪，其原型都在社会生活之中，只不过有直接、曲折和歪曲的不同反映罢了。

"再现说"美学思想，指导我们创造了无数真正艺术的、美的东西，其感染力冲破了国界的限制而成为人类共同的精神财富，为全世界人民所推崇。

尤其在文学艺术上，有唐诗宋词的艺术魅力，"梁祝"和《红楼梦》的爱情悲剧，《西游记》的想象力和浪漫色彩，栩栩如生的梁山好汉，足智多谋的孔明和鲁迅笔下的狂人、阿Q、祥林嫂……另外在戏曲、音乐、玉雕、书法、刺绣、编织等众多领域也是硕果累累。特别是中国画，用干、湿、浓、淡、焦的技法，使墨分五色，在淡雅中呈现多彩；用写意法缩山川湖海于咫尺；以工笔勾勒人物的不同风韵和神态以表现其内心世界的爱憎悲欢；对梅、兰、竹、菊也赋予了人的品格。真可谓满目琳琅，其美的感染力经久不衰。

尽管艺术作品在内容上有它的历史性，有地域与民族之别，但其"形式美"的美学价值共性如"口之于美味，目之于色彩"，形的对称、平衡、光洁、圆润，色的柔和明快，线条的流畅，音律的和谐，文字的简练，语言的生动感人等，都是不容置疑的。

我国的文学艺术，在科学的美学思想指导下，遵循毛泽东同志制定的"古为今用，洋为中用，百花齐放，百家争鸣"的方针，并响应邓小平同志的"所有文艺工作者，都应当钻研、吸收、融化和发展古今中外艺术技巧中一切好的东西，创造出具有民族风格和时代特色的完善的艺术形式"的号召，辛勤地耕耘奋斗，获得了一批又一批令世人瞩目的成果。

(2)"表现说"与西方"行为艺术"　　与"再现说"相反，现代西方的"表现说"，则极力主张"表现自我"。于是"抽象派""印象派""野兽派""涂鸦文化""行为艺术"充斥艺坛。一些所谓的"艺术家"为表现自我，把帛布、稻草、破烂、垃圾作为"艺术之宝"供人欣赏。"牛尾巴作画""裸体女郎滚颜色"，也成为风靡一时的"艺术流派"。他们完全背离生活，用荒诞离奇、晦涩难懂的"艺术语言"去宣泄和表现病态的"自我意识"，使"文艺复兴"以来的艺术成就所剩无几，"物质富翁"却演变成了地道的"精神穷汉"，将文艺领域变成制造精神垃圾的中心，从而污染社会。

这种思潮浸染东方，有人竟相效仿还美其名曰"艺术引进"。新闻媒体曾报道：现代著名美学家王朝闻先生，拒绝担任"第二届青年油画展"评委，他认为有些人"简直在糟蹋艺术！"那些"表现自我"的"杰作"，违背公认的美学原则和基本常识，乱涂乱画，以光怪离奇为美、别人看不懂为艺术。后来一位漫画家给"画展"画像——《终于看懂了》——"厕所由此去→"。偌大个展厅，给观众留下的"美感"就是那么一个指向厕所的箭头。是"下里巴人"不懂"高雅艺术"，还是高雅的观众被野蛮所欺？

1998年11月30日，《华西都市报》记者董晓敏，以《哲学、宗教、艺术大撞击》为题，报道了"两岸三地学术研讨会"。其中一篇题为《袜子、文本与廉价香水》的侧记文曰："成都行为艺术者罗子丹也到会助兴，现场表演了名为《袜子、文本与廉价香水》的行为艺术节目。他将一摞文件的复印件放在一只托盘上，在复印件上洒上许多廉价香水，然后脱下自己的袜子放在文件上，光着脚端着托盘走到专家学者们桌前，请他们嗅一嗅混合气味。"

美　育

　　一位长期从事逻辑哲学研究的教授说："这个表演给我洗了一回脑袋。"

　　教授没有评论其"艺术"的美丑，也没有说明其"行为"是高雅还是野蛮，更没有表露自己嗅一嗅"混合气体"后，是令人产生愉悦的"美感"，还是给人恶心的"丑的刺激"，却以"模糊逻辑"的语言作答，以释肯否两难的尴尬，从而避免了"表演"为研讨会"助兴"还是"扫兴"这可能引起的一场争论。

　　这种"行为艺术"，早就有人从西方引进国门了，北京就曾举办过"行为艺术展"，那从头到脚裹住绷带、蹒跚行走的"活木乃伊"，用枪声惊吓观众而"创作"出的"惊恐场面"……无异于西方一些"艺术家"以帚布、垃圾、烂稻草为"艺术品"，以雨伞收叠后流在地上的"一摊水迹"为"最佳艺术创作"一样的荒唐！

　　邓小平同志曾谈到："我们的社会主义艺术，要通过有血有肉、生动感人的艺术形象，真实地反映社会生活，反映人们在各种社会关系中的本质。"请问看不懂的"抽象"谈何"有血有肉"？令人作呕的"印象"又何以"生动感人"？只强调"表现自我"者，又怎么能真实地反映多姿多彩的社会生活？

　　我们并不一概反对用艺术反映艺术家个人的内心世界，相反，许多优秀的艺术作品恰是艺术家曲折生活的"再现"和崇高理想的"表现"。只不过这里必须遵循"再现"和"表现"与"典型"和"一般"的辩证法，必须强调艺术家要生活于群众之中。

　　(3) 论"两说"互补　我们主张从"再现"生活中以展示"自我"；从表现"自我"的情与志中，去"再现"多彩的生活。应取"两说"之精华，促成"两说"互补，使东西方不同的艺术思想、艺术流派、艺术风格、艺术形式彼此借鉴，相互交融，以创造出人类艺术之精品。

　　因此，我们认为，"再现说"与"表现说"并非绝对的对立关系，更不能认定前者"美"后者"丑"。这是艺术创作上的两种不同手法，运用恰当则相得益彰。"凡舶来品皆艺术"的盲目引进，会适得其反。中国人应懂得东方艺术的特色，应有接受、理解、创造具有自己民族特色的艺术品的能力。

　　以上所论，如能在美育中得到教学双方的认同，那正是我们之所求。我们从事美育工作，特别是美学教育，其根本的目的，正如我国新美学开路先锋——鲁迅先生所指出"美感是客观存在的美的反映，艺术是美的凝聚，是现实生活的再现"。因此，他主张用文学艺术去唤醒人民追求美，创造美，从而参与改造社会的斗争，创造出一个美的世界。

每章一练

1. 为什么"心灵美"是美育的最高定位？
2. 邓小平美育思想的创新精神何在？
3. "再现说"与"表现说"相互补充对艺术发展有何意义？

第二章 论 美

本章介绍了美的相关概念以及美与丑两部分内容，带领学生初步了解美的内涵、美的内容的客观性、对美的感知的主观性、美的分类、美丑论等，是美育教学的第一步，由"论美"经过"审美"而达到"创美"，从而把握必需的基础美的理论，这是美育入门阶段。

使学生了解美的基础理论，为"审美""创美"进而进行"艺术欣赏"奠定基础，培养学生的艺术鉴赏能力与艺术素质，适应生活、学习的需要。

＊＊＊＊＊＊＊＊＊＊＊

第一节　美的相关概念

从"艺术，美的凝聚""艺术是生产实践的美化形式"的立论，自然就牵出了"何谓美"的理论问题。

"美"是美学中一个极为重要的基本范畴。"美"如何定义，在学术界颇有争论，即使是源于同一指导思想，也往往因为各自的实践需要不同而造成"定义域"的差异。于是给"美"下一个定义，则必然产生视角大小、层次深浅、领域广窄等诸多差异，由"差异"而"争论"，结果难以统一。因此，从古典美学到现代美学，关于"美"究竟该如何定义，迄今没有一个公认的具有权威性的定论。各种美学流派也都存在着各自的缺陷，有的从美的"客观性""绝对性"出发，有的以美的"主观性"为据，这就无可避免地造成定义域过宽，或定义项含混，或坠入主观主义泥坑。

一、美的内涵

按照我们的观点，美是一种关系范畴——是进入人的实践活动的客观事物所具有的一种本质属性。这就是在审美关系下，作为审美对象的客观事物所显现的能够引起审美主体产生愉悦感、崇高感、正义感、庄严感、悲壮感……

二、美的内容的客观性

我们在理解什么是"美"时，不能从定义出发。必须从"美"这一范畴的内涵出发，才能抓住"美"最本质的方面。"美"也才不会因人的实践需要不同,人的认识的视角高低、层次深浅、领域广窄而改变。所以要从范畴或概念——事物本质的概括上去把握美的本质,从而回答"什么是美",我们才能找到一个共同的基础,并由此避开繁琐的纷争。人们在谈论"美"时,绝非抽象地议论"美"与"丑",而是不脱离某一具体事物。比如:我们讨论自然美时,总是与风云雨雪、山川湖海、鸟兽虫鱼、花草树木等形形色色的自然风光和自然界的客观事物紧密联系着的。总是讲:泰山日出之美,光芒四射,喷薄欲出;峨眉秀丽之美,群峰蜿蜒奇拔,树木葱茏多姿;华山雄峻之美,悬崖陡峭,飞瀑凌空。北国风光有"红装素裹,分外妖娆"之美,江南水乡有温柔恬静之美,大海有波澜壮阔之美,石林有鬼斧神工之美……

在社会领域,我们也常说人的语言美、行为美、心灵美、长相美、服饰美、风度美……可见"美"在社会领域与人的品质属性、生活行为相依。因此没有抽象的"人美"与"人丑"问题。至于人在社会实践中的劳动创造物——物质文明的一切现实成果,大多具有美的品格。人类的道德情操、理论修养、思想品格、价值观念等意识活动,也集中表现在精神文明的创造物上,并从它们的客观存在物上表现出美来。

如果将"美"与客观事物割裂开来,把"美"当做一种独立的东西,甚至将"美"看做具体的实体存在物,那是不科学的。因为任何人也拿不出一个所谓独立存在的"美"来。

三、对美的感知的主观性

既然"美"是客观事物所具有的特定属性,因此"美"必然就具有它客观的内容。但由于审美主体在认识、思维、经历等各方面的不同,对此内容的感知、接受与评价,就不能不介入审美主体的主观性。可见,事物之美其内容是客观的,但对其感知与评价却具有主观性,是一种主观的形式。

这种审美主体的主观形式,与审美客体的客观内容的符合程度,除环境干扰外,主要取决于审美主体的审美能力的强弱,即阅历的深浅、文化的高低、观察的粗细、实践的取舍、情感的好恶、思想的优劣等诸多主观条件的综合作用。审美能力强者,对审美客体的审美特征多能做出客观、公正、科学的反映与评价。由此启迪我们,加强学习,勤于实践,提高自身的审美能力,是我们参与审美活动、获得审美享受、进而投身审美创造的基本前提。

四、美的分类

美无处不在,山水之美,人物之美,外在美,心灵美……种类繁多,形式多样,这多种类的形式,使人们享受着美,感知着美,并获得自身的提升。

1. 自然美

孔子有句名言——"仁者乐山,智者乐水。"仁智者即那些具有一定审美能力与修养的人,他们可以从自然的山水之间获得审美享受,可见自然之美客观存在。

(1) 自然美的含义 美的现象形态之一,泛指自然景物和动植物的美。如乐山乌尤寺山门对联所写:"云影波光天上下,松涛竹韵水中央。"可见天空的日月云霞,湖海江河的狂涛碧波,山崖的峻峭挺拔,田野的鸟语花香……诸种自然景物皆具有审美的特征。

(2) 自然美的产生 自然美与人的生活紧密相连,自然景物往往是在成为人的品格、情操、意愿的象征物时,其审美价值才随之产生。即是说,当"自在自然"经人的实践而成为"人化自然"——对人有价值、有意义的自然时,才从粗糙的自然转化为人的审美对象。随着人的实践范围的扩大与深入,自然与人的关系充分展开,自然美的范围也随之扩展。不仅山川湖海、鸟兽虫鱼、花草树木、大漠绿洲,人的审美对象,就是尚未"人化"甚至令人畏惧与恐怖的对象,当其可以成为人类社会生活的寓意和象征时,也会逐渐进入我们的审美领域。

可见,自然美是"由于它的对象的存在,由于人化的自然界才产生出来的"。

(3) 自然美的特点

● 象征人的社会生活。如梅、兰、竹、菊的高雅,松柏的傲雪斗霜,莲花的出污泥而不染,都可以作为人的优秀品格和情操的象征而产生美感。

● 偏重于形式。以其形状、色彩、声音的组合显示自然景物的秀、奇、险、幽和匀称、秩序、节律、韵律、和谐之美。如我国四川就以峨眉天下"秀",青城天下"幽",剑阁天下"雄"和九寨、黄龙自然景观的奇特秀丽吸引天下游客。人们欣赏自然美的侧重点也在于形式的雅致、和谐、新奇、雄伟,而不注重它的功利内容。

● 自然美的二重性。即由于自然物的自然特性是多方面的,加之欣赏者情感活动的差异,便产生了自然美的美丑二重性。如清人郑板桥赞竹的高风亮节,诗曰:"咬定青山不放松,立根原在破岩中。千磨万击犹坚劲,任尔东西南北风。"而竹的随风摇曳这一特征,却又可被喻为见风使舵、两边倒的"恶竹"。杜甫诗:"新松恨不高千尺,恶竹应须斩万竿。"对竹欲斩之而后快。竹的美丑、人的褒贬,二重性鲜明对立。

2. 形式美

形式美是一种相对独立的审美对象,不能与"美的形式"相等同。美的形式是体现合规律性(真)、合目的性(善)的本质内容的感性形式。其类型有二:一是内在形式,即美的事物内部诸要素的结构与展现美的存在方式和状态,它与内容有直接而密切的联系;二是外在形式,即内在形式的感性外观的表现形态,它与事物内容的联系是间接的。有了这个认识,我们便能定义形式美。

(1) 形式美的定义 形式美是在自然、社会中存在的,具有色、形、声等外在感性材料的自然属性,以及这些自然属性的组合规律。它对内容的体现具有朦胧性、不确定性、隐晦性,能引起人的联想与情感活动。

(2) 形式美与美的形式的差异

● 美的形式无独立性,它若脱离了内容则会失去生命力,无美的价值。中国画对美的内容的表现形式很注重"笔墨",即笔法与墨法。著名国画家吴冠中先生曾提出:脱离了具体内容和形象的笔墨等于零。我们很赞赏这一观点。形式美则不然,它是形式本身所蕴涵的内容,意味着它所具有的独立的审美特征。人们在欣赏形式美时,可避开美的事物的内容而完全沉醉于形式美之中。如对模特儿的欣赏,谁也不会去观察她的思想、意志、品德、情操的美丑,而是集中注意力于体态、线条、光泽、丰润、弹性和动态节律等外在形式本身所蕴涵的审美价值。

● 美的形式受具体的、确定的内容制约。而形式美体现的是不受具体事物制约的、比较自由的形式自身的内容,具有抽象性和不确定性。中国民航飞行学院校园里"银鹰环宇"那组雕塑,就属于形式美那一类作品。

● 由于美的形式与内容紧密相关,因此,它同内容一起对欣赏者的审美判断和价值判断产生导向作用。而形式美的内容具有抽象、隐匿、朦胧、广阔、不确定的属性,它直接作用于人然后引起人的联想与判断,且这些联想与判断又因人的经验和文化积淀不同、实践需要不同、心理状态和情感差异等而产生多种结果。可见形式美对人的审美活动无导向作用。

（3）形式美的产生　从美的形式分内在美与外在美可知，形式美是由外在美演化而来。形式美具有相对独立性，一是人们在进行审美观察时，首先作用于人的是美的外在形式。在多次审美活动实践中，人们积累了许多有关美的外在形式的经验，总结形式中所体现出的共同特征，经进一步的整理、抽象、概括，使之脱离具体事物而成为相对独立的审美对象。

形式美相对独立的另一层含义是，它离不开人的感官和大脑，即人的眼睛、耳朵和大脑是形式美的生理基础。人用眼睛去观察事物的色彩、形状、大小、比例；用耳朵去倾听声音的铿锵、婉转、悠扬；用大脑去体味和玩赏色、形、音所蕴涵的意味、情致，进而再与自身的情感相结合产生共鸣，引起美感而获得愉悦、崇高的精神享受。

（4）形式美的构成　感性材料。即自然属性：色彩、形状、声音。

①感性材料中的色彩。主要是指红、橙、黄、绿、青、蓝、紫和黑与白。色彩本身的审美特征在于能引起联想，如红色使人联想到太阳、鲜血、火，蓝色使人想到广阔的天空和海洋……色彩具有表情性。色彩作用于眼睛，传达出情感意味，使人内心产生情感波动。如亢奋与沉静、暖轻与冷重、活泼与忧郁、华丽与朴素、肃穆与诙谐等色彩意味。这种意味又将引起不同的联想，如红色在新婚洞房里，显示热烈、喜庆；在交通指挥灯上，则表示危险与警告。

色彩的表情性是多样的：通常状态下红色显得热烈、奔放、活泼、热情、兴奋、振作；蓝色显得宁静、沉重、忧郁、悲哀；绿色显得清爽、温和、冷静；白色显得纯净、坦荡、素雅、哀怨；黑色则显得肃穆、庄重、压抑、悲痛等。

色彩有象征性：红色象征革命、勇敢、进步；绿色象征生命、友谊、和平等。

②感性材料中的形状。作为形式美重要构成材料的"形状"，分天然形态和人工形态两大类。形状的基本要素是点、线、面、体，形状也有表情性，使人产生不同的形状感，且表情性极为丰富生动。如：直线具有阳刚之美的象征，含力量、稳定、坚硬、刚强、挺拔、劲健、整齐、呆板的意味；折线具有矛盾、突然、断续、挫折、转换之意；曲线表阴柔之美，含柔和、婉转、流畅、运动、优美之意。再如：正方形象征公正、大方、固执、刚劲；正立三角形象征安定、平稳；倒立三角形象征倾危、动荡、危险；圆形象征完满、和谐、统一、封闭、烦闷和圆滑等。

③感性材料的声音。声音以快慢、强弱、高低、急缓造成不同的节奏与旋律而显示其审美意味。如高音的激昂高亢，低音的深沉凝重；强音的振奋进取，轻音的柔和抒情；急促的声音催人奋进，令人紧张、烦躁；缓慢的声音则使人感到闲适、温柔、舒坦。声音所传递的信息和蕴涵的情感十分丰富，人由此而获得的美感也多姿多彩。

④感性材料的组合规律。形式美的另一重要构成因素——感性材料的组合规律，即形式美规律，可概括为如下几点：

● 整齐纯一。即单纯划一，整齐一律。它反映事物各要素在结构上井然有序、完整不乱的排列美。纯一就是单纯、统一，即无明显差异与对立的明朗清晰之美。

● 对称均衡。是形式美在量上的表现。对称是以一条直线为中轴，分左右、上下在量上均等（如以点为中心则表现为辐射对称）。这是人们在长期实践中，通过观察而获得的、体现事物的一种合规律的存在方式（如人体左右对称）。而均衡则是对称的延伸，是事物各部分在布局上等量而不等形的特殊对称形式。它较之对称的过于稳重、刻板，而显得更自由，富于变化，可称之为错落有致。

- 调和对比。是一种具有辩证属性的美。调和是相近而又相异的事物相融、并列在一起，使其在统一的整体中呈现出差异性之间趋向于统一的一致性，使人感到融和、亲切、随意、协调。而对比则不然，它是将截然不同的事物并列在一起，使其在整体中呈现出明显而强烈的差异性，突出个性，令人产生醒目、鲜明、强烈、振奋的冲击力。
- 比例相宜。是整体与局部，或局部与局部之间的结构关系。事物不同，各有合乎自身规律的不同比例，在遵从规律的前提下，可按人的功利需求去选择恰当的比例。因此，为世人所公认的形式美中最美的"黄金分割"比，也不是唯一美的比例。
- 节奏韵律。是事物在运动过程中，有规律、有秩序、富于变化的动态连续美。节奏是一种有规律的反复运动，其中含有强弱、时间等有规律的变化组合，使人产生趋同与共鸣的美感。韵律更高一层次，它是赋予一定情韵、"调味"色彩的节奏，能产生极大的韵致情趣，引起人更加强烈的审美感受。
- 和谐。是形式美的最高原则，因为和谐体现了多样性的统一。这一规律包含了整齐一律、对称均衡、调和对比、比例相宜、节奏韵律五大规律之所有内容。和谐体现了宇宙的辩证法，反映了事物的寓异于同，同中见异，共性寓于个性之中，个性离不开共性，"一生二，二生三，三生万物"和"九九归一"的一与多的矛盾关系以及质与量、运动与静止等对立统一法则。因而和谐就是在纷繁丰富的差异性表现中，体现出共同一致的美。和谐美具有相辅相成、相映成趣的审美魅力。

形式美随人的实践的拓展和审美能力的不断积淀、提高而发展，它丰富了审美对象，开拓了人的审美境界，从而促进人对美的发现和创造。

3. 科学美

（1）科学美的含义　科学美是人的本质力量在科学研究及其成果上的对象化，它主要是一种理智美，或者又称做以最佳的抽象形式表现感性自由内容的形式美。

（2）科学美的特点
- 以美为起点而追求其真。任何科学研究的目的，都是寻求世界不同事物的运动变化规律，以顺应、利用和改造世界而实现自然的人化。
- 科学美突出的特征在于科学理论有简明、和谐与新奇的特点。自然现象是纷繁复杂的，它的内在和谐可以用极其简明的公式表达出来，科学家就是这种美的发现者。爱因斯坦具有这样的信念：有可能把自然规律归结为一些最简单的原理，而评价一个理论是不是美，标准正是原理上的简单性。他的质能关系式 $E=mc^2$ 是何等的简洁明快。再如恩格斯在他的《自然辩证法》中指出：自然、社会、思维三大领域中一切事物的运动变化都遵循着辩证法的三大规律。这又是用最佳抽象形式表现了极度复杂的内容，其科学理论简明、和谐、新奇之美，真是妙不可言！
- 科学美以抽象的逻辑结构和教学模型反映生机勃勃的物质世界的和谐统一。因此，科学美以内容的新奇和形式的创新，即发现新的因果联系——新的事物和新的运动规律而给人以美感。如门捷列夫的元素周期律，就以其内容和形式的和谐、对称给人以美的享受。

4. 艺术美

前面提出了鲁迅先生的精辟命题——"艺术是美的凝聚"。从美的高级形态——艺术美这一层面，进一步论述与艺术作品相关的美学基本理论。

（1）艺术美的含义　艺术美是人类对现实美按照美的规律进行加工、提炼、熔铸的结晶，是现实美的升华，是审美关系的集中表现。

(2) 艺术美的产生　在论述这一问题之前，应先明白：人类对客观世界的反映，本质上是一种认识关系，但不同的学科，其反映对象在性质上却有所不同。自然科学以自然界的客观事物为对象，反映的是对象的本质和运动规律，即自然现象之"真"；社会科学以社会领域的客观事物为对象，反映的是社会现象之"真"或"善"；而艺术美的本质特征的第一方面就反映出它的反映对象并非单纯的客观存在物的"真"或"善"，而是"客观存在的美的属性"，即"真"与"善"相统一的形象——一种特定的社会形态。

可见，艺术美与其反映对象——美的属性的关系，不同于一般科学反映的认识关系，它是一种体现评价关系的特殊反映。即以客体外部感性形态显现人的本质力量，同时又反映客体对主体的真善意义。

由此可知，艺术美的产生，是人类在物质生产基础上发展起来的、具有创造性的特殊的精神生产。这种精神生产的美的创造与物质生产的美的创造一致，即进行独立自由的美的创造开始之前，创造者脑海里已有表象存在，这种表象是艺术家按照自己的审美理想、情趣改造加工现实中美的属性，创造出比现实中美的对象更高级的审美意象，然后再借助一定的物质材料和艺术技巧，将审美意象转化为具体形象，使其获得欣赏的价值，这就产生了艺术美。

(3) 艺术美的本质特征
- 艺术美反映客观存在的美的属性；
- 艺术美是审美主体能动的、创造性的产物；
- 艺术美是属于第二性的意识形态的美。

历代画家所追求的"迁想妙得""妙不可言"的意境，确切地表现了艺术美是主客观相结合的对客观现实美的创造性反映。这种创造性贵在发挥艺术家的个性——深厚的学识与生活底蕴、敏锐的观察力、丰富的想象力和充沛的感情。这种个性与艺术的审美特征相结合，才能创造出生命力强、永不衰竭的艺术美。

5. 社会美

(1) 社会美的含义　存在于人类社会生活中的美，即指人对世界的改造所达到的优化状态。社会美直接表现为一方面是社会的物质文明——物质资料的发展状态与成果；另一方面是社会的精神文明——社会的文化、科学、思想、道德等的发展状况与成果。

在社会中，人是社会的主体，因而人的美是社会美的核心。

(2) 社会美的产生　人在生产实践、社会革命和科学实验过程中，充分展现了人的本质力量——自由自觉地改造着世界，创造着两个文明，并不断发展和优化自身的才能、智慧、品格、意志、情感。社会美首先体现在人的劳动过程之中，即社会美最早就是从人类的生产活动中产生的。

原始人正是从生产活动本身及其产品中，直接观察到人的伟大创造力，从而产生自由、胜利、满足的欢愉情感，即最初形态的社会美。神话传说中的"夸父追日""女娲补天""大禹治水""愚公移山"，便是对人类征服自然的意志和力量的赞美与讴歌。

后来，私有制产生，劳动失去了自由的属性，劳动者在劳动中受尽了摧残与折磨，承受了巨大的痛苦，再没有"欢愉"的情感体会了。这意味着"自由的劳动"走向了反面，称之为"劳动的异化"。就是在这种异化的状态下，劳动者的智慧和才能也要在劳动中顽强而曲折地表现出来，创造出大量的表现社会美的丰硕成果。如表现中国人智慧、勤劳、坚强、伟大创造力的"四大发明"和万里长城的修建与都江堰水利工程的开发和利用；另如广汉三星堆文化、西安兵马俑这些举世无双的出土文物，都展现着劳动者的实践力量与不同历史条件下的时代特征。

人类社会科技水平的飞跃，昭示着"自由劳动"取代"异化劳动"之必然。人类对社会美的创造，也必将闪烁更加耀眼的光芒。

（3）社会美的表现形式　一是自然的人化。遵循真理尺度，按照人的理想、意志、需求，利用、驯服、改造自然，物质文明不断提高。二是人类社会在美与丑的斗争中，向着更理想、更完善的方向发展。三是在社会生活中，人的爱情、友谊、家庭、社会交往、科学文化生活都处于和谐、健康、进步、发展的状态。四是人的美，即按照美的规律创造人自身。

（4）社会美的核心——人的美　人的美有两个方面，首先是人的外在美，主要指人体自然比例和谐、对称、均衡，肌肤光洁润泽，整个肌体充满生机与活力。有人得出：只要肚脐眼处于人体上下的黄金分割点上，三围比例恰当，此人不论高矮，比例皆和谐而均衡。

人体的健美，是在长期社会实践中进化而来的，是一种带有深刻社会内容的自然美、形式美。人体美除进化、训练以外，也不否认其含有天赋的自然素质。

人作为万物之灵，其完美、和谐、优美的肌体是可以而且完全应当作为审美对象供人们自己欣赏的。在特定场合与条件下，裸体具有很高的审美价值。但由于不同民族的心理、道德、风俗和传统上有所差异，对其欣赏裸体之赞成与否不可强求，也不必去寻找什么公认的"尺度"。

人的美的另一方面是内在美，又称心灵美、精神美。它反映的是人的人生观、理想、性格、品德、情操、学识、修养诸方面的优化状态。这种美的状态表现在人的言论、行为之中，故我们常常提倡"五讲四美"（讲文明、讲礼貌、讲卫生、讲秩序、讲道德，心灵美、语言美、行为美、环境美）或做"四有"（有理想、有道德、有文化、有纪律）新人。

在人的美中，内在美是更根本也更持久的美。人的外在美可随岁月的流逝而消减，而内在美却能随着道德品格的完善与学识修养的提高而得到加强。可见，只有外在美与内在美的和谐统一，才是人的美的理想境界，也是社会美的最高形态。

古希腊哲学家德谟克里特说过，身体的美若不与聪明才智相结合，就只能是某种动物性的东西。可见，人在美的修养上，当追求什么便不言而喻了。

第二节　美与丑

美与丑是相比较而存在的。丑是与美相对立的美学范畴，它有着与美截然相反的内涵和表现形式。

一、美丑论

1. 美与丑的辩证关系

（1）美与丑相比较而存在　美在于事物的形式和谐、有序、合比例等多样性的统一；而丑则是不和谐、无序、不合比例、呆板无变化。美具有完善性、合目的性，引人向上，热爱生活，在形象上使人产生愉悦感；反之则为丑。

（2）美与丑相互转化　通过人的实践，可化腐朽为神奇（如根雕艺术）。在社会生活中，可对形象美的事物灌以丑的内容，造成形式与内容的极大反差而使人心生厌恶，深感奇丑无比（如"美女蛇"）；对丑进行极度的夸张、鞭挞而产生的"丑"却很有审美价值（如戏曲中的"丑角""笑星")。

2. 丑与恶

丑是恶的外在表现形式，是恶的一个侧面。恶是丑的内容，是对事物从功利关系上，以人的价值观和合目的性的要求所做出的一种伦理关系判断，而非美学判断。但丑与恶既有内在联系又有差别，也就是说当两者矛盾时，往往表现为外在丑与内在美的鲜明对立。

二、丑的本质

丑的本质是人在实践中合目的性与合规律性相背离，即价值尺度与真理尺度相互冲突，是对实践的直接否定，对人的本质力量的蔑视、抗衡，是片面而畸形的感性形式。它根源于社会实践中主体与客体的矛盾状态。它使人对积极向上的生活产生懈怠情绪。

丑仍然具有客观性，它总是和特定的客观事物相联系，表现为某一方面的属性，不存在脱离客观事物的抽象的"丑"。

三、丑的种类

1. 形式丑

指具体物象的丑，也包括人的生理、自然之丑。表现为畸形、残缺、肮脏、虚伪、腐朽、杂乱、粗糙、阴暗、恐怖……

2. 外在丑，内在恶

这多指人不仅外形丑陋而且内心世界也极为邪恶。丑的形态体现其凶险、自私、卑劣、贪婪、残忍的灵魂。对于其他事物，如价值判断为恶者，也往往会引起丑的感受，使人感到厌恶和可怕，如毒蛇、凶器。

3. 外在丑，内在美

这是丑的形式与美的内容的极大矛盾。如在自然物中，所谓"怪石"就很具审美价值。怪石反丑为美，丑到极处，便是美到极处——形状怪异、粗糙、凹凸、皱裂、瘦陋、有洞眼的怪石都表现出内在的奇美。

对于人，则是指外表丑而心灵美的类型。由于内容是矛盾的主要方面，起着决定性的作用，因此，心地善良者、身残志坚者，往往能以内在之美——永存的内在风韵，去战胜外形之丑而令人倾慕和敬仰。比如电视剧《女人不是月亮》中的汽车司机三哥，电影《巴黎圣母院》中的撞钟人卡西摩多，都表现出一种内在的心灵美。

四、丑的审美价值

1. 以丑衬美

通过美与丑的对比，从而使美更突出，更加醒目而深刻，使审美主体更容易欣赏美。同时也进一步暴露丑的客体的形式与内容，使审美主体更珍视美的价值而提升爱憎之情。中国画中常以"枯枝"衬"密叶"，使花卉顿生灵性；"断竿衬修篁"，使翠嫩的幼竹平添插云之势；"古梅老干剥蚀，而新枝繁花点点"，更显"苍颜新色"的艺术之美。

2. 美丑转化

（1）丑向美转化　这是指自然丑、生活丑，经艺术的典型化、个性化处理后，转化为从丑的角度，直接或间接地反映衬托美的一种艺术形象。这种处理技巧很具审美价值，它使自然丑转化为艺术美（如卓别林走路的姿态）。

(2) 美向丑转化 这是指在创造美时，由于经验和技巧的局限性或作品内容低级、形式粗糙，使创造美的愿望落空而弄巧成拙转化为丑的东西，即成为了"艺术丑"。

当前西方流行的、故意追求别具一格的所谓新艺术流派的某些"行为艺术"——将便盆、垃圾、破鞋之类的生活丑当做"艺术美"，实则是地道的内容低劣、庸俗、污秽，又无一星半点儿艺术加工的破烂货，根本没有丑向美转化的任何意义。

3. 丑是喜剧和滑稽艺术的基本表现对象

喜剧、滑稽艺术就是以丑作为表现对象，以种种夸张、扭曲、笨拙、做作等自以为美的形式来掩盖其丑的内容。由于形式与内容的尖锐冲突，而丑又自炫为美，从而使人不得不用笑声来嘲弄、蔑视丑，揭露丑的实质。可见，若离开了丑，就不会有喜剧、滑稽艺术的审美形式（在相声和小品表演中，也多采用这种审美形式）。

五、"真""善""美"的内在联系

1. 美的规律

马克思在他的《1844年经济学—哲学手稿》中写道："动物只生产自身，而人在生产整个自然界；动物的产品直接同它的肉体相联系，而人则自由地对待自己的产品。动物只是按照它所属的那个种的尺度和需要来建造，而人却懂得按照任何一个种的尺度来进行生产，并且懂得怎样处处都把内在的尺度运用到对象上去；因此，人也按照美的规律来建造。"马克思在这里提出了"美的规律"这一重大的美学理论问题。对此问题的研究，马克思是从人的基本实践活动——生产劳动，即"劳动创造美"这一前提展开的。若离开了人类的劳动，将美的规律与人的实践活动分割开来，孤立地去考察是找不到美的规律的。

后来，恩格斯在他的《自然辩证法》中，重申了马克思关于人的生产劳动的本质特征，即"自由自觉的活动"这一思想。他写到："人离开动物愈远，他们对自然界的作用就愈常有经过思考的、有计划的、向着一定的和事先知道的目标前进的特征。"这指明了只有人才能认识和运用美的规律。

从美的规律与人的劳动的内在联系，我们可将美的规律的丰富内容归纳为如下几点：

- 美的规律是属于人的规律。通过人的"自由自觉的活动"——劳动，就可按照美的规律来塑造物体。
- 两个尺度的统一。人能认识和运用"外在尺度"——客观的真理尺度，并使之服务于自己的"内在尺度"——价值尺度。即能使两个尺度统一起来，通过对象化的劳动，物化于创造物之上，使创造物具有审美价值，符合美的规律。
- 审美价值的实现。美的规律就是主体对审美价值的追求与实现，必须遵循并符合客观事物所固有的运动规律，即"合规律性"（真）与"合目的性"（善）的统一。这种内在统一，在其创造物上表现为一种外在感性形式——形式美。

2. "真""善""美"的内在联系

我们在研究美的规律时，已不难看出美与人的劳动的关系。而人的劳动这一基本的社会实践行为，也同样遵循着两个尺度：

- 外在尺度，即不以人的意志为转移的、客观物质世界的运动变化规律。因此将"合规律性"谓之"真"。
- 内在尺度，就是人在实践中的价值追求和现实性，即人的目的之实现。因此将"合目的性"谓之"善"。

美 育

"美"是随着人的自由自觉的劳动创造物的诞生而显现,故谓"美"是"真"与"善"的统一。

可见,美的创造必须以合规律性——"真"为前提,而当这种创造又能达到人之目的——"善"时,则称之为"美"的实现。这就清楚地表明了"真""善""美"统一于人的社会实践,三者间有着不可分割的内在联系。

但它们三者又并不是无差别的同一个事物,仅具有"真""善"属性的东西,不见得就必有"美"的属性。如客观世界在被人改造、征服之前,仅作为"真"而存在。"真"向"美"转化,必以"善"为中介,"善"向"美"转化又得以"真"为前提。可见,"美"高于"真""善",即在实践基础上的人与自然的高度和谐统一。

每章一练

1. 什么叫美?如何理解美的客观性与主观性?
2. 美分为哪几个大类?为何人的美是社会美的核心?
3. 怎样理解美的规律?
4. 丑的审美价值何在?

第三章　审　美

　本章主要介绍了审美认识与一般认识，审美过程以及由此而获得的审美感受与审美思想，由表及里、由浅入深地阐述了美感的获取与提炼阶段，是美育的深入与扩展。

　在论美的基础上使学生进一步学会审美，学会获得审美感受，深化审美思想，获取和提炼美感。

✲ ✲ ✲ ✲ ✲ ✲ ✲ ✲ ✲ ✲ ✲

第一节　审美认识与一般认识

艺术美的反映对象——美的属性不同于客观具体事物的特性，故审美认识与一般认识活动在认识特征、认识过程、认识结果上皆有明显差异。尤其是审美认识中的审美主体与审美客体都有特定的含义。

一、审美主体

1. 审美主体的含义

在审美活动中，美的创造者与美的欣赏者相对于审美对象（客体）皆作为主体而存在。即它是在社会实践和审美实践中形成的具有一定审美能力的实践者。若缺乏一定的审美能力，又不参与审美实践，那就不具有审美主体的意义。故人虽然是社会的主体，但不一定作为审美主体而存在。

2. 审美主体的产生

首先是人通过劳动实践逐步认识掌握客观对象的规律性，使"人的本质力量对象化"而获得驾驭与改造自然的主体性。进而在"对象化"的过程中，主体直观自身并认识到自己的本质力量，从而获得情感的愉悦，这时审美主体才真正形成。可见，劳动不仅创造美，同时也创造并不断改造着人类自身，从而形成具有一定审美能力的审美主体。

3. 审美主体的二重性

审美主体的二重性，即人既是主体又是客体。因为人类在社会实践过程中，不仅同外部

对象发生联系，而且也与自身发生联系。"人的自然化"说明主体中有客体，"自然的人化"则说明客体中有主体，主体与客体相互依存。

人的审美活动离不开主体与客体的相互作用，否认或夸大主体的能动性和存在价值，或者否认客体的客观性，都不能科学地揭示审美主体的科学属性。

4. 审美主体的审美能力

①敏锐的观察能力能对审美客体的审美特征做出特殊的反映；②具有意象生成和形象创造能力；③超越能力，即在审美活动中不断超越对象，创造出更新、更高、更优的审美对象，使自身的美感日趋强烈，能力日渐提高。

审美主体不仅是具有感觉能力和一般认识能力的人，而且必须具备"审美能力"；否则无从建立"审美关系"，也不可能获得"美感"及其"审美享受"。"只有音乐才能激起人的音乐感；对于没有音乐感的耳朵来说，最美的音乐也毫无意义……"马克思在《1844年经济学—哲学手稿》中的以上论述，就清楚地说明了审美认识中主体与客体的特殊关系。

审美主体在具备正常感官的前提下，需要"音乐的耳朵"和"画家的眼睛"。人们凭借自己的审美能力，对具备审美特征的审美客体进行"审美观照"，从而构成审美活动，以完成审美认识。可见审美客体的"审美特征"和审美主体的"审美能力"，相对于一般认识的客体和主体，就呈现出了明显的差异。但从反映过程和结果看来，却都经由了"客体—主体—认识"这样一个能动的反映过程。宋代文学家苏轼，用诗歌论美学，生动而形象地阐明了审美活动中主客体双方的辩证关系。他的《琴诗》写道：

若言琴上有琴声，放在匣中何不鸣？
若言声在指头上，何不于君指上听？

《琴诗》道破了这重关系——琴与人的技艺结合，相互对应，构成审美活动，产生悦耳的琴声。若离开一方，琴声何来？如果仅仅有琴，但被一个没有相应技艺的人胡乱拨弄——"乱弹琴"，那同样不可能产生和谐的旋律。这正如普通的耳朵只知"声"而不知"音"，普通的眼睛只见"形"而不见"神"一样。

二、审美客体

1. 审美客体的含义

审美客体指相对于审美主体而言，能使主体产生美的感受的事物。它包括已被发现的自然存在物：风景、花卉、美丽的人等。人们可发现其美，从而获得美的愉快感受。同时还有被创造的艺术品，即艺术家或从事实践活动的人们按照自己对美的规律的理解而设计与创造出来的带有艺术性的东西，又称审美意象的物化成果。如诗歌、绘画、雕塑、戏剧、建筑、工艺品等。由于这些东西是在人类的审美经验基础上被创造出来的，它们自然可以成为人们的审美对象。

2. 审美客体的构成因素

①要具备一定形式的线条、色彩、音响、构造、比例、文字、语言以刺激人的感官，引起人的关注；②这些形式的东西，能传达出某种意蕴以激发人的情感，构成审美关系，使人获得审美体验；③形式与内容的有机结合所形成的审美特征，足以引起审美主体与之共鸣。

但值得注意的是，由于审美活动是审美主体与审美客体的交互作用，单单一个哪怕是审美特征非常完备的审美对象，在一个没有审美能力的人面前，也只是一个自在之物，很难或者根本就不能够成为审美客体。

三、审美关系

通过了解审美主体与审美客体可知，审美关系是由审美主体与审美客体在相互作用中构成的内在联系。这种联系的实质是唯物主义反映论所确认的反映者与被反映者的关系问题，这个问题的核心是没有被反映者就无所谓反映。其认识路线是："物（客体发出信息）—感觉（主体接收信息）—思维（由感性认识上升到理性认识）"。而审美关系除承认这一基点并遵循这条路线外，它对客体所发信息有特殊要求，即其信息必须具备审美特征——对审美活动要有意义。

主体对信息的接收也不是停滞于一般的感觉，而是要有一定的审美能力。这主客体双方交互作用的结果，也非单纯的对真或善的追求，而是追求真与善的统一——美。且因审美主体在审美活动中的目的差异，又分为两种结果：对艺术创作者而言，是对客体美的提炼、改造，产生凝聚于艺术品中的艺术美，这是一种精神生产；对艺术欣赏的主体而言，则是由对客体美的体味、领悟而产生美感，它是一种精神享受。

对于特定的审美关系构成的审美活动的结果，在判断其真与伪、善与恶、美与丑时，不能简单地以"普遍性品格"和"现实性品格"为标准。因为审美活动的结果，恰恰是以多姿多彩的个性和精神体验为特征的。

四、审美认识与一般认识的差异

1. 特征比较

从"物—感觉—思维"这条唯物主义的认识路线出发，可知：凡是具有正常感觉能力的人，只要他投身于实践，同自然和社会保持紧密的联系，那么，他对世界总有一定的认识。而审美认识则不然，因"审美关系"是人类在长期的社会实践中，首先是在生产劳动中与现实世界所发生和形成的一种特殊关系。构成这种特殊关系的双方，必须是具有"审美特征"的审美客体和具有"审美能力"的审美主体。它们相互关联，即相互依存，相互对应。

2. 过程比较

将审美关系称作"特殊关系"，理由在于审美认识是以形象的形式反映世界，是具体的、生动的认识形式，它与一般的认识关系，即以概念形式反映世界的抽象认识形式应区别开来。但从本质上讲，审美关系仍然是主体对客体的反映关系。所以审美认识就其认识过程而论，较之一般认识有内在的"对应点"，如图3-1所示。

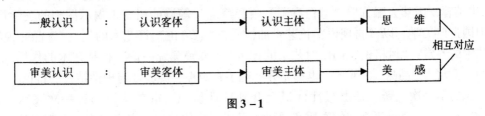

图3-1

但"对应"不是"等同"，比如"审美客体"就不是简单的存在物和一般的被反映对象，它必须具备"审美特征"，即审美认识要有意义。马克思在《政治经济学批判导言》里还指出："艺术对象（审美客体——笔者注）创造出懂得艺术和能够欣赏美的大众。"也就是说审美客体还应具备对审美主体的促进作用。

3. 结果比较

在两种认识活动中，主体与客体同样须臾不可分割地联系在一起。只不过在认识结果上，一个追求的是真理，一个获得的是美感，差异显然。就是在同一审美活动中，由于审美主体在审美能力上的差异，对同一对象，各人所获得的美感也是不同的。所以，无论是认识活动还是审美活动，皆存在由于主体不同而结果相异的情况：你认为"对"者，他却说"错"；我感到"美"者，彼嫌其"丑"。就在这"真伪"对立、"美丑"不容的差异性问题上，当代时髦的"存在主义"者却大做文章，无限夸大"自我"的作用，特别是"自我"在审美活动中的作用，以至否认审美客体，否认美的客观性，认为"自我意志"决定一切。

辩证唯物论者并不否认这些"差异"，而是科学地回答了造成认识差异的根源在于认识的角度不同、所处的实践关系不同、客观条件不同和主观能力不同。单从实践关系来看，人们熟悉这种现象：植物学家、艺术家、建筑家同时进入一片森林，而三者感触的东西却截然不同——植物学家感兴趣的是树种类别、生态状况、生物群落现象；令艺术家陶醉的却是色彩、鸟鸣、淙淙流水和阵阵林涛；建筑家则为发现优质木材而兴致勃勃地估测其储量。这是为什么呢？其实就在于植物学家与森林是科学的认识关系，艺术家与森林是审美关系，而建筑家则是以功利关系来认识森林的。实践关系不同，就有不同的认识角度和层次，导致不同的认识结果。

我们并不机械地理解认识活动中的主客体关系，而是将其放在相互联系中去考察，且科学地解释了主体对客体的能动反作用。在审美关系中，依然如此，这表明两种认识活动有着内在联系。从认识论入手去理解美学问题，虽无捷径，但这架起了科学的"引桥"。由此出发去研究审美关系，我们定能到达光辉的彼岸。

4. 形式比较

（1）**形象思维与抽象思维**　追求真理的认识，是借助抽象思维，对事物的本质和运动规律进行科学的抽象概括，使认识上升到理性的高度；而艺术创作获取美感的认识，则是借助形象思维，抓住典型，生动而具体地再现生活，使认识达到感性与理性的交融。所以，美学理论在表述我们的形象思维活动时，所使用的术语、概念、范畴就有它自身的特色。

（2）**直观性、经验性与理性精神结合**　在美学理论的逻辑网络中，不难发现许多成双成对的范畴，且往往是感性与理性结合，十分贴切而形象地表达出审美活动中每一个环节的特征。如"形与神""情与理""意与境""滋味与品味""手法与风格"……准确而形象地描述我们对审美信息的获取、整理、提炼、创作欣赏和评价。在审美过程中，常用"水中月、镜中花、空之音、山之色"对客体做出生动的感性描述。用"不着一字，尽得风流""清水出芙蓉，天然去雕饰""空白有画，余音缭绕"等诗的语言来揭示深刻的美学规律。再如中国古典美学，以"再现说"论艺术的性质，"意境论"谈艺术的创造，"品味说"引导对艺术的鉴赏，"风格论"用以对艺术的评价，"真善美统一论"概括艺术的作用。这里提到的"意境""品味""风格"也都充分展现了直观性、经验性与理性结合的特色。

认识的第一次飞跃，是由感性认识上升到理性认识。审美认识的第一次飞跃，则是"情理结合"——对审美客体的本质和规律，通过情感的类型性表现出来。有理无情，失去生活的真实；有情无理，又是违背生活逻辑的主观抒发。所以"寓理于情，情在理中"，抒情必须以理为准，表理必须以情为据。

（3）**多义性与确定性、含蓄性与鲜明性的统一**　这些感性的、经验的、同时又包含理性的概念和范畴，往往是"多义性"的。因此，由它们界定或描述的美学规律，就有由

"不确定"而趋向于"确定"的性质。这又称为"朦胧感"。"朦胧"不等于"含混",这是审美活动所特有的属性。因为特定的美学概念、范畴、定义、规律,为我们提供的不是刻板的东西,而是一个发展变化的,同时又是十分生动、清晰的画面。

人们的审美活动,往往是在一个典型的、有限的鲜明形象中暗示或衍生出不可穷尽的景外之景、象外之象——"意在笔先,妙在画外"的艺术空间。即所谓:"呈于象,感于目,会于心,而口不能言。口能言之,而意又不可解。"产生那样一种"妙不可言","只可意会,不可言传"——由不确定而趋向于确定,由含蓄而渐达鲜明的朦胧美。

这正是"形象思维"的结果,完全不同于抽象、清晰、确定、严密的逻辑推理。所以"趋向于确定"的审美认识,当然也就不同于必须具备科学性、正确性、唯一性的真理性认识。但抽象的逻辑认识,恰恰是形象思维的理论基础。基于此,写真感情,画真景物,遵循审美客体的运动规律,反映生活的真谛,形象思维才能达到"物与神游",驰骋自如的境界。

第二节 审美过程

人类的审美活动,在每一特定时空内,皆有它"起始—发展—结束"的历史过程。这过程浑然一体,在此为研究的需要而划出不同的"阶段",仅有相对意义。

一、审美注意与审美知觉的发生——审美关系的建立

这两者发生于审美活动的初始阶段,是审美关系的建立,即审美主体对审美客体产生"观照"的状态和初步接受审美信息刺激的结果。

1. 审美注意

(1) 含义 指人们进入审美状态的一种准备活动,表现为日常意识状态的中断,而专注于某种特殊的审美对象的活动。

"注意"也是科学创造、逻辑思维中时常出现的心理状态。但审美注意与这种注意不同,它是一种非功利性活动的准备状态,仅对对象具有审美意味的那部分特征注意。比如黄山的"迎客松",审美主体只是被其苍劲的枝干、展臂相迎的飞动姿态所吸引,而不关注它的准确高度和直径以及木质的优与劣。

(2) 审美注意产生的条件 一是审美主体的美感经验、审美需要和某种心理定势;二是要有一种静观的不带功利目的的审美态度;三是对客体凝神观照,把注意力集中投向客体的某些方面,对其美的属性进行挖掘、认识,以鲜活的感性形式,深深地印刻在脑海中;四是审美主体要有强烈的审美情感,这是触发、唤醒审美注意的动力。

(3) 审美注意的作用 审美注意是在艺术欣赏,尤其是在艺术创作中所不可缺少的十分重要的心理机制。它能使审美主体灵感爆发,产生强烈的欣赏与创作欲望,从而更好地把握美的规律,以获得高层次的审美快感或创作出优秀的艺术作品。

2. 审美知觉

(1) 含义 指审美主体接受审美信息后,凭借自己的审美能力与之相互契合、渗透而形成的对审美客体的外在形式的感性认识。

(2) 审美知觉的特性 它的发生首先依赖于对象的刺激,这种刺激引起主体感官的

直觉反映，而在直觉反映的后面却有审美主体之想象、情感和理解的参与。由此显现出审美知觉有选择性，这种特性表现为主体长期的经验与习惯积淀而成的种种"模式"，在知觉过程中主体又对"模式"进行选择。因审美知觉常常突出地选择和感知对象的某些方面，并将其在整体的背景中凸现出来，给人留下生动、鲜明的印象。这种形象的内容是对象的外貌形态、线条、色彩等所揭示的情感含义，它所表现的是主体的情感和精神境界。

所以，审美知觉受主体想象的制约——将所获知的感性材料按情感进行分类，而不是按功利用途分类。如当我们看见依依柳丝时，就会想到缠绵恋情，而不是想到柳条可编箩筐、可扎鸡笼之类。可见审美知觉发生的结果，可使主体进入审美过程的初始阶段，将外部世界与人丰富的内心世界融为一体，在审美主体的头脑中用表象（知觉的再现）呈现出来。

二、审美联想与审美移情的拓展——审美因素的网式互动

对审美联想与审美移情，不能机械地理解为它们出现在审美初始阶段之后，也不能将各不同阶段断然划分开来，因为过程本身就是中断与连续的统一。由于在审美注意与审美知觉发生时，反而需要审美联想与审美移情的参与，所以我们将审美过程的下一阶段称之为联想与移情的进一步拓展。

1. 审美联想

（1）含义　审美联想是审美心理形式之一，即指审美主体由当前所感知的事物而回忆起有关的另一事物，或由一件事物引发而想起另一事物的心理活动。

（2）审美联想的作用　联想是一种"由物及我"的被动感知，是头脑中事物信息的刺激记忆，从而在特定心境下引起条件反射的心理活动过程。审美联想在艺术欣赏和艺术创作中皆有重要作用，它使审美主体的情与志通过借景抒情、比兴手法、拟人化等形式表现出来。如人见到荷花而联想到人之出污泥而不染；画梅、兰、竹、菊以表人之高雅情操；又如，陈毅元帅曾作诗曰："大雪压青松，青松挺且直。要知松高洁，待到雪化时。"这既生动形象又含义深刻。在大雪压青松这样冷酷严寒的时空中，元帅触景生情，联想到自身所经历的诸多磨难而提笔赋诗。作为欣赏者，又以诗为审美对象，联想到陈毅元帅的高风亮节和刚直不阿的可贵品格，联想到古今中外一批又一批英雄人物……

2. 审美移情

（1）含义　审美移情是人们在审美活动中，由审美注意而引起审美主体与审美客体在"对视"中所达到的一种"物我同一"的审美状态。即主体将自己的主观情感甚至整个自我都主动地投射到审美对象中去，使原本无生命的自然物或有生命而无意识的客体像人一样具有思想、情感、意志和心理活动，达到"自然的人化"。

（2）审美移情的产生　这种"物我同一"的审美现象的产生，是以具体形象为依托，以联想（由物及我）、投射（由我及物）两种心理机制的双向活动相契合为基础的。但移情侧重于主体情感向物的投射，即"寄情于景""托物寓意"。情与物之间必须有某种内在的情感联系，通过"意与象通"而达"情景交融"的和谐状态。如"感时花溅泪，恨别鸟惊心"（杜甫《春望》）、"泪眼问花花不语，乱红飞过秋千去"（欧阳修《蝶恋花》）等千古名句，皆表现"由我及物"与"由物及我"双方交流的移情现象。

审美过程进入联想与移情阶段时，由于主客体双方"由物及我"和"由我及物"的交互作用，便尽情地拓展了审美活动的时间与空间。艺术欣赏者在这种审美状态下，可以使自己感受到艺术形象没有直接表达、也不必直接表达的内容，于是产生"余音缭绕""意在画外""只可意会，不可言传"的境界。

艺术家在经历这一过程时，往往激发起自由的创作灵感，或文思泉涌不吐不快，或成竹于胸一气呵成，在作品的内容与形式的结合上，表现出独特的创新手法而具有撼人心魄的魅力。

三、审美期望与审美理解的实现——审美感受的获取与提炼

从审美注意与审美知觉的发生，经审美联想与审美移情的拓展，必将走向审美期望与审美理解的实现，这标志着一次特定的审美活动的结束。审美主体在其活动中，一开始就伴随着一定的甚至是强烈的期望，并对客体所发出的信息不断地由此及彼、由表及里、由浅而深逐渐地加深理解。但主体期望能否实现和实现的程度如何，主体对客体之美尤其是对内在之美理解是否深刻，只有在过程结束或行将结束时方可判断。

1. 审美期望

（1）含义　审美期望是审美主体渴求在审美活动中获得精神的享受和满足，是一种非功利的、精神上渴求美好世界的心理状态。它有积极向上的意义，与虚无、消极、神秘的宗教向往有本质区别。

（2）审美期望的特征是

● 审美期望与审美注意相伴而生，是这种活动的情感效果。

● 审美期望是决定审美主体的审美取向的重要因素，能使主体迅速、有效地抛开无用的知觉，达到有效的审美知觉。

● 审美期望带有主体鲜明的情感色彩和独特的个人风格，主体不同，期望各异。正因为如此，若审美活动中主观因素过重，则会产生负面效应——脱离客体本身所具有的美的属性与规律，而导致歪曲的反映，致使期望难以实现。

2. 审美理解

（1）含义　审美理解即审美主体对审美客体何以成其为"美"的思考。经过一系列复杂的审美活动后，以美感的产生标志着过程的结束。这时对欣赏者而言是审美享受的获得，对艺术家而言则是艺术美的孕育、创作直至艺术品的诞生。在这个阶段，对于一个有理解能力和有审美修养的人，总想搞清楚一个问题——对象为什么是美的？

比如我们看完一出歌剧，就会说这出歌剧真美。马上又会想它为什么美？是表演生动、歌曲悦耳、情节动人，还是灯光服饰、导演技巧、舞台美术……运用得体？这种理解还多侧重于外在形式。更重要的理解是理性的领悟，欣赏者将自己的知觉、情感等融入整个歌剧的演出过程，随剧情的发展而深入思考，这才不至于使欣赏者的审美活动流于简单的重复。欣赏者因有了理解，才能从美感中吸取其教化的价值，日积月累地促成知识结构的转变和思想的转变，进而提高自己的审美能力。艺术美的创作者也因此而能更好地把握、概括、提炼客体之美，从而创作更典型、更凝练、超乎自然又回归自然的传世之作。

（2）结构　审美理解体现了一个特定的具体审美活动过程的终结与拓展。审美过程所涉诸要素、环节的网络结构，如图3-2所示。

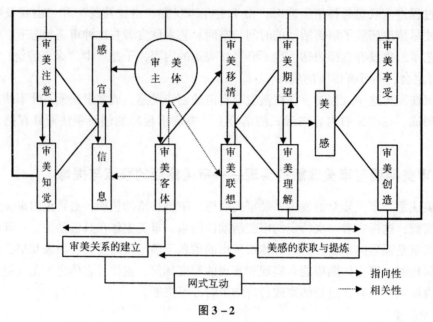

图 3-2

（注：凡与粗线直接相连的因素皆具有主体性）

四、审美过程的双向性

人类的审美活动，可划分为创造美与欣赏美两大类。每类活动，从信息的获取到美感的产生，其间经历了诸多复杂的环节和阶段。取其关键的部分，以"三段式"来概括审美活动诸环节的整体特征，其审美活动过程的"双向性"就会一目了然，如图 3-3 所示。

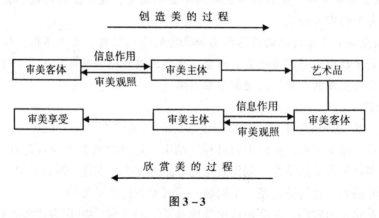

图 3-3

从左向右，是创造美的过程：审美客体发出具有审美特征的信息，作用于审美主体；具有审美能力的主体与之进行审美观照，产生创作欲望，形成"审美意象"，审美意象再度向形象思维转化而创造出艺术作品。居于过程起点的审美客体，也可能是他人的艺术创造，如文学作品，可经画家、音乐家或影视艺术家转化为书画或音像制品。

从右向左，是欣赏美的过程，其起点多以艺术品为审美客体（包含自然美），主客体相互作用，引起审美主体的欣赏兴趣，并由"兴趣"而"情景交融"，导致情感抒发，升华至"情理结合"而获得审美享受。

从"创造美"与"欣赏美"的活动过程中，体现了美客体与审美主体之间的关系：相互关联、相互依存、相互发生、相互对应的"双向性"。这种"双向性"表现出创造美与欣赏美两者恰恰在出发点与落脚点上互为颠倒。审美活动的结果也不同，一为"作品"，一为"美感"，但都是血肉生动、情理相融的形象思维的产物。

第三节 审美感受与审美思想

一、审美感受

审美感受贯穿于审美活动的全过程，但不同的主体对同一对象所引起的审美感受，其类型与程度皆存在着很微妙的差异。现就一般审美感受的共同性简介如下。

1. 生理快感

这是人在审美活动中首先获得的身体感受——整个身体的愉快感觉，即当我们的感官或肌体受到对象具有审美属性信号的刺激所产生的生理反应。它为人所独有，是精神上的欲求所带来的生理反应。这种审美生理快感，不同于人的食欲、性欲这些本能需求获得满足后产生的感官快乐。它必须是懂得审美并有一定审美能力的人，这样的人才可获得审美活动带来的这种特殊快感。

审美生理快感，有时感受异常强烈，使人放声哭笑，"不知手之舞之，足之蹈之"；有时这种强烈感受不流于表面，而是内心的激动或快乐。特别是在体会悲壮感时，往往随情感的宣泄，身体也会有一种松弛舒展的感受。

因此，审美的心理反应常与生理的反应相联系，是人对自己所创造的文化成果的享受。

2. 审美通感

在审美活动中，经审美注意引起审美知觉而形成一定的审美意象，其间各种感觉相互转化、渗透的生理现象称作审美通感。即我们的视觉、听觉、嗅觉、味觉、触觉以及本体感觉常常彼此沟通，相互发生。如我们从画面上看到红润鲜嫩的草莓或晶莹剔透的樱桃，立刻会激发起味觉而引起酸甜可口的食欲感，甚至还下意识地分泌唾液或用手去触摸画中之物。

可见通感是以条件反射为基础的、两种以上的感觉器官在生活经验中形成的相互作用的结果。不同感官的反映，传递到大脑形成不同的兴奋区域，其区域之间的暂时联系，就是审美通感产生的生理机制。

审美通感在艺术欣赏和艺术创作中经常出现，而且很有价值——增强艺术形象的生动性和表现力，扩大其精神内涵，使艺术形象更富有艺术魅力，能产生很好的审美效果。朱自清在《荷塘月色》中描写到："微风过去，送来缕缕清香，仿佛远处高楼上渺茫的歌声似的……塘中月色并不均匀，但光与影有着和谐的旋律，如梵婀玲上奏着的名曲。"这里将嗅觉上的缕缕清香与听觉上的缥缈歌声整合在一起，把视觉上的光与影又幻化为小提琴上奏出的名曲，这种听觉感受加深了人们对荷塘月色的美的体验，非常传神地把这一景象的神韵传达了出来。

鲁迅先生在《纪念刘和珍君》中有一句话："我将深味这非人间的浓黑的悲凉。"作者用"浓黑"这一属于视觉的色彩来表达自己内心的深广的悲凉。通过这种视觉和触觉的相通，作者把激愤之情形象地表现出来，深刻地抨击了旧社会的黑暗，从而加强了文章的表现力。

美　育

　　1991年春，笔者调离生活了21年的攀枝花时，不舍之情曾记于纸——《清平乐·恋情》："铁骨钢梁，昂首莽苍苍。横空出世'金三角'，这边独好风光。冬有晴空万里，秋鸣裂谷涛声，夏恋凤凰滴翠，春染红棉似金。"其间"春、夏、秋、冬"四季轮回，"染、恋、鸣、有"偕心运转，使视觉、触觉、听觉产生共鸣，以表达对第二故乡的留恋之情。可见除名人、伟人外，普通人也都有一定的通感能力，只要调动得当，就可构成具有审美意味的意象从而产生美感。

　　审美通感与审美联想不能混淆，通感侧重生理感受，联想侧重情感升华。如笔者儿时的老师谢名标先生为同学会写下的精美诗句——"忆昔日同窗共砚，年少舞翩跹。一个个红巾笑脸，好风光成志心田。几度沧桑巨变，重聚改容颜。经纬千行丝不断，诉衷肠尽兴腾欢。"

　　诗句生动形象地浓缩了"童年—少年—青年—中年"之"沧桑巨变"，其情之切，意之深，时空之广阔，使人浮想联翩……

　　3. 美感

　　简言之，美感即人对美的事物所引起的感受，或谓之曰感受是美好的。

　　对美感起源的研究，古今中外流派纷呈，有"模仿说""游戏说""功利说""劳动实践说"等。大致可分为两种：从动物快感到人的美感，这偏重于生理属性的研究；另一种则侧重美感的社会性。中国古典美学对此的研究有突出的人文功利性质，单在"美"字上也充分表露了"羊大为美"的人文价值判断的功利属性。

　　我们现在的观点是：美感起源于人类的劳动实践。这既不否认人的美感的生理机制，又看到了劳动创造美与创造了具有美感能力的人。马克思说过，只是由于属人的本质的客观地展开的丰富性，即主体的、人的感性的丰富性，如有音乐感的耳朵，能感受形式美的眼睛。总之，那些感受人的快乐和确证自己是人的本质力量的感觉，才一部分发展起来，一部分产生出来。

　　美感的构成因素与表现形式包括对感性材料的欣赏，对抽象形式的欣赏和对联想价值的欣赏，其快感外化为多种形式：

　　（1）形式感　指人在实践中接触到与人的生活相联系，特别是与人的情感相联系的客观事物的自然形式（如质料、色彩、形体、音响等）而形成的审美感受。这只有当主客体协调，外在对象与内在情感合拍，达到"物我同一"时，主体才能在对象结构的对称、均衡、节奏、韵律、秩序、变化、统一、和谐……中产生美感愉悦。所谓"圆者规体，其势也自转；方者矩形，其势也自安"（刘勰《文心雕龙·定势》），就是人们在漫长的实践活动中形成的对"圆"与"方"的形式感。

　　形式感与诸多因素有关，①对象的结构形式符合美的规律。②对象的质地高贵（如金、银、玉石、翡翠、玛瑙）也能引起人对其形式高雅的同感。③对象的存在符合主体的价值需求，如一把线条优美、色泽光亮的匕首，只在我们自己的手中可产生美感；当它落入歹徒手中，则令人顿生厌恶、恐惧之感。④对象与主体情感相互吻合，这种形式感在中国古典美学中多有涉及——"其得于阳刚之美者，则其文如霆如电、如长风之出谷、如崇山峻岩、如决大川……其得于阴柔之美者，则其文如升初日、如清风、如云、如霞、如烟、如幽林曲涧……"

　　由于人的情感差异颇大，故不同主体其形式感也必然存在诸多差异。

　　（2）优美感　指审美主体在观察审美对象时直接产生的愉悦的心理反应。而所谓优美则是对现实的肯定，对内容与形式的统一。在形式上呈现为和谐、平静、稳定，其内容则是包含了现实与实践、美与善、合规律与合目的性的交融无间。

优美感的特征：①主体感官受到客体信息刺激后，顿时产生的感官愉快，其感性功能显著，亦称感性的快感，如眼睛看到秀美的形状，耳朵听到和谐的声音时的感受；②对象的秀婉、俊俏、温柔、亲切与主体的心情舒畅互相映衬，使主体产生悦耳悦目的心理反应；③它来自完满性与理想性交融一体的和谐美，是贯彻始终的欢快、满足、典型、纯粹的审美享受；④在感官的舒适愉快中包含有理解、想象、情感等理性的心理因素，因而不断使主体加深和强化对优美的感知，只不过在这种偏重于对自由形式的玩赏和领悟的感知中，心理因素的参与处于不自觉的状态罢了。

(3) 崇高感　这种美感类型较之优美感，理解起来更为复杂，因为它非感官的舒适愉快，而是一种多层转化的心理感受。这种转化的递进层次是：审美主体对形式上体现出尖锐矛盾的审美客体而产生惊奇甚至是恐惧的情感反应，即主体在这种神秘、伟大的客体面前感到自己的渺小、平庸而激起强烈的奋发向上之情，于是深感自己的精神境界被大大提高，敢于追赶、超越，从而产生心理快感。

如我们驾一叶小舟，颠簸穿行于惊涛骇浪的大海之中，终于战胜死亡的威胁而胜利返航时的内心感受，就其精神而论，可谓之崇高感。这种美感的强烈程度和特殊性质，是其他任何美感形式不能与之相比的。它是精神意志上的"极乐"境界，犹如"死里逃生"，是从"痛感"向"美感"转化的心理感受。

崇高感的特殊性：①崇高与优美相反，它常常违背和谐、对称、均衡等美的规律，表现为形式上的粗犷严峻，人们难于从感性上把握，必须通过理智与情感更为紧张的探索和伦理心理的激荡才能感受领会；②崇高感蕴涵鲜明的伦理内容，而且深厚的伦理情感和深邃的哲理思维相互交融、渗透；③崇高感体现人源于自然，又能认识、顺应、改造、驾驭自然，经战胜自然最后达到"天人合一""悦志悦神"的审美境界。

(4) 悲剧感　莎士比亚说过，悲剧是将最美好的东西打碎给人看，如剥夺自由、残害生命、离散家庭等，从而造成人间悲剧。这既令人感到恐惧，同时也必然对剧中人物所遭厄运时表现的悲壮之举，产生怜悯之情。

悲剧感正是审美主体在审美客体刺激下所产生的恐惧感与怜悯感交互作用，使悲剧的痛感向快感转化的心理体验。也就是说人们从悲剧中获得鼓舞和令人振奋的力量，它是唤起人们与厄运抗争、应付危急情况的非同寻常的强大生命力。

可见悲剧感通过恐惧心理与崇高感相通，只不过它以具有怜悯心理为特色。悲剧感更能激起人们的激动、敬佩、严肃、自豪之情。它蕴涵着虽败犹荣，奋力拼搏，"斗争—失败—再斗争"，直到胜利的快感。

悲剧的审美愉快感就产生于这两种复杂心理形式的紧张运动之中，其哲学本质正是对真理的探索和伦理的追求的统一，从而激励斗志和发人深省，并使理智与情感交融、激荡而引起美感。

(5) 喜剧感　这也是美感的一种类型。喜剧感是在喜剧性的审美对象刺激下产生的或是幽默、或是揶揄、或是戏弄、或是嘲讽的情感反应。与严肃紧张的悲剧感不同，喜剧感是一种轻松和愉快的感觉，经常与笑联系在一起。而笑的引发有多种多样的原因，可能是纯生理性的本能反应，如婴儿的嬉笑、瘙痒引起的笑等。也可能是在社会实践中对于有价值的真、善、美的东西的热情肯定，并在其中曲折地看到我们自身的本质力量，因而得到一种充满自豪和满足的愉悦感。

以表现美为目的的喜剧所引起的笑，却是一种不同的情绪体验，因为它不是为美而欢笑，而是以对丑的嘲笑来赞扬美。这是在对象的内容与形式构成强烈的不协调时，即美的内容与丑的形式相对立时产生的。人们的嘲弄取笑，正是对对象的称许和赞扬，故而洋溢着欢乐之情。如电视剧《不说再见》中，年轻电脑专家李明的"按程序谈恋爱"就使观众忍俊不禁。

鞭挞丑的喜剧之所以引人发笑，是由于主体感到自己的聪明才智大大超过了审美客体中被否定的对象而产生"优越感"。这具有理智批判的特点，使主体一下子领悟了丑的内容与美的外表相对立，从而拍案叫绝，其娱乐性十分鲜明。如笑星赵本山、范伟等表演的小品《卖拐》就很具反面型喜剧的特征。人们在对丑的嘲笑的快感中，也含有不快的因素，因为丑毕竟是人生的缺陷。如卖拐者的可鄙，买拐人的可悲，使观众在朗朗笑声中也有"笑里含悲"之感。可见喜剧感蕴涵着丰富的内涵，而不是一笑了之。

悲、喜、痛、快及其相互的包容与转化，构成了人类从感官愉悦到情感舒畅的多姿多彩的审美享受。我们通过艺术欣赏实践，不仅能获得审美享受所带来的快乐，而且能提高我们自身的审美能力以参与审美创造。即在审美活动的双向运动中，自己既是审美主体，又能以自身或自己的创造物作为审美对象，为人类奉献审美价值。

二、审美的情趣与欲望

1. 审美情趣——审美思想形成的基础

审美情趣指审美主体对某些审美客体所产生的不由自主的喜好与偏爱，又称之为主体在审美经验中形成的某些独特的审美定向。比如有的人喜爱音乐，有的人偏爱文学，而另一些人又对绘画、书法或金石雕刻兴趣浓厚……不同的审美主体就是通过不同的审美定向来满足自己的审美意识的。审美情趣先于理性的审美情感产生，在很大程度上是感性直观的。它以审美知觉和体验为中介，根据客体的现象与特征，主体能猜测出客体对象的审美属性，因此，它是人们由感性认识上升到理性思维的审美思想形成的基础。

审美情趣同审美主体的生活条件、所处环境、文化水平、气质性格以及审美素养等因素密切相关，故有明显的主体性、独特性、多样性和能动性，从而展现主体对客体的不同需要。审美情趣在审美实践中形成，受审美教育的引导，并随人的个性发展逐渐定型。可见，好的审美情趣要从小培养。

虽然在审美情趣的偏好上，可谓仁者乐山，智者乐水，本无可非议，但在审美情趣的标准上却有高雅与粗俗之别，程度上有深广与浅薄之分，性质上还有积极与消极、崇高与低级之不同。如不懂得这点，万一走向极端就很可能视丑为美，导致虚假、歪曲甚至错误的审美需要与满足。

2. 审美欲望——审美思想的源泉

审美欲望指不以功利为直接目的、比较纯粹的精神追求。它是人类的本性需求之一，但不同于本能的食欲和性欲。因为这种本能性的欲求与生俱来，可以反映出动物的属性。而人之所以不同于动物，是因人具有社会性，有思想意识。人在实践中产生了一种本性需求——认识外部世界进而"人化自然"，并寄托自己的情感和希望于对象之中。

人类的欲望包括科学认知和审美欲望。科学认知和审美欲望是要认识客观世界的本质和运动规律，以获得从事实践活动的依据。审美欲望——通过对事物的观察产生自由联想，从而获得心理上、精神上的满足，即对美感的追求。它不同于其他精神欲望，更不同于物质欲望，因为它排斥对对象的占有欲，以保证精神处于鉴赏愉悦的境地。

3. 艺术创作——审美欲望的发展

艺术创作是人类审美欲望的进一步展现。艺术品的创作过程正是人的本质力量对象化和一种自由意志的反映过程。所以，艺术实践推动了人类审美欲望的增长。

社会发展初期，人的生产技能还相当低下时就有了原始洞穴中的崖画刻痕。人们文身粉面，用花草、珠贝装饰自己；围着猎物，点燃篝火，敲击器物，在欢快的节奏中自娱自乐；后又在陶器上刻画出生动的花纹图案等。最初的艺术形式的出现，无可辩驳地说明了审美欲望乃人之天性。也正是这种审美经验的不断积累、传承，又进一步激发了人的审美欲望。一代一代的耕耘、培育、开拓，使人类的审美领域日益宽广，艺苑繁花姹紫嫣红，美不胜收。

三、审美的情感与观念

1. 审美情感

（1）含义　人的情感是对客观对象与主体自身关系的一种主观性心理反应，对我们正在进行着的认识过程起着评价和监督的作用。而审美情感则更有它特定的含义：它是人所固有的一种高级情感，是审美主体对审美客体的一种主观体验与感受。这种复杂的心理活动通过审美直观及活动过程，从对象那儿获得精神上的快感或厌恶感。

（2）审美感的特征　审美情感有它自身的特征：①复杂性。由心理能力、感知能力和精神因素诸多方面构成复杂的心理反应；②对象性。审美情感的产生，以主体对客体审美属性的感知为基础。没有客体，则无所谓感知。而感知又不能直接产生审美情感，还需主体将自己的灵性投射（移情）于对象，给对象补充许多东西，才能使主体在审美知觉中产生快感；③互动性。审美主体的灵性与审美客体的自然内容相交融。《文心雕龙》记载："登山则情满于山，观海则意溢于海"，就是描述在审美活动中，情感是伴随着对对象的感知而产生、发展的。如果审美主体没有充实的心灵内蕴，那么，山与海皆是无情之物，不会激起观赏者对山之情、于海之意。反之，如果审美主体没有面对这宏伟的山、壮阔的海，请问直观什么？感知又何在？根本就不可能引发出什么情与意。

（3）作用　审美情感在艺术创作和艺术欣赏中起着极为重要的作用，它激发人们的创作欲望和对美的追求。可以说，没有情感也就没有艺术创作。情感不仅是艺术家创作冲动的激发因素，而且伴随着整个创作过程，是推动艺术创作进行下去的动力和中介。同样，在欣赏艺术作品过程中，情感才能在不知不觉中进入艺术的境界，使自己获得审美的愉悦，并在这个再创造的过程中，使自己的灵性得以提升、高扬。

由上可见，审美情感是审美主体对审美客体的主观反映，是主体对客体的一种态度，具有很强的主观色彩和个性特征，因此也造成了人类审美情感的丰富与多彩。

这就不难理解，不同审美主体对同一个审美对象，因其态度之异、心理之别、关系之不同而产生不同的审美情感。但同时也应看到，由于审美情感是社会实践的产物，则必然积淀着人类社会历史的内容而又具有社会意义和一种人类的普遍性。因此，不同国家和民族的人民，仅仅通过艺术的交流就可进行心灵的沟通。

2. 审美观念

（1）含义　观念的形成是理性思维的结果，而审美观念则是在审美经验积累到一定程度时才产生的。它将模糊不清、零碎的审美感受归纳为较明确、较系统的理性认识，它是一

种更高形态的审美态度，也称之为对审美活动所抱的一种总的态度，对什么对象是美的所具有的一种认识。

在现实生活中，由于每个人的文化教养、个性气质、审美经历不同，审美观念也因人而异。如艺术家对审美在生活中的地位估价就高一些，而其他人的估价就低一些；有些人欣赏美时侧重于内容所体现的一种观念，有些人则侧重于对形式的感受；有的喜欢欣赏纯美的东西，有的又更爱看到美与丑、善与恶的对比；他很欣赏崇高悲壮的美，你却很欣赏温柔敦厚的美，凡此种种。如果这些体会在一个人身上积累久了，就会形成他自己的一种较为稳定而自觉的观念，从而引导自己的审美活动。

（2）审美观念的特征　由于审美观念是理性认识，有别于审美直觉和审美趣味而具有较强的主动性、自觉性，时日长久便形成一定的审美心理定势，在碰到曾经历过的类似对象时，容易敏感地捕捉对象而产生认同感，这个时候所获得的审美感受，比单凭一时的审美直觉所获得的审美感受更强烈、更惬意。这对于艺术创作者来说，也更易于激发其灵感。

审美观念虽有稳定性，但并非一成不变，它随主体经验的积累、知识的更新、新审美客体的出现和他人审美观念的影响而有所发展与更新，从而更好地引导与规范人们的审美活动。

四、审美意识与审美理想

1. 审美意识

审美意识是审美主体在审美活动中对审美客体的反映而形成的思想和观念，是人类特有的精神现象。它是在一定的哲学、政治、伦理等思想观念影响下形成的，并通过人的社会化的生理与心理活动来实现。故审美意识是广义的"美感"，它包括审美感受、体验、认知、兴趣、态度、观念、理想以及能力、判断等审美活动的各个方面与各种因素的多种表现形态。

可见，审美意识的产生与发展皆属社会实践的产物，是审美主体与审美客体相互作用的结果。审美意识以审美客体为反映内容，以审美主体之健全而敏锐的感官与神经系统为生理基础，以主体的审美知觉、移情、联想、情感等交互作用的心理机制与以感性方式把握现实作为审美认识的基础，这就构成了审美意识多因素参与的复杂性和多环节发展的网络性。

审美意识的特殊性：①感性观照方式对审美对象进行直接感性把握，感性因素突出、强烈，而理性因素则消融其中，二者和谐统一；②蕴涵社会文化积淀的成果，与理性认识、功利关系、思想观念存在一定联系；③审美意识因形式上的主观性而造成不同主体的差异性和不同历史条件下的变动性；④由于人类具有生理结构和心理活动的共同性，对特定审美对象也可产生共同的美感，故审美意识也有相通的地方。

2. 审美理想

审美理想就是审美主体从审美客体中选出自己更感兴趣、最为欣赏的对象作为一种审美追求。即通过审美活动，在客体中进行比较、分析、选择，将自己认为更有审美价值的对象作为理想来对待。这种选择既有个体行为，也有群体（国家、民族、阶级、阶层）行为，形成不同的审美理想，并纳入特有的审美意识之中，以指导主体的审美活动。如西方的黑格尔，他就认为艺术美高于自然美；中国的孔子主张"乐而不淫，哀而不伤"，以"中庸"作为审美理想。又如对人体美的欣赏，封建主喜病态美，资产者好妖艳美，劳动者求健康美，审美理想与追求截然不同。

群体的审美理想表现在社会生活中，往往构成一种时尚。在欧洲文艺史上，从来都认为人体是最美的，故艺术家曾创作了许多血肉生动的人体雕像与油画作品，这些作品成为传世的不朽佳作。美神维纳斯雕像，其艺术水准可谓空前绝后。在中国古典美学中，却又崇尚理性思维，以诗、词、歌、赋表达人的审美追求，提出"不学诗，无以言"和"诗言志，文传情"的审美理想，从而创造了独具中国特色的大量的文学艺术珍品。这些珍品为世界之先、人类之最，传承着数千年的文明。

在当代，审美理想越来越成为实现完美人格和高尚情操的推动力，成为社会理想的重要组成部分。所以，进行审美理想教育，是我们树立科学的世界观、人生观和价值观的重要内容。在日常生活中，人们也越来越自觉地将能体现自己的个性与情感的语言、举止、行为乃至形体打扮，融入审美理想的追求之中，这是现代社会进步的标志。

每章一练

1. 何谓审美主体与审美客体？
2. 审美认识的特征是什么？
3. 审美过程的双向性及其差异性何在？
4. 说明不同审美感受的特征。
5. 怎样培养科学的审美思想？

第四章 评美

 **本章概述**

　　本章主要论述了美育的评美阶段，介绍了美与艺术以及艺术鉴赏的价值，从对美的起源与表现的介绍到对艺术的美与特征的分析，有利于帮助同学们认识美从而评价美，同时列入了艺术鉴赏的相关概念及艺术鉴赏的要领，条分缕析，步步深入，教你如何评美，使我们对艺术的欣赏提升到更加理性的层次。

 **教学目标**

　　使同学们在上一章审美的基础上深入了解艺术这一与美密切相关的东西，从而提升审美品位，达到一种不仅懂得什么是美，如何欣赏美，还会评价美的境界。

＊ ＊ ＊ ＊ ＊ ＊ ＊ ＊ ＊ ＊

第一节　美与艺术

　　我们一开始就在"美的本质"一节中提出了"艺术——美的凝聚"这一重要命题。那么，所谓"艺术欣赏"，就是从对"美"的欣赏引发而来。"评美"在美学基础理论课中，势必紧紧围绕"评价艺术"而展开。因此，了解有关艺术的基本理论就很重要。

一、艺术的起源与表现

　　从艺术是生动感人的社会意识形式便可知道，这是一个同人类的产生密切相关的问题，其历史深厚而久远。

　　那么，究竟何谓"艺术"，何谓"美"，首先要有科学的理解，而不是简单地给出某种定义。唯物史观认为，社会存在决定社会意识，并同人类社会生产直接联系着，因而也决定了它最早产生的一种社会意识形式，这就是艺术——通过具体、生动、感人的形象来反映现实生活的社会意识形式。

　　可见，艺术最显著的特征就在于用具体、生动、有血有肉的形象来反映生活，而不是空洞的、抽象的东西，也不是死板的、无情无味的东西。因此，我们说艺术源于生活，艺术是生产实践的美化形式，它同人们的社会生活密不可分，人类的生产实践便是人类艺术的摇篮。社会存在决定社会意识，这是马克思主义艺术观的一个基本结论和依据。

1. 艺术的起源

古今中外，关于艺术起源的论说流派纷呈，各有千秋，大致分为"游戏说""巫术说""神示说""模仿说""表现说""劳动说"等。事实上艺术作为一种复杂的社会精神现象（各门艺术又有自己的特殊性），其产生就很难用一个刻板的、简单的公式加以描述，也很难说它起源于某一种单一的因素。不过，我们从鲁迅先生"艺术——美的凝聚"这一著名命题，可得之各门艺术的共同基础在于人类的审美活动。抓住"审美"与艺术密不可分这一重要环节，便可大体上找到艺术起源的一般原因和条件。

- 审美活动的发生，是艺术起源的最基本的不可缺少的前提条件。
- 人在生产劳动中，有意识、自由的、全面的生产与动物本能的、不自由的、片面的"生产"有质的差别，这反映"人也按照美的规律来塑造物体"。即人的生产劳动包含有审美因素，这也就意味着艺术的萌芽。
- 人通过实践活动与外界接触并认识外部世界，在认识方式上随社会的进步而日益精细、深入。当审美方式从宗教的、道德的、科学的诸种方式中独立出来时，则有了认识的基础。具备了这些条件，人们才能从事专门以审美为主要目的的活动，艺术活动便得以产生。

那种认为艺术起源于"人类的精神本性"，源于动物的"自然美"，而与人类的生产劳动无关的理论，都是非马克思主义的。我们要紧紧把握住马克思主义关于艺术源于生活的唯物史观，从人类的实践活动中去发掘艺术、创造艺术，以再现人类改造世界的战斗风貌。

我们说艺术源于生活，首先是源于人们的生产活动。就在这改造自然的劳动中，人们也开始接触并接收到了自然界所具有的审美特征的种种信息，因此，人类的艺术也再现出自然之美，充分反映着"天人合一"的和谐，蕴涵着人类的情与志。

2. 艺术的表现

艺术的表现指艺术具有表达和抒发审美主体的情感、心态、意志的功能，或称艺术的特殊性质。作为艺术品的创造过程，正是人的本质力量对象化——物化于艺术品之中，以实现审美主体与审美客体、主观与客观、精神与物质的统一。所谓艺术审美创造，也就是主体的审美情感与意象的造型化、物质化。

那么，究竟如何"表现"？不同的美学思想有不同的主张，这主要表现为"再现说"与"表现说"之争。如果把"再现"看成是单纯的"模仿"客体，把"表现"又当成是脱离客观依据的纯主观意志的抒发，则势必导致"自然主义"和"唯心主义"两个极端的错误。正确的认识应促进"两说"互补。对这一问题的研究结论见第一章。

二、艺术的分类与特征

艺术的起源与人类的实践活动密不可分，且它又是人类特有的审美活动的主要对象，因此，了解各类艺术及其美学特征，对我们从事艺术欣赏有着重要的指导意义。为此，我们将其概略地介绍如下，以避免将来学习欣赏相关具体门类艺术时出现内容上的重复。

1. 表情艺术

表情艺术指表现人的情感境界的艺术，主要是音乐与舞蹈。

（1）音乐艺术　指以声音为表现媒介的艺术。它通过对音乐的高低、长短、强弱的控制和音列、音阶、调式、调性的组织，构成艺术的表现手段，并诉诸人的听觉器官，使人产生情感激发作用。

音乐的美学特征：反映现实的原则不是模拟，而是比拟；不是描写，而是表情；不是以

如实的再现为主，而是以概括的表现为主。音乐用高低、快慢、协和与不协和等运动方式来表现人们内心细致复杂的各种情感、心理和由情感地间接地再现出许多不属于声音的自然事物（如日出月落、江枫渔火）和社会现象（如现实的苦难，对光明的向往）。

音乐与数的结构大有关系，它能极为概括且深刻地反映现实世界复杂多样的数的秩序、和谐与深刻的情感内容的契合，故优秀的音乐作品能达到并具有哲理性的深度。

（2）舞蹈艺术　指以人体姿态、表情、造型特别是动作过程为手段，表现人的主观情感的艺术。

舞蹈动作一方面来源于日常生活中情感、动作、体貌、姿态的表情语言的集中和发展；另一方面又来自对培养身体力量和精神品质的操演、锻炼动作的概括提炼。这两者都规定了舞蹈动作具有高度概括和广泛的表现性质。

舞蹈艺术的美学特征：要求用高度精练的程式化的舞蹈语言，通过着重表达人物内心情感的活动变化来反映现实。舞蹈动作多样的幅度、力度、角度可以出不同的情感、性格和形象。几句话就可以交代说明的精神状态、情感体验，用舞蹈可以把它得精细深入、淋漓尽致。因此，舞蹈中的一切模拟性、再现性的描写和叙述因素，都应该绝对服从于这种表情因素。

舞蹈使人的心理表现与生理运动、美感愉悦与快感享受紧密联系。经由身心的呼应和模仿，使这门艺术具有表情与造型的双重属性和最生动活泼的形式与强烈的感染力。

2. 实用艺术

实用艺术指与人们的物质生活和社会生产力有直接联系的艺术，主要是工艺艺术与建筑艺术。

（1）工艺艺术　指在造型上和色彩上美化日常生活与环境的艺术。如日用品、家具、衣着、公共设备、通讯与交通工具的造型与色彩等。它与纯粹的艺术品不同，不只是为了观赏，主要在于实用，它是实用与观赏的统一体。因此，工艺美在于使实用品的外部形式能传达和表现出一定的情绪、气氛、色调和趣味。故可以自由运用对称、均衡、直线、曲线、和谐、冷色、暖色等形式有着巨大的作用，以此烘托出一种宽泛、朦胧的情感，不需要有明确的艺术内容。但这种不确定的朦胧性必须与其具体用品的结构、功能、适用环境、氛围相吻合，以满足人们在不同环境、条件下的不同心理需求。可见这又有其特定的具体性——时代性、民族性、阶级性。这在经济全球化、商品走出国门遍及世界每一个角落的时代，对商品的工艺性就得考虑"具体性"的不同差异，否则很可能弄巧成拙。据介绍，周总理曾在中央工艺美术学院讲到这样一件事：我国在印尼展出"红旗"牌高级轿车，车盖前端的装饰品是一条灵气活现的金色小龙，很具民族性。但这却吓坏了一个小孩，使他感到惊恐而尖叫："蛇——！"他号哭奔跑，扰乱了整个展览大厅。次日，当地报纸便借题发挥，刊出一幅漫画，画面是中国驻印尼使馆的门窗上爬满了可怕的毒蛇，上演了一场反华闹剧。周总理说："不要以为中国人喜欢龙与凤，你就在出口商品上也搞'龙凤呈祥'，人家不一定买你的账。"

（2）建筑艺术　它通过建筑物和建筑群从静态上表现出形式美的规律和特定的时代文化背景。它与小巧玲珑的工艺品的区别只是在"量"上，建筑物以巨大的形体外貌对人产生强烈的视觉冲击力和持久的影响，这种影响表现在两个方面：

- 巨大的物质实体存在带来的感知效果；
- 它在数量上的复杂组织结构带来的领悟效果。因为建筑物较之工艺品是远为复杂的整体，它的空间结构、内外造型、门窗式样、色彩装饰以及环境设施、园林布局……各以其特色构成整体如乐章似的复杂组合——它是静态的，却似流动的；它整齐一律，又鳞次栉比，变化多端，错落有致，给人一种旋律式的审美享受，使人领悟到一种深邃的情感内容。西湖的环境布局，苏州的园林建筑，长城之蜿蜒雄伟，不正表现出"凝固的音乐"之美吗？

建筑中实用与审美的统一也是非常具体的，也有其时代、民族、阶级的不同特性。中国的宫殿、庙宇、园林、四合院与西方的皇宫、城堡、教堂、楼阁在相同的实用性中存在着不同的审美情趣。

3. 造型艺术

造型艺术指以静态方式再现事物的艺术，主要是绘画和雕塑。

(1) 绘画　指以色彩、线条、形状构成精确具体、个性化的图景的物化作品来反映生活，供人欣赏、感受的艺术。它比雕塑更加写实，且着重描绘细节，突出个性特征。

在艺术门类中，雕塑接近舞蹈，以实体性的物质存在为表现手段，再现人的本质力量，故普遍性、客观性、物质性较强；而绘画接近音乐，以摆脱实体的平面、色彩为表现手段，再现人的具体事件与情感，故主体性、精神性、个别性更为突出。因此，绘画与音乐同被列入浪漫主义类型的艺术。在今天，完全舍去图景具象描绘的"抽象派"绘画，更凸现了以上这一特征。

(2) 雕塑　指以实体性的物质存在形式再现出人的形体，从而对人的本质力量进行全面概括的艺术。它与属于表情艺术的舞蹈有一定的关系，舞蹈形体的凝固就走向了雕塑。

现代雕塑艺术不仅仅局限于表现人体形象的凝固，还有自然和社会诸多事物也是雕塑表现的对象。如：《银鹰环宇》和《飞向世界》雕塑就没有人物形象。此外还有纯抽象的几何形体雕塑，如四川大学文科楼前的仙人掌状的铜雕，一些地方又以管、环、球、方块、三角、菱形、螺旋形、波浪形等不同形状的"城市雕塑"矗立于广场、街道或公园。

雕塑的内容广泛，具有较强的寓意性和理想性。它能突出高度概括了的理想性强的单纯的性格、品质、气概，而不注重表现繁琐的细节。即使是向绘画趋近的浮雕，也是概括事件的总过程，不同于绘画表现的某一"瞬间"。如天安门广场人民英雄纪念碑上的浮雕再现了鸦片战争、国内革命战争、抗日战争、解放战争的场景，高度概括地表现了伟大的中国人民反对帝国主义、封建主义、殖民主义和争生存、求解放的战斗风貌。

4. 综合艺术

综合艺术指具有物质材料综合特点的艺术，主要是电影、电视和戏剧。

(1) 电影　是将音乐、舞蹈、戏剧、绘画、雕塑、建筑等多门类艺术形式综合为一体，即将视觉欣赏形象与发声语言结合成一体的艺术形式。

电影的特征是：综合性中视觉形象是最主要的因素，且画面不是静止的，运动中的视觉形象是电影的本质所在。电影有"蒙太奇"，即将逻辑、思想、理性的理解化为视觉的直感形象的特殊语言。这使电影拥有其他艺术形式所不及、能再现一切运动形式中的现实世界的巨大能力。它不仅能复写宏观世界，而且可以表现人物的某些内心活动与精神状态，使之转化为生动鲜明的画面形象。这种"蒙太奇语言"与画面形象的统一，可以让发声语言尽量精练，从而使对话成为一种虽然必要但又是次要的因素。

电影在"再现"基础上达到了最好的"表现"，最主观的却又是通过最客观的、似乎是现实的存在形式表达出来，这是它可信度高、说服力强的根本原因所在。

(2) 电视　它的基本的美学特征与电影艺术相同——以动的过程的画面形象占据主要地位。电视艺术同电影艺术的差别在于：电视艺术更灵活、自由。它可长可短，既有几十集、

上百集的连续系列片,又有十分钟的小品;既可议论抒情,又可极迅速地将生活中的事件变成艺术品。再者,电视艺术覆盖面宽,信息量大,灵活度强,其普及性大大超过电影,几乎深入到了城市乡村的每一个家庭。

(3) 戏剧 对生活中的矛盾冲突加工提炼后进行表演,在动的过程中再现现实,使观众作为事件"目击者"而获得异常生动强烈的审美感受的艺术形式。

戏剧的特征在于:感性直观;情感具体鲜明、矛盾尖锐集中;依靠语言艺术展示情节冲突,从而牵动人的悲喜态度以引发理性、伦理判断。

由于戏剧是综合艺术,且各因素所占地位不同,可将戏剧分为偏重于"再现生活"的话剧与偏重于"表现情感"的歌剧、舞剧和中国戏曲。话剧多以语言艺术演示矛盾冲突,"戏"的内容复杂而表演形式简单。歌剧、舞剧、戏曲则是建立在音乐舞蹈的表现性特征基础上的再现,其"戏"的内容简单,但表演形式复杂,非常强调形式美的规律,故对形式因素的欣赏在这类艺术形式中占有很突出的地位。

5. 语言艺术

语言艺术通称文学艺术,用与感觉、知觉相联系的,理解性与情绪性相统一的词语来唤起人们的表象经验,且不直接诉诸知觉的艺术形式。

文学用词汇作为艺术手段,而词义受到理性认识的规范且具有确定性。不像形状、色彩、声音在表意上所呈现的或暗示的那么朦胧、广泛和不确定。所以语言艺术比起其他艺术有着更大的理性力量,更易达到深刻明确的思想高度,使人们的感觉形式的愉悦退居次要地位,思想内容的因素占据压倒优势。

由于词汇能自由而广泛地与感情经验取得联系,所以能全方位地把握对象,反映现实,唤起和组织人们丰富而复杂的表象经验,从而更充分、完整地感受生活,认识世界。其他艺术形式则不然,均受着该门艺术所需物质材料的限制,如声音不能描写嗅觉,线条难以表现味道等。

文学与科学一样,有认识世界的功能,但却各有特点。科学认识是严密的、逻辑的理性认识,它引导人们的认识由分散趋于集中统一,由不确定趋于确定,由模糊趋于明晰,由复杂趋于简单,由具体趋于抽象。而文学则启发人们的形象思维,因主体审美能力之差异,思维的活跃程度也不同,对外部世界的认识就无所谓统一、确定、明晰、抽象。而是由确定导向游移,由简单导向复杂,由必然导向偶然,由直接导向间接,由兴会导向领悟,对外界的反映真是千姿百态。

语言艺术之所以单独构成一类,是因为它在主体头脑中所引起的表象有动有静。同一部文学作品既可转化为动态的表情艺术作品(舞蹈、音乐、影视类),又可转化为静态的造型艺术作品(绘画、雕塑类)。而具体转化形式是否得当,则与文学作品的内容和再创造者的艺术技巧等多种因素相关。

第二节 艺术鉴赏

一、艺术鉴赏的含义与过程

1. 艺术鉴赏的含义

一般说来,在审美活动中,作为审美主体的人,目的不在于从事艺术品的创造,而多是以读者或观众的身份出现,有的则是以艺术评论家、教育家的身份出现。他们这种侧重于欣赏和评论,不是以艺术创造为目的的审美活动,称之为艺术鉴赏。即对艺术家创造的艺术形象或艺术意境进行感受、体验、领悟、理解,从而获得由浅入深、情理结合的审美把握,并且于赏心、悦耳、怡情的审美享受中,得到思想、认识、道德、情操的教益。

因此,艺术鉴赏的对象——艺术品,就成为沟通艺术与社会的桥梁。它必须具备审美的价值,鉴赏者又必须要有审美的能力,否则,一个淡而无味,无美可言,一个又有味不知,美丑不辨,则无从建立审美关系,艺术鉴赏活动也就失去了基础。

2. 鉴赏对象对鉴赏主体的制约作用

在艺术鉴赏中,鉴赏对象对鉴赏主体具有一定的制约作用。这种制约表现在:艺术形象唤起鉴赏者相应的感觉经验、情绪记忆,并规定鉴赏者的感觉、想象、体验、理解等活动的基本趋向和范围,进而向鉴赏者展示艺术形象所包含的艺术家的思想感情。但鉴赏主体作为有意识、有意志的人不只是简单地被动地接受艺术形象,而是表现出对美的主动发现、追寻和创造,这种主动性突出地表现为"再创造"和"再评价"。在艺术鉴赏中,鉴赏主体不但把艺术家所创造的艺术形象原来所包含的丰富内容复现出来,加以充分地领悟和理解,而且每个鉴赏者还会依据自己的审美经验、心理格局,创造出各具特点的艺术形象。或对原来的形象进行补充、改造,深化原来并不深刻的东西,使艺术形象更为丰富。或者创造出自己的新的艺术形象。在一定意义上可以说,艺术形象是艺术家与鉴赏者共同创造的,艺术创造最后完成于鉴赏之中。可见艺术鉴赏也含有创造与欣赏的双重意义。

3. 艺术鉴赏过程

艺术鉴赏的一般过程见图 4-1。

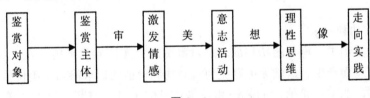

图 4-1

鉴赏过程的每个阶段之间无绝对分明的界限,它们几乎是同时存在,相互交织、渗透、影响,但又绝不能相互替代。其间,审美想象则贯穿于鉴赏过程的始终,共同构成鉴赏主体对艺术作品的完满的审美态度。

在艺术鉴赏活动中还有两种重要的心理现象。

(1) 共鸣 鉴赏者在对鉴赏对象有了具体感受的基础上,深深地被鉴赏对象所感动、所吸引,从而使主体与客体之间在情感、意志、思想各个方面达到了契合一致。这种共鸣状态能使鉴赏者获得对鉴赏对象的深入把握和领悟的经验,从而真正受到感染。

共鸣产生依赖于鉴赏者与艺术家之间具有相同或者大体相近的思想感情和心理经验的基础,这有利于彼此心灵的沟通。

(2) 观赏 鉴赏者与鉴赏对象拉开一定的距离,更多一些理智思考的成分,从而对鉴赏对象的丰富内涵加以观赏和认识,更准确、更深刻地把握鉴赏对象的性质。

故在鉴赏活动中,我们不能只处于共鸣状态,必须及乎其内,产生共鸣,再出乎其外,进入观赏的境界。共鸣与观赏,都是情感、意志、理智之间的统一交错运动,只是前者偏重

于情感活动,后者则偏重于理智思考。只有达到了共鸣与观赏的统一,才能使艺术形象对鉴赏者所产生的感染力更强。

二、艺术鉴赏的审美活动

人们从事审美活动,不单是为了追求感官的愉悦和情感的宣泄,因为这对审美价值而论,尚处于"生理快感"的初级阶段,这不是我们追求的终极价值。那么,我们作为艺术欣赏者,追求审美享受自不待言,而更要明确的是审美鉴赏追求的价值目标。归纳起来,有如下三个方面。

1. 审美中的科学认识

作为科学认识,是对客观世界加以理性的把握,通过严密的逻辑推理和实践检验以求其"真"。其间也有感性因素,但应尽量排斥它对科学认识的干扰。而审美活动则不然,无论创造者还是欣赏者,尽管都以客体作为反映对象,但在反映过程中,情感因素起着主导作用。所以主体在对客体进行审美观照时,虽然有理性的逻辑思考,但总是伴随着情感而展开的,两者处于交融状态,理性认识与情感体验在深度和广度上互为正比。

在艺术创造中,艺术家只有充分而深刻地从理性上认识了对象的本质和规律,即有了科学的认识,才能通过艺术的手段将客体的美的属性艺术化,将更加鲜明的典型呈现给世人。

艺术欣赏者有类似的认识过程——从感官愉悦到情感共鸣,进而引发理性思考。也只在有了理性启迪之后,其美感才会更加充实、深刻、自然。特别是以历史形式(事物运动的客观过程)来表现自然或社会主题的艺术品,无论是创作还是欣赏,都会把人导向理性思考,追求作品从主题到细节的全面正确性——求"真"的价值需求。艺术品若经不起科学思维的推导与事实的印证,人们的美感就会遭到破坏;反之,则会增强人们的美感。

2. 审美中的功利欲求

人们在审美活动中,审美的功利欲求是对审美对象实用性的考虑。在人类活动的初期,审美需求伴随劳动而产生,这就无可避免地将对功利价值的追求渗入审美价值之中,将审美注意力倾注于对象的实用价值。如装饰和炫耀自己的工具、财富,故以"羊大为美"——在文字创造上充分反映了人们当时在审美中的功利欲求。后来,人们将审美活动视为一种独立的精神活动,它满足的是精神需求,不直接以功利为目的,但仍有间接的功利追求。

但在现代,艺术的领域不断扩大,有些艺术已被人们有意识地运用到实用产品的创造和大批量生产中去,例如工艺品制作以及建筑领域。由于在这些方面审美效果是通过实用目的体现出来的,所谓艺术已不是原先人们普遍理解的概念,因此艺术理论中有"纯艺术"与"实用艺术"之分。在现代,为了提高产品的商业效益、生产者的劳动热情,人们从美学的角度改善产品的外观与结构,讲究包装,改善劳动环境等,审美与功利活动结合的趋势日渐扩大。这表明了现代人对各种层次活动的精神意义的追求——按美的原则来生活。"社会美""行为美"之说,反映了美是促进社会进步的动力,已得到人们的认同。

在现代生活中,审美活动渐渐大众化,而不局限于少数文化人的范围,因此许多传统的"纯艺术"大众化后,也带有了功利色彩。如舞蹈迪斯科被用来健身、练书法、画画、弹琴用来提高孩子们的智力与技能,或使老年人修身养性等。

3. 审美中的道德升华

审美活动中人们对对象的内容除功利需求外,还包含着道德判断。美学中的"真善美统一"说和"美善相乐"说，都认为在人的审美活动中往往体验到一种高尚的道德情操，这种情操的获得是与对象的内容有关的。

如戏剧是表现人的行为活动的艺术，其中人物的行为会带来好的或坏的结果。好的结果会给审美者一种美好、幸福、圆满的概念，而这种概念是与人的快乐感相联系的，因此人们在获得审美快感时，感到美与善相通；坏的结果虽然会激起人们的痛感，但这种痛感会从反面激发人们对美好事物的领悟与追求，因此它也会通过人的联想转化产生美好感。所以人们总希望通过审美活动使人从善如流，共建和谐美好社会。

审美是个人自由鉴赏的活动，因此，审美对象所包含的道德内容不是以说教形式表现的。道德说教与劝诫把受教诲者置于被动心理感受的地位，而审美活动中审美对象所包含的道德内容是一种感染、潜移默化的力量。美好的形象比枯燥、抽象的说教能给人以更好的道德教育效果，因此，作为一种人类共同接受的有益的精神生活方式的审美活动，不排斥道德的影响作用。这也是我们强调美育教育的现实目的之一。

通过艺术欣赏与艺术理论的学习，我们要懂得美的创造不能忘记与"真"和"善"的统一，美的欣赏不能丢掉"求真从善"的道德追求。既要塑造自己的外在美，更要培养自己的心灵美，以实现我们在审美活动中的价值追求——整个人类社会的道德升华与人类社会的全面解放。

第三节 艺术鉴赏的角度

一、艺术的内容与形式

艺术的内容与形式是构成艺术品的两个重要方面，反映时代脉搏的进步、健康的内容，与完美的艺术形式相结合，是优秀艺术品的共同特征。在此，我们先谈谈艺术的内容。

1. 艺术内容

（1）含义　艺术内容指艺术所包含的艺术诸要素的总和，或称艺术的全部内在意蕴。所谓内在要素有两个大的方面：一是艺术家所带给艺术的主观因素，二是艺术对象所带给艺术的客观因素，即审美主体与审美客体各方因素融合统一构成了艺术的内在意蕴。

可见，单是艺术主体或艺术客体任何一方都不能构成艺术的内容。因为艺术对象作为可供艺术制作但尚未被艺术家加工改造的一切因素皆还在艺术之外，是自然形态的纯客观的东西，仅具有变成艺术内容的潜在可能性而不能称之为艺术内容。艺术家作为艺术创作的主体，在进入创作之前，也还是停留在艺术之外。他的审美思想、情感、趣味，他的艺术技巧、爱憎、喜忧，也仅仅具有进入艺术之中变成艺术内容的潜在可能性，也不能称之为艺术的内容。只有艺术对象和艺术主体二者结合，相互搏斗而又相互拥抱，相互排斥而又相互吸引，相互克服而又相互融合，才能使以上两种潜在的可能性向现实转化——孕育和生长出艺术的内容。

其转化过程，即是艺术客体与艺术主体相结合的过程，表现为艺术创作中"主体对象化"和"对象主体化"的双向运动。

所谓"对象主体化"，是说作为审美客体的艺术对象，经过作为审美主体的艺术家的一系列劳动，逐渐被艺术家所认识、理解、领悟；甚至被艺术家的审美意识所"溶化""酿造"，从"自在之物"变成了"主体对象化"，再不是纯然的客体。

所谓"为我之物",是指艺术主体融于艺术对象中——把自己的审美意识体现到对象上或隐没其中,使艺术对象在一定意义上成为艺术家"自我"的化身,通过"言志""缘情""写意""寄兴",使所创对象之中自有"我"在。

通过二者自我否定的转化而进入对方,于是就产生了既不同于主体而又包含主体、既不同于客体而又包含客体的"第三者"——艺术内容。

既然艺术内容包含着主体与客体双方的诸多因素,那么,艺术对象的客观性就确定了艺术内容的客观性——与艺术对象相一致,反映对象的客观真实性。另一方面,艺术内容的主观性就来自艺术家诸多的主观因素,也就直接影响着艺术内容的审美特征与性质。

(2) 艺术内容审美特征 具体性、生动性、丰富性。它不像科学是以范畴、概念、理论体系来把握世界的普遍性和必然性。

艺术内容只涉及人的生活、思想情感,人的外在世界和内心世界,与人完全无关的东西不能成为艺术的内容。当自然事物作为艺术内容的组成因素而存在时,都是人的性格或精神特点的象征。所以,我们说"山性即我性,水情即我情",我们称梅、兰、竹、菊为"四君子",可解人性于物之理。

艺术内容须保持作者的主观性和个性。因为作者在创作时,必须把自己的思想情感、喜乐与忧伤、爱与憎,甚至自己的全部人格、整个的内心世界都熔铸在艺术内容中,使之充分展现自己的独特个性,故艺术内容有独特性,它是不能重复也不可重复的,这就决定了艺术世界多彩的风姿。

艺术的感染性。艺术以优美的形象打动人,感染人。只有当欣赏者被它的内容所感染时,它才会被认为是艺术。

艺术内容随时代变迁而运动发展,但其构成因素常被分为题材、主题、人物、环境、情节等。这些因素彼此结合演绎,构成诸多生活事件,展现在鉴赏者面前,引起鉴赏者产生浓厚的审美情趣。因此,我们在进行艺术欣赏时,总会涉及对艺术内容的领悟与评价,所以,必须首先抓住艺术内容的特征。

2. 艺术形式

艺术形式即艺术内容的内在结构与外在表现。其中内在结构称为"内形式",外在表现称为"外形式"。

艺术形式由艺术内容转化而来,它不能离开艺术内容而存在。特别是艺术的内形式,在一定意义上就是艺术的内容,是艺术现象的规律,是内在各要素经过组织化和有序化所形成的相对稳定的结构。即是在"主体对象化"和"对象主体化"的过程中,艺术家对艺术内容要素自身联结的状态进行梳理,使要素由复杂转化为相对单纯、从运动转化为相对静止、从无形转化为有形,使艺术内容以有条理的、有一定组织形式的、可内视的结构姿态出现。这种梳理、加工,当然首先借助于客体形式因素的刺激,使艺术家(主体)产生"形式冲动",按自己的心理格局改变刺激物的形式因素而构建起新的结构——赋予素材新的形式(如根雕艺术品的制作)。这种恰切的形式就作为了艺术家审美意识的假借物,它既是对象外在形式的内化,也是主体内在形式的外化。而这种内形式只可"内视",是仅仅存在于艺术家意识中的"私有物",还必须将内形式转化为外形式,即用一定的物质材料使之得到外在的表现,才能使之成为社会的"公有物"——艺术欣赏者进行鉴赏的对象。

内形式与外形式是整个艺术形式的固有组织因素,二者之间既相互关联又相对独立。所谓相互关联——外形式是内形式的外化和物化,由内形式生长而来,两者"长"在一起;

所谓相对独立——二者不可等同，与内形式相比，对艺术内容来说，外形式具有更大的独立性，是一种非本质形式。虽然外形式是非本质的，但缺少了它就不称之为真正的艺术品，所以运用好外形式的特点与规律，使之与艺术的内形式和内容相统一，并运用各种有效的艺术手段、工具、媒介和物质材料，形成能够诉诸人们感官的艺术形象，才能创作出具有高度审美价值的艺术品。

我们对艺术的欣赏，还得审度艺术家运用"艺术语言"的功夫和掌握艺术手段、工具、物质材料的技巧的熟练程度（这对外形式的创造具有重要影响），因为它们是艺术家独特的思维手段，渗透和体现着艺术家的个性。如画家善于用调色板、线条、色彩来思索，诗人善于用语言的韵律来感受，音乐家善于用音符、乐音、节奏、旋律来抒情等。不同的艺术门类在长期的创作过程中形成了自己特有的"格式"，如中国的律诗和词，绘画的笔墨与技法，戏曲的曲调唱腔、动作程式、角色类型、服饰脸谱等。外国艺术也有他们的传统"格式"，如歌剧的调式和芭蕾的动作程式都很具传统特色。

艺术的外形式必须是美的形式，必须符合形式美的规律，其关键在各形式因素的和谐统一。如诗的韵律、节奏美，画的线条、色彩美，雕塑的结构、样式美，音乐的旋律美，舞蹈的形体美……一句话，只有符合形式美规律的外形式，才能给人以美的享受。

二、艺术的语言与形象

1. 艺术语言

（1）含义　前面我们曾提到艺术家要运用艺术语言，那么，何谓艺术语言呢？即各门类艺术创造的材料和媒介的总称。艺术语言分为三个大类：

● 纯文学性语言。以文字为材料和媒介进行艺术创作的语言，包括小说、诗歌、散文等艺术门类的语言。

● 纯艺术性语言。不凭借文字，而使用非文字的材料和媒介，如运用声、色、光、点、线、面、体进行创造，包括音乐、舞蹈、绘画、雕塑、建筑、摄影等艺术门类的语言。

● 综合性艺术语言。介于以上二者之间的一种语言形式，它既包含了文字的因素，又包含了非文字的因素。如戏剧、电影、电视、杂技等艺术门类的语言。

（2）艺术语言特征　各艺术门类的语言具有不同的特征：诗歌语言是一种富于节奏感和韵律感的艺术；小说、散文语言则是对随意性较强的口语化文字的提炼；音乐语言是旋律与构成旋律的节奏的统一的艺术；舞蹈语言是舞蹈演员的形体动作、姿态的和谐；绘画语言由素描、色彩、线条、透视等构成；雕塑语言则是各式各样质料的"造型"；建筑语言体现在建筑物的形体构造、色调对比上；摄影语言以处理瞬间事态和物态的构图、光线（明暗）、影调（色调）为特色；戏剧语言狭义地说则指戏剧中人物所说的"话"，即由剧作家创作、由演员来说的那些"台词"，广义地说，还包括导演的场面调度（导演语言）、演员的形体动作（形体语言）以及舞台美术、灯光、道具等部门的"语言"；电影语言也可称为"蒙太奇语言"，它是在导演整体构思指导下，通过文学、摄影、表演等众多艺术部门合作，将镜头、画面进行剪辑、处理，使之更富于表现力的语言。

艺术语言不同于自然界的原始材料，也不同于人类原始的日常生活语言，但它却同自然和社会紧密相连，是对自然物质材料的加工，对人类日常语言的提炼，是融入了艺术家的聪明才智与个性的一种特殊的语言。

艺术语言是艺术品的结构与组成因素，但不是艺术品本身。它随着历史的进程而不断发

展、变化、革新，如当代摄影艺术的崛起，之后又出现了"MTV"，网络技术又催生了"虚拟世界"。新的艺术语言形式必定日添新彩。艺术创作与艺术欣赏，也将随着对艺术语言的运用与理解而达到新的高度。

2. 艺术形象

(1) 含义 艺术形象是人们在艺术活动中从审美的角度去把握世界的感性形式。从艺术创作的角度说，它是艺术家进行审美创造的结晶；从艺术欣赏的角度说，它是审美主体进行审美消费的对象，也是他们进行审美再创造的起点。

形象是艺术的基本单位，任何一种艺术，如文学、戏剧、电影、音乐、绘画、雕塑、舞蹈、建筑等，里面所出现的人物、事物、故事、场景等，广义地说都可称为艺术形象。不过，有的艺术形象可以直接诉诸视听，有的艺术形象则只能间接诉诸视听。如文学即通过语言文字在观念中转换成形象，使人们仿佛能听到、看到。一般地说，艺术品就是由各种不同的艺术形象所组成的。有的艺术品只有一个艺术形象，如单人舞、独角戏、肖像画、个体雕塑等；有的艺术作品则有许多艺术形象，如长篇小说、电影、戏剧、群雕、一个以上人物和场景组成的绘画、群体建筑等，这些艺术形象组成了形象体系。艺术家通过艰苦劳动孕育和创造出各种艺术形象并进入社会，而社会上的读者和观众则从一个个艺术形象入手进入艺术殿堂，进行审美再创造和领悟艺术的奥秘，获得审美享受。

(2) 艺术形象的内在规定性 其他事物也有特定的"形象"，但不具审美价值或不以审美价值为主。而具有审美价值的艺术形象，就有它的内在规定性：

● 艺术形象的审美价值来自主体与客体的特殊形象的统一。客体具备特定的审美属性，主体又通过审美去描写其属性，并将自己的审美理想、情感、个性熔铸其中。

● 艺术形象是感性与理性的统一。就感性而言，艺术形象总是以现实生活本身所具有的那种个别的、具体的、生动的、丰富的、完整的感性形态呈现在人们面前，使人可视、可闻、可触。现实生活的可感性，使艺术创作具有了审美感觉和审美直觉的认识基础，成为艺术家创造纯艺术语言类作品或纯文学性语言类作品（文学形象）的艺术形象的起点。所以，有成就的艺术家都非常重视这些感性形象，并使之尽量丰富、具体、生动，历历在目，活灵活现。而艺术家又绝不仅仅停留在具体可感现象的偶然性上，他必须对外在形态的大量感性材料进行分析、综合、抽象、提炼、升华，以达理性高度，从而使人超越感官去领悟其内在理性意蕴。

再从艺术欣赏的角度来说，正因为有了艺术形象这种具体可感性，才可以诉诸欣赏者的审美感觉和直觉，使欣赏者产生一种审美幻觉，从而获得悦耳、悦目、赏心、怡神的审美享受。在此基础上，欣赏者透过艺术形象的外在感性形态，领悟到它的内在理性内容，使自己的美感上升到理性的启迪。可见，艺术形象既不能没有感性形态也不可缺少理性意蕴，而且必须将两者融为一体。

● 艺术形象是情感与认识的统一。我们曾论及"审美认识与一般认识"在特征、过程、结果三个方面的差异（见第三章第一节）。现在便可理解，艺术形象作为对现实生活的审美属性的认识和审美地认识现实生活的特殊形式，必然包含认识的因素和情感的因素。艺术形象饱含情感，牵动人们的喜怒哀乐，激起巨大的情感波澜，可谓特定情感的化身与形象的体现。而这些情感绝非抽象地存在着，而是与感性客体联系着，与感觉、知觉、表象等感性认识因素交织在一起。审美对象也总是以艺术形象的可感性引起审美主体感官的快感，进而发生美感，造成愉快的情绪，引起情感冲动。其间的感觉、知觉、表象，也是以情观物

(移情)的结果,即感性认识渗透着情感因素。"情理结合"、"理在情中",充分说明了艺术形象中情感与理性认识的关系,即情感以理智为基础并受其引导——"以理导情",不然就会坠入情绪本能而失去社会根基。

● 艺术形象是审美意象与审美物象的统一。审美意象就是具有审美价值的意中之象——思维化了的感性映象、具体化了的理性映象。它的形成标志着艺术形象在艺术家头脑中基本完成,并呼之欲出,但任何第二者都不能感知。要使意象成为他人能够感知与欣赏的艺术形象,就必须使用一定的物质手段和媒介,按形式美的规律将它固定下来,赋予物质的形态。这种审美意象的物化,就称之为审美物象。没有审美意象的物化结果,艺术形象就失去了物质载体,艺术创造与艺术欣赏都将化为泡影。作为艺术形象的最后完成,还有待审美物象被社会接受认可,之后,其审美价值才真正得以实现。

三、艺术的构思与技巧

当审美主体以艺术家的身份接受审美客体的信息之后,才获得审美感受,形成审美意识,产生创作冲动而进入创作过程,这第一步便是艺术构思。

1. 艺术构思

艺术构思指以艺术思维方式对感性素材进行加工处理、提炼凝聚,获得完整的审美意象体验的创作过程,也可谓是主体审美意象的内在孕育过程。它与主体审美意象的外在物化过程,即艺术传达——外在的物质制作活动,共同构成了整个艺术的创作活动。

审美感受与创作冲动是艺术构思的前提和基础。由此经审美意象的形成到艺术品的诞生,有诸多相互区别又相互联系的阶段与环节。我国清代著名艺术家郑板桥在《题画》中所描述的画竹过程,正是艺术构思与创作的全过程。他写道:"江馆清秋,晨起看竹,烟光、日影、露气,皆浮动于疏枝密叶之间。胸中勃勃,遂有画意。其实胸中之竹,并不是眼中之竹也。因而磨墨展纸,落笔倏作变相,手中之竹又不是胸中之竹也。总之,意在笔先者,定则也;趣在法外者,化机也。"

可见,审美感受是艺术构思的前提,艺术创作必是"有感而发"。主体从客体获得审美感受,具有鲜明的形象可感性,正是这些可感的具体形象,成为构建新的审美意象的感性材料和创造艺术形象的基本依据。这就决定了艺术构思要从形象入手,从现象入手,从个别性入手,诉诸感觉而绝非逻辑概念。反之,如果采取"主题先行"的做法,从观念入手,从抽象的本质入手,从普遍的共性原则入手,那么,艺术创作就会沦为思想观念的图解,成为概念逻辑的形象演绎,这就势必导致艺术本身的自律性丧失。

此外在艺术构思过程中,唤醒以往的审美感受的情感和激活储存在大脑中的情绪记忆是十分重要的,它不仅决定着整个艺术创作的总体意向,还决定着作品最后形成的基本情势。审美情感是艺术构思的内在动力,是艺术作品的内在形式,是给艺术欣赏者以启迪的理性因素。

由于情感在艺术构思中发挥着重要的功能,使艺术审美表现出"无理而妙"和"离形得神"的境界,进而达到"情中寓理""情理交融",使人们得其味而难见其形,知其存而难觅其迹,真乃妙不可言!这同时也说明,我们在艺术欣赏中,不能丢掉对情感尺度的把握。如果以科学逻辑的尺度作为品评艺术的标准,显然是违背艺术规律的。

2. 艺术技巧

(1) 含义 指艺术家独创的表现艺术内容和创造艺术形式的诸种方式、手段的总和。

艺术家正是运用自己的艺术技巧，将自己对现实生活的审美体验、认识、趣味、情感、评价、理想转化为有意味的形式，创造出具体可感的审美物象——艺术品。

（2）艺术技巧的本质特征：

- 技巧不等于技法，它是对技法的独特运用。技法具有机械性，它定型、凝固、可模仿，如戏曲中的"唱""念""做""打"，中国画中的"描""皴""点""染……"只有独创性地运用技法，表现作者的个性，渗透其思想情感，才能称作艺术技巧，它与机械地重复和模仿相对立。
- 技巧是对艺术规律的独特把握。艺术家应利用自己的独特个性，熟练地运用艺术规律创造出成功的艺术形象。
- 技巧是善于创造形式美，能恰切、充分、自如地表现艺术内容，进行艺术传达的能力和机制。

可见，"独特性"和完善自如的技术运用水准，为艺术技巧做了质的界定。这种"独特性"虽有先天的生理素质作为自然基础，但也可通过后天的训练获得，并且在运用前人的技巧中有所创造，而不是机械地重复模仿，这样，才能使技巧得以创新和发展。

我们还应认识到：在艺术欣赏中，独特技巧所引发的美感与领悟是一般的形式感所不及的。

四、艺术虚构与艺术典型

1. 艺术虚构

（1）含义　指艺术家通过想象、联想、推理等心理机制，把在现实中本没有但按情理却可能存在的艺术形象、情节、环境等构想出来的一种创作手法。

艺术虚构并非凭空编造，也非故弄玄虚，而是受生活逻辑的制约。它不但不能同艺术的真实相背离，而且还必须以艺术的真实为目的。因此，通过艺术虚构所得到的不是远离真实，而是比生活事实更加真实的艺术真实。鲁迅说过："艺术的真实非即历史上的真实，我们是听到过的，因为后者须有其事，而创作则可以缀合、抒写，只要逼真，不必实有其事也。然而他所据以缀合、抒写者，并非是社会上的存在，从这些目前的人与事，加以推断，使之发展下去，这便好像预言，因为后来此人，此事，确也正如所写。"

可见，艺术真实就是在虚构形式中，以现象形态表现出来的本质真实，艺术虚构与艺术真实构成辩证的统一体。虚构而不是真实，或真实而没有虚构，都不可能创造出艺术的典型。因为不真实的虚构是对生活本质的歪曲，是对客观规律的背离，会成为虚假的艺术；而没有虚构的真实，是自然主义的、缺乏典型化的低级的真实，那是生活而不是艺术。要想做到艺术虚构与艺术真实的完美融合，就要求艺术家必须具有丰富的生活阅历和洞察生活本质的能力，还必须具有丰富的艺术想象力和敏锐的艺术感受力。

（2）艺术虚构的类型　艺术虚构有3种类型：

- 第一种类型是将生活中已有的现象进行缀合、连接，改变它们的秩序、形状、结构。
- 第二种类型是依据生活逻辑，构想出世界上根本不曾有，也不可能有的事物、人物、场景，如童话、神话和科幻小说中的某些描写，虽是"幻中之真"却也具有很高的艺术价值。
- 第三种类型是报告文学和纪实文学中的虚构，在确保所写对象根本真实的前提下，在必要时对某些不可能实察的而又为艺术所必需的细节加以合理推理，如人物的心理活动。

2. 艺术典型

（1）含义　指艺术家通过个性化、本质化所创造出来的，既能反映现实生活的某种本质规律，又具有鲜明个性特征，既表现出一定时代的审美思想，又表现出艺术家自己独特的审美感受的艺术形象。

因为艺术不能照抄生活现象，而必须是对生活素材进行加工、改造、集中、概括，创造出能够反映生活本质的典型形象，所以，我们把现象真实与本质真实、细节真实与总体真实、现实真实与理想真实相统一的高度真实的艺术形象称为艺术典型。

（2）艺术典型的特征　艺术典型的特征如下：

● 现象真实与本质真实完美统一。

现象真实——从形式上看，必须具有类似现实生活本身那样的个别、偶然、生动、丰富、具体的感性形态，而且经过选择、加工、提炼之后，比普通的生活现象更加鲜明、突出、精粹、独特、新颖，更加个性化。

本质真实——从内容上看，必须表现出一定社会生活的必然规律，经深入的挖掘、集中、概括之后，比实际生活更加深刻、强烈、充分，更带普遍意义。在艺术典型中，现象真实与本质真实融为一体，本质"溶化"在现象之中，必然消融和外化在偶然之中，即个别的、现象的偶然性与普遍的、本质的必然性相统一。

● 艺术典型要求细节真实与总体真实相统一。典型的艺术形象总是由一个个细节组成的，逼真的细节对创造艺术典型具有不容忽视的作用。倘若缺少细节，或者细节不真实，就必定会损害艺术形象的典型性。但是，艺术典型作为有机整体，其细节必须是整体的、血肉相连的组成部分，细节真实是为了表现总体真实，二者要统一起来。如果没有总体真实，细节再真实也不能成为艺术典型。

● 现实真实与理想真实完美统一。现实和理想是艺术的两个固有因素，艺术典型虽侧重再现高度的现实真实，但"总不能没有理想的光"（鲁迅）。我们通常所指的典型化，即包含着理想化的意思。艺术创作追求完善，那就必须从现实中寻求个别之美并加以集中优化。可见艺术典型的理想必须是从现实中升华出来的理想，是符合必然规律的理想，因而也是"真实的"理想。现实真实与理想真实的统一，是构成艺术典型的必要条件。

● 普遍性与个别性相统一。艺术典型作为一定时代、一定社会的审美思想的表现，集中体现了社会的实践要求和思想倾向，体现出人们特定的爱与恨、苦与乐的情感态度，表现出了普遍的社会意义（电视剧《生死抉择》的典型意义正是如此）。与此同时，艺术典型又总与艺术家的审美感受相联系，总是具有个体经验性、个别性、具体性和偶然性，这就从主观方面为塑造典型而造成了千差万别的个性特点，造成了艺术典型的无限丰富、多姿多彩的表现形态和不可重复性——每一个新的艺术典型的创造，既不重复自己，更不重复他人，不同艺术家对同一题材塑造的艺术典型，也会具有截然不同的个性特点（同是金庸的《笑傲江湖》，中央台制作的电视剧就与香港制作的有很大差异。张艺谋导演的《图兰朵》与魏明伦编创的《图兰朵》就有迥然不同的风格）。

我们在艺术欣赏中，如果遇到千篇一律或似曾相识的雷同作品，势必感到索然无味。

五、艺术流派与风格

艺术欣赏者在评美活动中，常常涉及艺术流派与风格的问题，这个问题还影响着人们对艺术欣赏的审美情趣。

1. 艺术流派

（1）含义　艺术流派指思想倾向、审美观点、艺术趣味、创作风格相近或相似的一些艺术家所组成的艺术派别。一个艺术派别的形成到被承认，需具备如下条件：
- 有自己的创作主张。
- 有一定的创作实践。
- 有一定数量的艺术家群体。
- 有获得显著创作实绩的代表人物。

（2）艺术流派产生条件　艺术流派是一种历史的具体的艺术现象，是艺术自身发展的产物。它产生的一般条件是：
- 大量的艺术家和艺术作品的出现，其中某些特别突出的艺术家以其独特的风格和重大成就引人注目，被人仿效。
- 有宽松的、允许不同创作倾向自由争鸣的社会环境。
- 有一定的哲学思想和政治生活与经济活动的牵引。

（3）艺术流派的类型　艺术流派类型如下：
- 志同道合者有意倡导、自觉组成的艺术流派。
- 客观上艺术风格相近，自然形成的艺术流派。
- 介于两者之间的半自觉的艺术流派。

艺术流派的形成，和一定时代的某种审美需要相适应；流派的多样化，反映了审美需要的多样化；不同流派之间的竞争推动着艺术的发展，并反映了艺术的繁荣。

就艺术鉴赏而论，初步把握以上几点，对我们在审美活动中从事艺术欣赏是大有裨益的。

2. 艺术风格

艺术风格指艺术创作从整体性上所呈现出来的代表性特征，是由艺术家的主观特点与题材的客观性特征相统一而形成的一种独特的艺术风貌。

风格的形成是一个艺术家在创作上成熟的标志。在此，我们侧重介绍艺术家个人的艺术风格。

形成艺术风格的因素十分复杂。大体说来，一是主观因素，即作为创作主体的艺术家自身的条件——世界观、生活经历、艺术素养、个人气质、禀赋、学识等；二是客观因素，即被反映对象对创作的制约作用和社会环境、民族传统、时代风尚等对艺术创作的影响。

风格从艺术家的个人特性与对客观现实的真实反映相结合中表现出来，它也不仅仅限于作品的内容方面，而是从内容和形式的统一中表现出来的。因此，艺术的体裁、语言和艺术的方法、技巧也会对艺术风格产生影响。艺术风格一经形成，则表现出它的相对稳定性和变动性。因形成风格的主客观因素皆是变动的体系，所以才使艺术风格日渐发展、日趋成熟。

艺术风格具有多样性和一致性。多样性是艺术风格的必然性，因为艺术所反映的客观对象是多种多样的，艺术家的思想情感、生活经验、审美思想、创作才能是多种多样的，群众对艺术的需求和爱好是多种多样的。这就要求艺术家在保持独具优势的艺术风格时，还需创作出别具风格的作品。

艺术风格在多样性中又显示出风格的一致性，因为，一个艺术家作品的多样化却最终不能不受他所具有的创作个性的制约。不同艺术家之风格的多样性，也不能不为他们所共同生活的时代、民族的审美要求和艺术发展的现状所制约。所以，我们要从对立统一中去看，一致性是多样性的一致——异中之同，多样性是一致中的多样——同中之异。

每章一练

1. 艺术与人类的劳动生活有何联系？
2. 艺术的门类有哪几个大类？各有何特征？
3. 请对艺术内容与形式、艺术语言与形象做出界定。
4. 你对审美的价值追求是什么？

美 育

第五章 创 美

本章概述

本章主要论述了如何制造美，包括对青年人创造美的才能的培养、内在美、外在美的塑造以及创造美的环境，重点集中在青年人对美的制造，让青年人认识到美包括内在美与外在美对成长的重要。劳动创造了美，美是人类自由创造了结晶，青年人最富有这种创造激情和创造精神。

教学目标

帮助学生树立正确的对创造美的认识——美是自由劳动的创造。通过学习，学会从内在与外在塑造自身的美，成为富有激情和制造的一代。

* * * * * * * * * * *

第一节 美是人类自由创造的结晶

高尔基曾经说过："照天性来说，人都是艺术家。他无论在什么地方，总希望把'美'带到他的生活中去。他希望自己不再是一个只会吃喝，只知道很愚蠢地、半机械地生孩子的动物。他已经在周围创造了被称为文化的第二自然。"的确，人无时无刻不在创造，也无时无刻不在产生着美。艺术创造集中地体现了美，科学发明、发现同样创造美，生产劳动也在产生美，因为美的创造是人类区别于动物的重要标志之一。数千年的人类文明史，也可以说是人类美的创造史。

一、创造性的劳动产生美

劳动使猿进化成人，劳动是人的本性。但是当我们放眼宇宙，有时候觉得不仅人类会劳动，而且动物也在"劳动"。蜜蜂不是在采蜜、造蜂房吗？蚂蚁虽是不起眼的小动物，但它们却总是忙忙碌碌地在营造巢穴，为过冬而准备食粮。那么人的劳动与动物的"劳动"到底有什么区别？马克思曾经说过："动物只生产它自己或幼仔所直接需要的东西；动物的生产是片面的，而人的生产是全面的；……动物只生产自身，而人在生产整个自然界；动物的产品直接同它的肉体相联系，而人则自由地对待自己的产品；动物只是按照它所属的那个种的尺度和需要来建造，而人却懂得按照任何一个种的尺度来进行生产，并且懂得怎样处处都把内在的尺度运用到对象上去。因此,人也按照美的规律来建造。"马克思的这段话十分精辟地给我们分析了人的劳动与动物的"劳动"的区别。正是由于这种区别,人能创造美,按照美的规律来塑造物体,而动物则不能。

人的劳动与动物的"劳动"有如下几个区别:

- 第一,人的劳动是有意识的,人类自己意识到自己生命的存在;而动物的"劳动"是无意识的,动物和它的生命活动是直接同一的。动物的生命和客观世界是完全混合的,它没有客观与主观的区别。蜜蜂采蜜、造蜂房,完全是它本能的需要,直接同肉体相联系,是这个物种适应自然环境的结果。如果它不能适应这个生存环境,就要被自然淘汰,这个物种就会灭亡。至于动物园里受过训练的猴、熊猫、海豚会做各种表演,那是驯兽员利用动物的第一信号系统的功能进行长期训练的结果,却不能说明它们有意识。而人类的劳动则不同,人类是有意识的,因而可以按照自己的意愿来安排劳动。这就是人的劳动与动物的"劳动"的第一个区别,即人类劳动是有意识的劳动,而动物的"劳动"是无意识的,完全出于本能的需要。

- 第二,人的劳动是自由的,而动物的"劳动"是不自由的。所谓自由就是对必然规律的掌握。比如一个人不会开机器,他在机器面前就是不自由的,不仅开不动机器,而且很可能把自己的手轧了;如果他熟练地掌握了开机器的技术,懂得了机器运行的规律,他对机器的操作就运用自如了,他也就自由了。蜜蜂则只知道采蜜造蜂房,不会干别的,只会"按照它所属的那个物种的尺度和需要来进行塑造",因此它受外界自然的限制,是不自由的。由于人掌握外界客观世界的规律,也就不受外界自然的限制,而且由于人认识世界和改造世界的能力不断提高,不仅不受自然限制,而且反过来要支配自然界,要改造自然,能"按照任何一个种的尺度来进行生产,并且懂得怎样处处都把内在的尺度运用到对象上去",因而人的劳动是自由的。

- 第三,人的劳动是自觉的,动物的"劳动"是不自觉的。这里所说的自觉,就是因为人是有意识的,人的劳动是自由的,因而人在劳动中有明确的愿望和目的。比如人造房子,在房子未造以前就已明确这房子是居民住宅还是医院的病房,而且会根据不同的要求进行设计和施工。人的劳动不仅造成自然物的形态改变,同时还在自然中实现了他所意识到的目的。

正是由于人类劳动是有意识的、自由的、自觉的,因而人类的劳动是创造性的劳动。一旦人类在进行创造性劳动时,人就不是自然的奴隶,而是自然的主宰了。他不单纯是为了物质生活而奔波,为着生存而挣扎,而是为着自由的、精神的需要而创造,而这种创造就是美,这种境界就是美的境界。它再现了人的本质力量的生动的、具体可感的形象,是人从自然奴役状态下摆脱出来的自由的象征。因而马克思也以是否按照美的规律来造型作为人类劳动与非人类"劳动"的标志。

从建筑艺术的产生过程中,我们看到了原始人从居住洞穴到建造房屋,即便房屋是最简陋的窝棚,他们也是向文明人迈出了一大步,因为这是创造性劳动的开始。这种创造性劳动改变了人与自然的关系,自然在某种程度上被征服了。同时,住在自己造的房子里,因创造所得到的安全自由感,使他有可能为了美观去修改房屋结构,去布置自己的房屋,那样的改进和布置就不仅仅是为了实用,而是为了愉悦人自身。因此,我们可以从中看到自由自觉的创造性劳动产生了美。同时,我们还从美的对象中看到自己生命的力量。在自己建造的房屋中看自然,从窗户里欣赏自然,人类就有这种由于自身的力量而使得自然不再加害于人的喜悦感，因而美是人对自身能力的一种自我欣赏和赞叹。黑格尔在他的《美学》一书中做了这样的一个生动的比喻："一个小男孩把石头抛在河水里，以惊奇的神色去看水中所显现的圆圈，觉得这是一个作品，在这作品中他看出自己活动的结果。"人创造美就好像小孩向河里扔石子一样，希望自我欣赏。又如木匠做桌子，不仅希望做得实用，而且希望做得美观，因为它体现了木匠自己的本领和力量。他欣赏桌子的美，就是欣赏自己的本质力量。因此，人通过创造性的劳动改造客观世界，创造美，并在这个过程中不断地改造自己，使自己得到完善和提高。

综观世界历史，人类前进的每一个足迹都显现着美的结晶。埃及的金字塔、中国的古长城、巴黎的圣母院，以至不朽的名画《蒙娜丽莎》、巴尔扎克的《人间喜剧》、曹雪芹的《红楼梦》、爱因斯坦的相对论等，这一切使我们认识到美和社会进步是多么和谐一致。因此，创造就是美，创造就是人类的生命，创造才能推动人类历史的进步。

二、科学发明和科学发现所体现的创造美

科学的发明和发现不是以审美为目的的，但它是人类征服自然、改造社会的重大活动，是人类创造才能的重大体现，因而科学的发明和发现同样是美的。

首先，科学的创造美，在于科学能发现真理。不论是发明还是发现，科学总是隐含着真理，而真理就是对客观世界必然规律的掌握。人类越是更多地掌握真理，也就越能征服客观世界、征服自然。因此，任何一种真理的发现，任何一种创造发明，都能给人带来美的喜悦。18世纪著名的美学家哈奇逊所说的就是这种喜悦，他说："如果我们听说一个圆柱比它的内切球大，而这个球体又比同样高度和底部直径的圆锥体大，那么从这种只有一般大小关系，但是没有某种精确的差别或关系的知识中，我们不会感到任何喜悦，然而，如果我们看到一个几何体系，它们彼此保持固定的比例3:2:1，它们的一切可能尺寸都一一精确的对应，那么，这个定理是多美啊，我们最初发现它的时候该是多么高兴啊！"

其次，科学的创造美，还表现在科学所发现的微观世界和宏观世界本身就是肉眼未曾见到的大自然，具有大自然所有的形式的美以及和谐的美。比如冬天纷纷飘落的雪花，我们往往赞叹其晶莹纯白的色彩美，而在显微镜下，那雪花所呈现出的规则的六角形图案却又有巧夺天工之美。这不就具有形体的美了吗？当科学家们探索宇宙的奥秘时，在高倍望远镜前，当那些肉眼未曾见过的另一种大自然之美呈现的时候，人们不也为这种发现而产生美的愉悦吗？

海森堡在创立量子力学矩阵理论过程中，面对着量子力学在数学上的一致性和条理性所呈现出来的美，他激动万分："早晨三点钟，最后计算结果出现在我的面前……最初一瞬间，我感到非常惊慌，我感到，通过原子现象的表面，我窥见到了一个异常美丽的内部，现在必须探明自然界这样慷慨地展示在我面前的数学构成这个宝藏，想到这里，我几乎要眩晕了。"

科学创造之所以美，还在于随着创造活动获得成果而带来的对科学真理的发现，使人们在其中欣赏到人类自身的聪明才智和力量，因而不少科学家对科学研究感到是一种很大的乐事。物理学家玻恩晚年在回忆录中谈到："我一开始就觉得搞研究工作是很大的乐事，直到今天，仍然是一种享受。"这是一种什么样的乐事呢？这种乐事就在于洞察自然界的奥秘，发现创造的秘诀，为这个纷繁复杂的世界的某一部分带来某种情理和秩序。它是一种哲学上的乐事。

三、艺术是美的创造的集中体现

我们知道美是人类自由自觉劳动的产物。在人类活动的世界上，美以各种不同的形态显现在人们的面前，如自然美、社会美、艺术美等。是哪一种美集中体现了人类的创造才能呢？那就是艺术美。

艺术是直接为了满足人们的审美需要而创造的。艺术和一般的劳动产品不同，一般的劳动产品主要是讲求实用，在实用的基础上才考虑它的美观。比如一张书桌和一把椅子，首先是要结实耐用，如果达不到实用的目的，即使再美观也失去了它的实际价值。而艺术则不是如此，艺术的目的不是直接为了满足实用的需要，而是为了满足人们的审美需要。虽然画饼不能充饥，画树不能结果，但人们却乐意去欣赏它。

艺术创造不仅为了直接满足人类的审美需要，而且在艺术创造中集中体现了人类的审美理想。在艺术创造中，艺术家所处的是一种自由的境界，他把自己的审美理想、审美情感熔铸在艺术的内容和形式中，以尽可能完美的艺术形式去表现完美的艺术内容，创造美的艺术形象，歌颂美的事物，批判丑的事物。在曹雪芹的心目中，贾宝玉、林黛玉的性格是美好的，因而他的一部《红楼梦》可说是一曲宝黛爱情的颂歌。

此外，艺术美比起自然美和社会美来，尤其体现了人类的独创精神。美是人类自由创造的结果，凡是美的东西必须是新颖的、独特的、丰富的、有创造性的，美不可能雷同。自然中的美是丰富多彩的，同样是自然风光，也各有自己的特点和风格。就像黄山奇峰不同于桂林山水、杭州西湖、长江三峡。然而它们比起艺术美来，则艺术美的独创性更胜一筹。艺术不是生活的简单模仿和再现，它集中体现了人类的审美理想，而且凝聚了生活中的美。大自然的声响丰富多彩，既有春鸟秋虫的千吟百啭，又有扰人的噪音杂调，艺术的创造对此进行了过滤，把那些悦耳的乐音固定在具有一定节奏和旋律的音乐形式中；大自然的色彩固然绚烂多姿，但有时也不免斑驳凋零，于是艺术创造就加以筛选，把那些悦目的色彩和谐地固定在具有空间形式的绘画作品中；生活中的美人尽管容貌美丽，但随着岁月流逝，终究会年老色衰，而根据理想中的美人塑造的断臂维纳斯的美姿，却世代相传，光照人间。这些都说明艺术美以各种艺术手段集中体现了人类的审美理想，表现了人类惊人的创造才能。优秀的艺术作品，对于人类来说具有美的"永久的魅力"。

四、现实生活创造美

如前所述，人类的劳动是自由自觉的劳动，这种劳动意味着美的创造是按照美的规律来塑造物体的。这种创造，不仅是艺术美和科学发明、发现的创造，还包括人类对美好生活的创造。这种创造是多方面的。

首先是人类自身的创造。劳动创造了人自身，但人自身的创造也并不就此而终结。健全的体魄、健美的体姿、敏捷的思维、丰富的想象力、高尚的情操、蓬勃的生命活力等，都是人自身美的创造。同时在社会生活中，在家庭、师生、亲友、同学等人际关系中，一种助人为乐、礼貌待人、团结一致、共同奋斗的新型社会主义的社会关系的建立，以及在建立这种关系过程中的种种努力，是一种和谐的社会美的创造。

现实生活中美的创造，还指的是人活动环境的建设。人的活动环境，一是大的自然环境；二是小的生活环境。大的如园林和风景区的建造，历史文物的保护，绿化造林，维持生态平衡，防止环境污染；小的如庭院养花，室内摆设，打扫卫生，乃至日常起居与衣着服饰等。

美　育

此外，人们所使用的工具、物品等，也体现着美的创造。比如，如何使这些物品体现现代科学技术的成就而又使人喜爱，这就需要发挥美的创造才能。现在正在发展的技术美学、工艺美学就是专门研究这些课题的。如太阳能自然空调房屋的设计，既能吸收太阳热能又新颖别致；多功能手表的生产，既能计时又是装饰品；各种物品款式造型的变化，产品装潢等，都体现了现实生活、生产中美的创造。

我们可以认为：创造是人类自由的主要形式；人是在不断创造和不断的自我创造中前进的；人不仅创造世界，而且创造了自身。创造是对现实世界的超越，是对于现在的自我的超越，是对未来世界的追求。我们正进行的社会主义建设事业，就是这种创造和追求。

"问渠哪得清如许，为有源头活水来。"这活水的源头就是创造。因而创造就是生命，创造就是希望。人们爱美，就是热爱自由自觉的创造和追求。

创造是美的，艺术创造是美的，科学创造是美的，一切创造都是美的。青年们热爱、追求美，那就得去创造：创造动人的艺术美，探寻深藏的科学美，建设现实的生活美，并用双手去创造未来的生活美。创造是一种其乐无穷的美，也是其他的欢乐所不能替代的。

让我们为了美不停地去创造吧，人类的前景将在创造中变得更美好。

第二节　培养青年人创造美的才能

一、青年是人生最富有创造才能的阶段

青年时代是人生的黄金时代，也是才华横溢、最富有创造精神的时代。青年之所以富有创造才能，主要是由以下几个条件决定的。

1. 青年最少受因袭势力的影响，对人生、对生活充满了自信

青年从少年成长而来入世未深，虽不免幼稚，却没有老年人、壮年人那样世故，最少受因袭势力的影响，敢于创新，正所谓"初生牛犊不畏虎"。随着年龄的增长，青年人在智力方面达到了成人水平，在体力上又处于一生中最旺盛的时期，生活上没有负担，自我意识已经确立，因而青年人对于自己的能力、对于生活充满自信，具有一种强烈的好胜心理，这正是创造活动所必需的心理状态，因为创造活动最大的障碍就是胆怯。

著名物理学家杨振宁曾经谈到过科学家的胆魄问题，他说："当你老了，你就会变得越来越胆小……因为你一旦有了新思想，会马上想到一大堆永无止境的争论，害怕前进。当你年轻力壮的时候，可以到处寻求新的观念，大胆地面对挑战。我常常问自己：是否已经丢掉了自己的胆魄？"杨振宁的话说明青年时期往往是自信心最强的时期，也是最有胆魄的时期，因而也是想象力最丰富、独创精神最强的时期。

2. 青年审美的惊奇感和求知欲，正是创造和探索的重要动力

青年审美的惊奇感是创造活动的一种心理动力，它能引导青年人去探索、去发现科学的奥秘，去追求、创造前无古人后无来者的独特的艺术形象。人类历史上很多美的创造都与青年的这种审美的惊奇感和求知欲分不开。

近一个世纪以来，在法国南部和西班牙北部一带，接连发现了很多史前洞穴壁画，使人类的历史向前推进了几万年。而这些洞穴壁画却几乎都是青少年发现的，其中最精彩的一个叫做拉斯柯克斯的洞穴就是四个青年发现的。当他们结伴出游时，年龄最大的那个想去探索一个大约30年前由一棵大树连根拔起而遗留下来的洞穴，那是中世纪遗留下来的一个地下

通道的出入口。据一位在这里埋葬死骡子的老妇人跟他们说，这个通道能通到靠近拉斯柯克斯山坡的一座小别墅。于是他们怀着好奇心进去探查。当他们穿越这个地下洞穴的时候，像是发现了《天方夜谭》中所说的宝库：洞穴中绚丽的绘画几乎就像昨天所画的那样，绘画布局分散，画的大多是野牛野马，还有非人非兽、似人似兽的形象，散发出一种田园荒芜的气息。拉斯柯克斯洞穴壁画的发现就是青年人探奇心理驱使的结果。

爱因斯坦在回顾自己科学探索道路的时候，也有同样的体会。爱因斯坦说："当我们头脑里已有的概念同现实世界中遇到的事物和现象发生冲突的时候，我们就感到'惊奇'，而我们认识的发展就是对这种惊奇的不断的摆脱。"他的意思是说，好奇心是我们进行探索的动力，而求知欲与好奇心的背后，一定深深地隐藏着什么。他12岁那年阅读平面几何，又一次感到惊奇：许多并不显而易见的定理何以能可靠地得到证明。他后来创立的相对论，也是与对空间和时间的强烈好奇心分不开的。所以爱因斯坦称好奇心为"神圣的好奇心"。

确实，好奇心对艺术的创造和科学的创造来说是神圣的、极为珍贵的东西。它能引起人们充分的注意，激发人们强烈的感情，为创造美的事物而奋斗不已。在人生的那么几个时期中，青年的这种求知欲和好奇心最强烈，青年自然也最富有创新精神。

3. 青年丰富的审美情感和想象力，是美的创造的重要心理动机之一

我国有一句俗话："愤怒出诗人"。说的就是艺术创作需要激情，一个对周围的一切冷漠无情的人绝不可能成为美的创造者。

司马迁因李陵之祸而受宫刑，因而发愤著书，遂有《史记》。少年歌德爱上了一个已经许了人家的女子，他因爱情不能实现而痛苦欲绝。后来听了一个叫耶路撒冷的少年因苦恋朋友的妻子而自杀的故事，他火热的感情再也压抑不住，因而有了小说《少年维特之烦恼》的产生。

情感在艺术创造中的作用，不少作家都谈到过。唐朝宰相郑綮擅长作诗。有一次别人问他有什么新作，他回答说："诗思在灞桥风雪中驴子背上，这里怎么能够得到！"灞桥在唐朝京城长安东面，是送别亲友的地方。亲朋离别总免不了情意绵绵，诗意也就浓了。托尔斯泰曾多次谈到激情在创造中的作用："我们的创造没有激情是不成的……""一切作品要写得好，就应当是从作者的心灵里唱出来的。"

情感不仅对艺术创造有不可估量的推动作用，而且对科学创造也有很大的作用，它能推动科学家们孜孜不倦地追求真理，因而不少科学家都酷爱艺术。如爱因斯坦非常喜欢音乐，19世纪英国数学家汉密尔顿酷爱读诗和写诗……从艺术中获得的激情和想象，常常是他们进行科学创造的源泉。

想象与情感是不可分的，情感诱发想象，想象又激发情感。想象对于一切种类的创造都是十分重要的，艺术创造需要想象，科学创造同样需要想象。19世纪著名的荷兰化学家范特霍夫，曾经就"想象"这种才能对许多科学家作了调查研究，发现他们中间最杰出的人都具有高度发达的想象力。现代英国数学家布罗诺夫斯基在题为《想象的天地》的演讲中指出："所有伟大的科学家都自由地运用他们的想象，并且听凭他们的想象得出一些狂妄的结论，而不叫喊'停止前进'！"

青年时期不仅感情丰富强烈，而且是记忆力达到顶点的黄金时期，是想象力最丰富的时期。而情感和想象力对美的创造是至关重要的，是美的创造的重要的心理动机，因而青年时期也是最富有创造精神的时期。

4. 青年处在创造美的最佳年龄的前期

青年是创造美的主力军，也是创造美的先遣队。在科学创造方面，我们可以列举历史上

一些著名人物获得创造成果的年龄。伽利略17岁发现钟摆原理；伽罗华17岁创立群论；牛顿20岁创立微积分学，24岁提出万有引力定律；爱迪生21岁取得第一次专利，30岁发明留声机，32岁发明白炽灯，33岁发明电车；爱因斯坦26岁提出狭义相对论，37岁提出广义相对论；徐霞客22岁开始周游各地，进行地理考察；冯如27岁制成飞机，成为我国第一个飞机设计师和制造者；茅以升37岁承担建造钱塘江大桥的重任。新中国成立以来，像彭加木、陈中伟、陈景润、杨乐等科学家也都是年轻时期便做出了卓越贡献。

在艺术创造方面，同样可以列举青年时期便有所作为的文学家和艺术家。泰戈尔14岁开始写剧本，15岁写诗，20岁出版诗集；车尔尼雪夫斯基16岁学会7种外国语言，27岁发表《艺术与现实的审美关系》的学位论文；裴多菲19岁开始写诗，21岁发表长诗《勇敢的约翰》；歌德25岁出版《少年维特之烦恼》；伏契尼25岁开始写《牛虻》。在我国历史上，很多著名诗人也是在青年时代写出千古绝唱的。如17岁的王维写了《九月九日忆山东兄弟》；16岁的白居易写了《赋得古原草送别》。在近代，郭沫若27岁出版诗集《女神》；闻一多24岁出版诗集《红烛》；曹禺23岁写出多幕话剧《雷雨》。我国现代音乐家冼星海、聂耳为我们谱写的革命歌曲，也都是年轻时期创作的。至于在舞蹈、音乐、戏剧、电影等方面的明星，也大都是在青少年时期就初露锋芒了。

以上事例证明：不论是艺术的创造还是科学的创造，青年时期都是大有作为的时期。有人对从公元600年到1960年的1243位科学家、发明家的1111项重大科学发明创造进行了统计，制作了科技人才成功曲线图。此图说明大多数科学家、发明家在30岁左右开始有重大创造发明，20～40岁是自然科学工作者创造力量最旺盛、最容易获得成果的时期。据统计，在各艺术领域取得杰出成就的平均年龄是：诗歌，25～29岁；小说，30～34岁；声乐，30～34岁；歌剧，35～39岁；绘画，32～36岁；雕刻，35～39岁。

有学者对包括我国在内的40个国家的440名音乐家的成名年龄与艺术生命理想年龄进行了研究，其结果如表5-1所示。

表5-1

各类音乐家	人数/个	成名平均年龄/岁	理想年龄/岁
作曲家	266	24.6	22.9～37.6
演奏家	76	17.5	20.8～40.01
歌唱家	43	22.5	27～36.7
其他音乐家	55	28	
合计	440	23.2	23.6～38.1

综合以上分析，人的创造活动的最佳时期在20～45岁之间，也就是说青年处在最佳年龄的前期。当然，由于每个人的个性气质及各种条件不同，每个人创造精神最旺盛的时候也是不一致的，历史上也有不少"大器晚成"的情况。但是应当说，人类的年龄本身是一个新陈代谢的过程，壮年时期和老年时期人的精力、体力、智力总是要走下坡路的。因此，青年时期确实是培养和训练创造才能的大好时期，青年们如果能在青年时期就具备了各种美的创造才能，对整个一生将会有极大影响。另外，也应该看到人的年龄是一个逐渐增长的过程，就好似时间是一个逐渐流逝的过程一样，都有不可逆转性。我们失去的东西或许在某个

失物招领处能找到，失去的时间却永远不可复得，失去的青春更是一去不复返的。因而青年们要加倍珍惜这最富有创造才能的大好时光，努力去奋斗、去创造吧！

二、培养青年创造美的才能

青年时期是人生最富有创造才能的时期，因而青年不仅能欣赏各种形态的美，而且最富有创造美的潜力，可创造艺术美、科学美、生活美。但是我们也必须看到，所谓的潜力，还只是一种可能性，不是已成现实。如果一个青年不努力，不培养自己美的创造能力，只是守株待兔，故步自封，那么，他本来具有的创造潜力终将枯竭、消失，美也会被拒于千里之外。因而，美的创造才能的培养发掘对于青年来说非常重要。

那么，怎样才能培养青年的美的创造才能呢？我们认为弄清楚创造与天赋、创造与模仿、创造与想象、创造与灵感、创造与信息的关系，如何培养美的创造才能的问题也就基本清楚了。

1. 创造与天赋

前面我们列举了不少名人成才的年龄，也许有的青年朋友会说："啊，天才！这么年轻就成名了。"美的创造需不需要天赋呢？当然需要，比如曹子建七步成诗，才思之敏捷，确实胜人一筹。美的创造需要天赋，关键在于天赋从何而来。认为天赋是从天而降的人，自然是幼稚可笑的。天赋与遗传因素有着极其密切的关系，这是不可否认的；但如果认为天赋全是遗传之故，那么王安石也就用不着写《伤仲永》了。因为仲永天生智力过人，由于后天没有好好地培养与训练，渐渐也就成了庸人。如果说儿子的天赋是其父所遗传，那么其父的天赋又从何遗传而来呢？一般来说，儿子成了名家，父亲不一定是名人，父亲即使是名人，其祖父也可能是默默无闻。也就是说这个家族不可能个个都是伟人。因而，遗传也不是主要原因。这使人们想起"天才出自勤奋"的至理名言。年轻的朋友们需要努力培养自己创造美的才能，充分发挥青年人自信、自强、自立的长处，不迷信天赋，不迷信权威，而是大胆对自己美的创造做好自我设计，充满信心的去奋斗，只有这样才有可能创造出真正的美来。

2. 创造与灵感

美的创造需要灵感，这已经是大家所公认的事实了。那么灵感究竟是什么呢？黑格尔说："灵感就是这种活跃地进行构造形象的情况本身。"照我们的话来说，灵感就是科学家、艺术家在创造过程中达到高潮阶段时出现的一种最富有创造性的心理状态。当灵感到来的时候，人们精神特别兴奋，才思忽然敏捷了，原来百思不得其解问题得到了解答，"踏破铁鞋无觅处"的感觉会突然出现在人们脑中，从而使美的创作进入高潮。

不少的艺术家、文学家都有获得灵感的经验，但灵感何时光临，却不得而知。它是突如其来，突然而去的。

19世纪俄国作家屠格涅夫曾经谈到，他有一次为写好一篇作品的晨景而冥思苦想，结果灵感突然来了："我坐在房间里读书，忽然好像有什么东西推动了我，低声说：'早晨的朴素的壮丽啊。'我几乎跳了起来——就是它！就是它！真正的美句啊！"但是灵感如果不抓住，它会突然消失的。北宋惠洪的《冷斋夜话》有记载：谢无逸问潘大临近日是否写诗，潘回答说："秋来日日是诗思，昨日提笔得'满城风雨近重阳'之句，忽然催租人至，令人意败，辄以此一句奉寄。"正当诗的灵感来临之际，催租人一来打断了诗兴，灵感便消失了，不可再得。

因而文学艺术家捕捉灵感，有时犹如追拿逃犯一样不能失去时机。苏轼有诗云："作诗

火急追亡捕,清景一失后难摹。"说的就是这种情景。

灵感对于创造的重要性,是因为灵感往往出现在创造过程中效率最高的时刻。我们常常评论某不朽佳作为"神来之笔",指出那些关键之处是画龙点睛之笔,那大都靠灵感完成。那么灵感又从何而产生呢?灵感不是神灵的依附,而是作家、艺术家、科学家长期辛勤劳动和苦苦思索的结果,灵感源于特定的神经联系的突然沟通。

英国数学家汉密尔顿这样叙述他发现对代数具有重要意义的"四元数"的经过:"1943年10月16日,当我和妻子步行去都柏林的途中,来到布劳汉桥的时候,它就到了人世间……此时此地我感到思想的电路接通了,而从中落下的火花就是 ijk 的基本方程,恰恰就是我以后使用它们的那个样子。我当场拿出笔记本,把它们记录下来。要是没有这一时刻,我感到本来也许还得花上至少10年(也许15年)的劳动……它已经缠住我至少15年了。"汉密尔顿获得的这个灵感,曾缠住他15年之久,也就是说,他苦苦思索了15年之后,才突然使灵感的火花在他头脑中闪现。

因此,青年朋友们在进行美的创造时,希望获得美的灵感,必须进行辛勤的耕耘,不能坐等灵感的光临,不能放下锄头等待花开。黑格尔说得好:"最大的天才尽管朝朝暮暮躺在草地上,让微风吹来,眼望着天空……灵感也始终不会光顾他。"杜甫说"读书破万卷,下笔如有神",神来之笔来自读书破万卷的功夫。

我国清朝有个学者叫王国维,他说做学问需要有三个阶段,用它来说明灵感的获得,倒也颇为合适。第一阶段:"昨夜西风凋碧树,独上高楼,望尽天涯路。"也就是说想要获得灵感,要学得多,学得深,站得高,望得远,多作知识的积累。第二阶段:"衣带渐宽终不悔,为伊消得人憔悴。"当进行艰苦的创造、探求时,即使灵感不来,也决不能半途而废,要坚持,要继续探寻。第三阶段:"众里寻他千百度,蓦然回首,那人却在灯火阑珊处。"创作的高潮来到的时候,灵感之光使一切豁然开朗,神思畅通。等到我们获得了灵感,就要善于捕捉它,绝不能让它轻易逃跑。就像苏轼所说的"追亡捕"一般的十万火急。阿基米德在浴室里洗澡,还一直思索着如何计算金王冠所含的黄金量。当他的身子浸入浴缸时,他发现浴缸边溢出了水,忽然获得灵感领悟到"浮力原理"这一计算方法。他高兴地跳出浴缸,光着身子往家跑,开且大声喊"我想出了!我想出了!"奥地利作曲家约翰·施特劳斯在优美的环境中休息时突然灵感来临,他当场把曲谱写在衣袖上,这就是不朽的杰作《蓝色多瑙河》。这些都是前人善于捕捉灵感的生动事例。

3. 创造与想象

美的欣赏需要想象力,美的创造需要想象力,美的创造才能的培养同样需要发挥丰富的想象力。

事实上想象本身就是一种创造力。英国诗人雪莱说过:"想象是创造力,也就是一种综合的原理。它的对象是宇宙万物和存在本身所共有的形象。"阿根廷学者邦奇说:"创造性想象富有形象。它能够创造概念和概念体系,这些概念在感觉上没有和它相应的东西,但是在现实中是有某种东西和它对应的,它孕育新奇的思想。"从心理学角度看,创造的定义可以是:"用已有的意象做材料,把它们加以剪裁综合成一种新形式。"那么这种创造,就是想象的结果。因此想象和创造是密不可分的,丰富的想象意味着创造,创造必须要有想象力。

许多美的创造的伟大成就,就是艺术家发挥丰富的想象力的结果。比如李白的著名诗句:"白发三千丈""燕山雪花大如席""黄河之水天上来"等,就是充分发挥丰富的想象力，运用夸张的手法进行创作的结果。著名诗人郭沫若创作《女神》，就是发挥了"天开异想"式的奇特想象力，而使它成为我国新诗创作中的奠基石。郭沫若把诗人比作一条天狗，"我是一条天狗呀"，"我要把日来吞了，把月来吞了，把地球来吞了"，表达了一种要摧毁旧世界的突飞猛进的革命激情。正是他那奇特而丰富的想象，使他的作品成为了不朽的艺术珍品。

想象对于科学创造同样十分重要。我们知道，科学需要假设，假设是从旧知识向新知识的过渡，假设中结合着过去、现在和未来，想象能够用形象的方式改造旧的经验，形成"未来"中关于这些事实的联系和规律的论断。想象还能促进科学家的种种逻辑思维，这是被很多事实所证明了的。

想象对于创造而言是非常重要的因素之一，因此，青年朋友们在培养自己创造才能的同时，尤其要注意自己想象力的培养，要养成广泛的兴趣（兴趣往往能促进人的想象力），要抓住想象力驰骋的时机去探索、去创造。只要我们勤奋努力，谁能说我们不能想象与创造美好的生活呢？

4. 创造与模仿

创造美，是创造前人所没有的独特的美，创造不是简单的模仿。我们讲现实生活是美的，如果艺术去模仿生活之美，机械地去照搬生活，复制生活，那么这种艺术就没有美可言，也就不会称其为艺术了。艺术贵在创造，创造就是创新。齐白石画的虾，虽然酷似生活中的虾，却又不似生活中的虾，所谓在"似与不似"之间，这才是美的真谛与精髓。美的创造尽管不是模仿，但美的创造才能的培养却不拒绝模仿。因为创造不是凭空产生的，它是在模仿的基础上产生的。我国有句古话，叫做"先由不工求工，后由工求不工"，这就是说首先要学这种艺术的一般的共同的规律，画人像人，画苹果像苹果，等掌握了一般的共同的规律之后，就要有自己不同于他人的东西了，第二个"不工"才是真正的创造。因而古今中外的大艺术家从来不拒绝模仿，他们的初期作品也明显地带有模仿的痕迹。如鲁迅先生发表的第一篇小说《狂人日记》，在一定程度上受俄罗斯作家果戈理的《狂人日记》的影响，也带有模仿性，但并未因此而降低他在中国新文学史上的地位。

青年朋友们在从事各种美的创作活动中，常常喜欢标新立异，与众不同，这是可贵的艺术创作、科学创造的独特性的表现。但是青年们在创造之初，不能一概拒绝模仿，要善于学习前人的一切优秀创作的成功经验，这样才能使自己的创造有坚实的基础。没有继承就没有发展，没有借鉴就没有创新。

我们中国人学书法，开始的时候要临帖，这也是一种模仿、一种学习，是为了掌握书法的笔法技巧。所以这是艺术创造的第一个要求，即熟练地掌握某一种艺术语言、艺术表现手法。如作家掌握文学语言，书法家掌握笔墨技法，舞蹈家掌握舞蹈语汇等。其次是要掌握构成整个艺术作品的一般规律和技法，如小说家要掌握谋篇布局、塑造完整的文学形象的规律，画家要掌握构图学、透视学，音乐家要掌握和声学等。只有在这种坚实的艺术实践以及接受前人成果基础上的创造才是真正的创造。

科学发明创造需要模仿和学习更是显而易见的了。如果要发明或创造什么，首先得有这方面的大量知识储备。要想进行化学创造而不懂化学知识，要想建立某个体系而不懂某门知识，入门尚且没有，创造又从何谈起？因而模仿和学习，对于科学的创造也是十分重要的。

所以，创造令人神往但并不神秘，创造始于模仿。一切有志于美的创造的青年，决不能拒绝模仿，需要从模仿开始，从学习他人做起。

5. 创造与信息

信息是指物质与物质之间相互作用和联系的过程中，以质、能、波等形式所呈现的结构、运动状况和事物当前态势的发送、传输、接收过程。信息以各种各样的音讯、消息、情报、知识为载体。现在我们生活的时代是知识爆炸的时代，也是瞬息万变的时代。随着社会的飞速发展、知识不断地更新与变化，每时每刻都有各种各样的信息从四面八方纷至沓来，我们生活的社会就是信息社会。在这样的信息社会里，人们的美的创造能力的培养、创造才能的发挥就与信息密切相关了。

根据有关方面的研究，人类的智能结构被认为是金字塔式的结构。这个人类智能的金字塔，按知识、智力、创造力划分为三个层次。知识是第一层次，是智能金字塔的塔基，属于最低层次。智力是第二层次，它是建立在坚实的基础知识之上的，是对客观事物的观察、思考、分析、判断、推理、想象、综合等认识能力的总和，它是矗立在智能塔座上的塔身。创造能力是第三层次，它主要是指对信息的选择能力，是在智力指导下，运用知识分析解决实际问题、进行创造发明的本领，它是令人仰慕的塔顶，整个智能金字塔以创造力为核心，从塔顶贯穿到塔基。对人类智能的这种分析，更加说明了信息对于创造的重要性。那么青年在培养创造美的才能时如何来处理信息呢？

首先，应该尽可能多渠道地接收信息。俗话说，"别人嚼过的馍不香"。创造即是从无到有，做前人没有做过的事。美和艺术尤其贵在独创，因此，我们在进行美的创造时，要尽可能地了解各种动向，获得有关方面的大量信息。获得了信息，我们就能对自己所进行的创造工作有进一步的了解，就能知道别人是否在进行此项创造，进行到何种程度。如果自己所进行的创造工作别人早已获得成果，那么就不必从头做起，而应吸取别人成功的经验，从而在别人成功的基础上创造更高级的美。如果别人失败了，那么就可以吸取其失败的教训，避免多走弯路，重蹈覆辙。否则，闭目塞听，闭门造车，往往只能事倍功半，白白浪费时间和精力。前几年，我们在文艺创造的题材上常常出现"撞车"现象，常常一哄而上，没有人能够另辟蹊径，提出更多的独创性。原因是多方面的，其中之一，就是信息不灵。

其次，要善于选择信息。在信息社会里，当各种信息纷纷涌来的时候，就要善于从纷繁复杂、千头万绪的信息中进行筛选，进行比较、分析、研究，善于甄别它们之间的价值，从而选择最有价值的信息。信息的选择对于创造至关重要，从某种程度上来说，创造即是选择信息。宇宙中的一切事物往往把自身的奥秘用各种方式向人类传递，人们一旦发现这种信息，选择了这种信息，就能解开大自然的奥秘，为人类创造美。

青年人要充分发挥自己的创造力，还必须注意克服性格上的弱点。

● 胆怯。胆怯会磨灭想象力和独创精神。

● 过分地自我批判。过分地自我批判也就是缺乏自信心，它常常表现为过分地自我挑剔，往往导致在创造上的"自杀"。

● 倦怠。聪明才智甚至天赋是来自勤奋，倦怠不但使一些平庸者无所作为，也使一些具有才华的人磨掉创造的锋芒。

● 性格的片面性和狭隘性。个人性格力量的充分发挥是建立在性格的完备性和严整性基础上的，这种性格的片面性和狭隘性使个性不和谐，影响创造才能的发挥。

● 兴趣狭窄。广泛的兴趣对陶冶性情有很重要的意义。兴趣狭窄，孤陋寡闻，就会使性格不能健全发展，影响想象力，影响多种思维，妨碍创造才能的发挥。

对于如何培养自己的创造力，美国科学史专家希夫勒列出了8个条件：

- 如果需要的话，能够夜以继日、年复一年地独自工作。
- 勇于承担责任。
- 有勇气，在关键时刻能坚持不懈。
- 能与别人合作，能理解别人是如何工作的。有好奇心，特别是对于人类和自然界的各种各样的问题。
- 有独立性，愿意探索自己特有的研究途径。
- 不但能够细致地考虑自己的工作，而且有全局观点。
- 在为一项科研项目奋斗时，即使暂时得不到什么荣誉、赞扬和报酬，也仍有责任感，坚持不懈。
- 富有想象力，具备像伟大的作家、艺术家、音乐家那样的想象力。

为了提高创造力，有位心理学家倡导大学生用指导语自我鼓励。他曾提出一些自我指导语，让一些学生去练习，从而帮助他们克服思想僵化，进一步激发创造热情，现将一些自我指导语介绍如下：

- 去创造，作独一无二的创造。
- 破除成见、常规和老套。
- 想那些别人没有想到的事情。
- 筛选出必须要解决的问题。
- 以不同方式综合各种因素。
- 使用不同的类比方法。
- 应该遵从的规则——探索新的事物。
- 放开抑制，让思想漫游奇景。
- 解除束缚，让思想自由驰骋。

人的创造性应在儿童时期就注意培养。美国的梅斯基林在《幼儿创造性活动》一书中讲到：人有两种思维方式，一类叫"辐合思维"（即求同思维），另一类叫"发散思维"。要求一个儿童数鱼缸里鱼的数目，只有一个答案，这导致辐合思维。而如果让儿童说出他能说出的鱼缸里面的东西，就会有很多答案，这是开阔思路的发散思维，它会促进儿童的创造思维。

注视和不注视儿童创造素质的培养，孩子成长的结果迥然不同。如果儿童发现自己对事物的好奇心不受欣赏，他们就只能学会"规规矩矩"，在没有创造性的背景下活动。

儿童喜欢当众表现自己，他们希望说出自己的新观念，希望有新的经验，他们喜欢创造。这有很多好处：他们将学会对每个问题寻找更多的答案，发展潜在思维能力，发展个性，发展新技能，学会良好的自我评价。

大人也从鼓励孩子创造中得到益处：可以使教育活动更加丰富多彩，学会发现孩子不寻常的技能，密切与孩子的关系。

以上我们从创造与天赋、创造与灵感、创造与想象、创造与模仿、创造与信息诸方面谈到了青年创造美的才能的培养，在明确了上述这些问题以后，就可以开始美的创造的尝试了。当然，真正进入美的创造过程，还需要经过努力来熟练地掌握创造的技巧和技艺，按照自己的审美理想，以美的规律精心塑造美的形象。

第三节 内在美的创造

很多青年朋友因容颜是否俊美而成骄傲或忧郁寡欢，要知道，容貌的美不随人愿，而心灵的美却可以塑造。内心美与外在美这个问题，青年朋友们往往争论不休，我们还是从一部电影谈起吧。

一、美与丑

当我们观看电影《巴黎圣母院》的时候，一个个栩栩如生的人物就会映入你的眼帘，我们被带进了一个善与恶、美与丑进行搏斗的世界中。

一个人被推到了广场台子上。

他的硕大的头颅上长满红色的头发，两个肩膀之间隆起一个驼背，这就是圣母院的敲钟人——卡西摩多。在台下那群狂呼乱叫的人的眼睛里，这样丑陋的人胸膛里跳动的自然是一颗没有血色的狂怒、暴烈、自私、凶狠的心，于是一场非人的凌辱就在讨伐丑恶的幌子下开始了。这是一个令人难忘的场面。

还有另一个令人难忘的场面。当吉普赛姑娘爱斯梅那达被卡西摩多丑陋的面容惊吓而走的时候，迎面来了一位美男子——国王的侍卫队长"太阳神"法比·得·夏多倍赫。他多情的眼睛、讲究的服饰、锋利的军刀和雄健的骏马显示出他的高贵和不凡。他一句句甜蜜的爱情话语，完全征服了吉普赛姑娘的心。当他们两个坐在马鞍上悠然而去的时候，人们自然会从心里祝愿他们幸福。

敲钟人与"太阳神"，这是多么明显的丑与美的对比。

电影的情节在发展着——

少女被判刑。行刑之日，卡西摩多冒着极大的危险，把她从刑场上救到圣母院避难。卡西摩多在与爱斯梅那达的相处中，是那样的忠厚、纯洁和无私。当少女最终被处死时，他悲痛万分，最后自尽在她身旁，表达了他忠贞的爱，也使人们看到了一颗纯洁而美丽的心灵。

而"太阳神"呢，他对市民的凶恶，对国王的温顺，对爱情的虚伪，早已把他漂亮的外在美埋葬殆尽。最后，他被圣母院的副主教克罗德孚罗诺刺杀了。对他的死，人们没有叹息，因为这是一具不值得可怜的、丑恶的走狗的躯壳。

敲钟人与"太阳神"是美与丑的尖锐对比。

前后有两个对比，第二个对比否定了第一个对比。敲钟人尽管貌丑，但他是美的（心灵美）；"太阳神"尽管有一副好看的面孔，但他是丑的。这就是伟大作家雨果的艺术苦心所取得的美学效果。

人究竟美在哪里？是容貌，是心灵，还是……

二、人，美在容貌吗

人都是爱美的，这是人的共性，然而每个人对美的理解和追求是不尽一致的。

每个人都有自己的独特容貌。有的长得漂亮，有的长得一般，有的长得丑陋，这种差异除个别后天原因外，都是主观意志无法改变的。不要因为自己长得美丽就傲视他人，也不要因为自己外貌丑陋而羞于见人。人外貌的美与丑，是人的一个方面，在人的生活中也占有一定的位置。比如，一个漂亮的姑娘，会使她的父母和亲人感到欣慰和满足。这种美感，也是人们精神生活所需要的。正如人们第一眼看到"太阳神"时感觉的那样。在容貌上，"太阳神"的美和卡西摩多的丑，是为人们所公认的。

那么，是不是一个人具备了容貌美，就算是美了呢？当然不是。容貌的美同内在美相比，有它明显的局限性。我们从这种美感的形成过程可以看到这一点。比如，在马路上，你看到一个姑娘长得很美，穿着打扮也很漂亮，于是，就得出了"她很美"的判断。这种判断的形成没有经过复杂的心理分析，只是凭着直观的生活经验就确定下来了，这样产生的认识是感性的、主观的，它在人脑中所留下的印象是肤浅的、淡薄的，这种感觉会很快消失，这是外在美的外在性所决定的。外在的东西既容易被人发现，也容易被人所遗忘，这是一个非常普通的常识。

外在美还具有变动性，它所引起的美感也是变动的、不确定的，因而也很难是深刻的。《太平御览》中就有这样一个故事：

平原陶丘氏，娶了一个十分漂亮的渤海黑台氏女为妻。婚后夫妻恩爱，生了一个孩子。不久，女婿到丈人家去，见到丈母娘后，竟莫名其妙地要与老婆离婚。原来他害怕自己老婆老了也会像丈母娘那样丑，于是下决心要与老婆离婚。看来陶丘氏这个愚夫连起码的自然法则都不懂。

有人也确实想留住青春，但终是不能。"徐娘半老，风韵犹存"，说的也只是风韵，而容颜却再也不会如妙龄时节。一个人如果以自己的容貌美为最大追求，那么，它就如同把自己的幸福抵给了鲜艳的杏花，春过了，杏花纷纷落下，幸福也就逝去了。由此看来，一个人的容貌美并不是完美的主要标志。

三、人，美在心灵

有心灵，这是人和动物的本质区别，因此，心灵美（包括人的思想、情感、性格、道德情操、文化修养等）对一个人来说，是本质的美。它与外在美相比，占有主要地位，起着决定性作用。在这里，首先要弄清这样一个问题：美的价值用什么来确定。一个人不能以自我感觉来确定自己的美学价值，这容易产生主观随意性。一个人的美与丑，取决于他与人类社会生活实践的关系、作用和意义。人的外在美和内在美（心灵美）在社会实践中的不同作用，决定其不同的美学价值。

比如，你到新华书店去买一本急需的书，到那里一问，书没有了，你不得不和颜悦色地求那位长得漂亮的年轻售货员再找找。她怕麻烦，嚷道："没有就是没有了，你啰唆什么！"这时，一位中年男售货员走过来，问明情况后，热心地到书库里找到了一本。你一定会从心底里感谢他。他那美好形象深深地刻印在你的脑海里。尽管那位女售货员长得漂亮，但你并不感觉她美。而那位男售货员虽然长得不那么美，但他为人民服务的精神却感动了你，你会觉得他的形象是美的。

美学家认为，生活的目的性是美的一个基本特征。因此，心灵美的美学价值就远非容貌美所能比。鲁迅说："倘不伏着功用，那事物也就不见得美了。并非人为美而存在，乃是美为人而存在。"心灵美的价值就在于它为人而存在的价值。

四、心灵美的塑造

要使自己的心灵美，首先必须要具有坚定的立场和信念，要用马列主义、毛泽东思想和邓小平理论武装自己的头脑，在具体的社会实践、工作实践和生活实践中去加强锻炼，提高

修养。笔者认为主要应从以下几个方面做起。

1. 做好本职工作

本职工作是一个人最主要的社会实践。要使自己心灵美，首先要做好本职工作。实际上，坚韧不拔的毅力，刻苦耐劳、勇敢顽强、勇于创新和为人民服务的精神，主要是通过做好本职工作逐渐锻炼培养出来的。比如，你是一个工人，就要不做坏一个零件；你是一个农民，就要种好每一块地；你是一个学生，就要学好每一门功课……这样你在自己的岗位上，通过克服种种困难，使自己在情操、品格、文化修养等方面都得到提高，你的心灵就会越来越美。

2. 从具体事情做起

每个人除了本职工作外，还会遇到许多其他具体的人和事情。在处理这些具体的人和事情的过程当中，也是培养自己心灵美的过程。比如，邻居病了，你帮不帮忙？碰到坏人坏事，你敢不敢管？……诸如此类小事，都是对一个人心灵美丑的考核。如果一言一行都严格要求自己，在一件件小事上讲文明礼貌，富于同情心、正义感，那你就会积少成多，使自己成为一个心灵美的人。

3. "勿以恶小而为之"

"恶小"，指的是小毛病。不为恶小，就是小毛病也不犯。毛泽东同志曾说过："一个人做点好事并不难，难的是一辈子做好事，不做坏事。"特别是在社会风气不太好、错误的东西暂时有一定势力的时候，就更难做到了。比如，在"四人帮"横行的时候，说真话就很不容易做到。在当前要做到事事讲原则，不占国家、集体的便宜，也不容易。这就要求自己严格把关，不让丑恶的东西侵蚀自己健康的心灵。

另外，需要重点强调的是在社会实践过程中应加强学习，不断地总结经验、得失，尽量多阅读一些优秀的政治、文化书籍，用祖国和人类创造的灿烂文化熏陶自己，这也是一个青年人达到心灵美的重要途径。高尔基说："书是人类进步的阶梯"。书也是陶冶人性美的良方。有的青年提起读书学习就头疼，这不好。我们可以先从容易引起兴趣的小说或人物传记读起。任何一本有进步意义的小说无论古今还是中外小说都有它宝贵的美学价值，如《钢铁是怎样炼成的》，能激起你对美的追求热情，使你的心灵在潜移默化中受到感染，使自己成为心灵美的人。

第四节　气质与风度

风度美是社会生活美的一项具体内容，它是以人作为审美对象的一种审美观念的评价尺度。风度美是在长期的社会生活中形成的，它受到民族习惯、地理环境、历史条件、文化传统以及多种社会意识形态的制约，并在阶级、阶层、地位、身份等社会因素影响下呈现纷繁复杂的内容和表现形式。风度美随着时代的发展而变化。

别林斯基说："讲究风度，这种必要性不是来自社会身份或等级地位的虚假观念，而是来自崇高的人类称号；不是来自礼仪体面的虚假观念，而是来自人类尊严的永恒观念。"

风度美，又是人类遵循美的客观规律实现自我认识和自我完善的结果。因此，风度美也具有客观的标准。这些客观的标准能够帮助人们对于现实的人进行综合的、全面的、比较正确的审美评价和审美判断。分清是非善恶，明辨真伪美丑，也能为自身的言行举止提供审美或自我塑造的依据。所以，风度美历来为人们所重视。

在现代社会中，人们更加普遍地重视风度之美，这也是文明与进步的表现。它意味着人在认识和完善自我方面向着更高层次追求。青年是人生的黄金时代，青年的风度别具一格，引导青年培养优美的风度，是青年成长的需要，是学校精神文明建设的需要，也是时代发展的需要。

一、风度的内涵

"风度"一词，在青年人心目中同青春、爱情一样令人神往。每个青年朋友都希望以自己优美的风度来获得人们的赞赏。

在生活中，我们不时可以看到，有的青年人衣冠楚楚，举止却欠文明；有的容貌十分美丽，出口却甚为粗俗。有的青年朋友认为，凡是标新立异、凡能引人注目的就是优美的风度，于是不假思索地胡乱打扮，做出各种怪异的姿态和表情，结果使人惊异，得到的评价自然很不理想。也有的青年朋友认为，风度不是每个人都有的，感到自惭形秽，于是装束不修边幅，举止不检点，其仪表也使人失望。

青年人向往美好的风度，他们在大胆地实践和探索，也在谨慎地思考和比较。他们为之倾心，同时也为之烦恼。那么什么是风度呢？俄国作家契诃夫说过："人的一切都应该是美丽的：面貌、衣裳、心灵、思想。"他从社会生活美的角度，为我们探讨风度美指出了一条途径。

风度，是人们在漫长的社会生活历史中逐渐形成的。它是人们对于美的人体形态、举止谈吐、装束打扮的一种审美尺度。人的形体在空间构成的姿态，加之人的各种运动，构成各种姿势、表情、神态，从而汇集成人的风度。因此所谓风度，并不是指人的某一个动作，而是指人的全部生活姿态所提供给人们的综合印象。"人不可貌相""不可以貌取人"是很有道理的。风度较之外表美更含蓄蕴藉，更能显现一个人的精神世界，它是人的精神状态、个性气质、品德情趣、文化素养、生活习惯的外在表现。我们通常说的"风姿""风采""风格""风韵"大致都是风度的具体显现。当然，风度毕竟是感性的、外露的东西，它与思想、品德、性格、情操等这些内在的素质还是有区别的。它可以是心灵美、性格美的外化，但不能代替思想的修养、性格的磨炼。

在现代文明社会中，我们反对以貌取人、以风度定优劣，因为这样做是肤浅的、片面的。但是不能否认，一个人的言谈举止、音容笑貌、服装打扮往往在一定程度上反映出这个人的精神世界和审美情趣。一个人的举手投足、一颦一笑、衣着服饰以及身段体魄，无一不涉及到美或丑，并常常以微妙的方式给人以直观的愉悦感或厌恶感。

在社会交往中，美好的风度总是受人欢迎的。自然潇洒的举止，给人以轻灵舒畅的感觉；稳重大方的姿态，显得踏实可靠；言谈风趣含蓄，给人以亲近感；衣着整洁合体、款式新颖，令人喜爱；服饰大方别致，给人以美感；晶莹明亮的眼睛、乌黑柔润的头发，矫健灵活的体态，则是健美的标志。

美好的风度不仅给人以美感，令人亲近、羡慕，而且还具有某种征服力。比如，周恩来总理那种革命家、政治家、外交家的风度，陈毅外长的威严仪态，不但赢得了国内外朋友的赞誉，就连对手也不得不为之折服。

因此，我们可以看出，风度美十分重要，它的社会作用和功能不可忽视。尤其是青年朋友，注意培养优美的风度是值得肯定和提倡的。

1. 风度美的历史

人类把自身作为一种审美对象，从而有意识地进行审美活动并经历了一个形成、发展的

历史过程。

在石器时代，人们把兽骨、石块等制成装饰品，把兽皮、兽毛制成服饰，并模仿动物的姿态翩翩起舞，这可以算是人类追求风度美的最早萌芽。

我国最早的诗歌总集《诗经》，开卷第一篇《关雎》中就有关于风度的记载："窈窕淑女，君子好逑。""窈窕"就是人们对于好风度的一种审美评价。屈原的《山鬼》则以优美动人的诗句，极其生动地刻画了一个具有风度美的形象。

古希腊雅典城邦文化繁荣，商业发达，人们以优美的谈吐、善辩的口才、典雅的举止作为风度美的标准。而斯巴达城邦则崇尚武功，爱好竞技，因此，健美的体魄、轻捷的姿势、勇猛剽悍的仪态为人们所赞美……随着时代的发展，古代人对于风度美的看法，有些已被历史否定、淘汰，继承下来的则成为现代风度审美内容的一部分。

人们在长期的审美活动中发现，风度美不是纯主观的东西，而是有其客观依据的。这就是：凡是被人们认为有风度美的仪容、姿态、服饰等，其本身必定具有美的客观属性，只是随着时代的发展、变迁和文化习俗的沿革，这些属性在与人们的审美经验的结合中，人的感受角度、方式、形态有所变化而已。

人是宇宙之精华，万物之灵长。人们早就发现，人体的各部位之间具有一种极为协调的比例关系。这种对称、平衡、和谐的关系就是人体美的客观属性。人的声音、语言、表情、神态具有极为丰富的表现力，唯有人能以最佳的方式来表现极为复杂而细腻的情感，这些表现复杂情感的生理、心理机制就是人的风度美的内在物质条件。人能够创造美，善于通过服饰等将各种色泽、质地的美的因素有机地转化为人体美，使人的天生丽质与美的服饰相映生辉，把人衬托的光彩照人。人能按照客观规律改造自然，也善于遵循美的规律改造自身。可以说，人的生理机制、天生丽质能进化发展成今天这样，也包含着人按照美的规律实现自身改造的结果。

2. 风度美的表现形式

现实生活内容的丰富多彩，决定了风度美内容的多姿多彩，也决定了风度美形式上的千姿百态。

周总理雄韬大略，运筹帷幄，具有政治家的风度；陈毅举止洒脱，谈笑风生，具有外交家的风度；彭德怀沉着果断，指挥若定，具有大将风度……这都是体现才干、能力的风度。学者有学者的风度，教师有教师的风度，医生有医生的风度，演员有演员的风度，飞行员有飞行员的风度……三百六十行，行行有风度。在社会主义国家里，职业没有贵贱，风度各显其长。这就是职业风度。

不同的性格也反映出不同的风度。曹操的"老骥伏枥，志在千里"，是悲壮、刚毅的风度。李煜的"问君能有几多愁，恰似一江春水向东流"，是敏感、纤柔的风度。"诗仙"李白有飘逸的风度，陶渊明有隐士风度。"见礼俗之士，以白眼对之"的阮籍，有情绪外露的"青白眼"风度。闻一多的"拍案而起"、鲁迅的"横眉冷对"，具有一种铮铮铁骨般的风度……个性不同，风度迥异。这是风度见之于性格的美。

假如我们来到风光旖旎的南国边寨，我们就能看到各兄弟民族多姿多彩的漂亮服饰。这是一种带有浓厚地方特色的装饰美，它是构成南国的如同修竹、芭蕉一样柔韧优美的民族风度美的一个部分。而如我们有幸观看都市的时装表演，我们见到的令人眼花缭乱的新奇服装则是另一种服饰美，那是体现时尚风度的一个部分。

如果我们去欣赏音乐会，看到指挥家那如痴如醉地陶醉在旋律之中的神情，或者看到钢琴大师那种沉浸在琴键和音符中的鬼使神差般的痴狂姿态，我们定会受到感染。当我们观看相声或哑剧小品，我们又会为那极度夸张的幽默与诙谐而忍俊不禁。这是表演艺术的风度美。

再比如，青年朋友喜爱的雕塑珍品《维纳斯》《掷铁饼者》《大卫》《思想者》，以及其他浩如烟海的绘画杰作中的人物形象，为我们展示了千姿百态的风度美的直观形象，这其中无一不包含着造型艺术的风度美。在文学作品中所展现的各类人物的风度美就更多了。艺术上所反映的风度美是最为壮观的。

现实生活中，不同年龄、性别也显示着不同的风度。老年人可以有持重、端庄、慈祥的风度，也可以有稳健、开朗、诙谐的风度。但老年人的稳健、开朗、诙谐绝不同于年轻人。女性风度可以是文雅、灵秀、柔美的，也可以是潇洒、活泼、俊美的。然而，这毕竟与男性的潇洒、活泼、俊美有所区别。

千姿百态的风度美，是人类的杰出创造，是人的本质多样性的佐证，是社会生活美的花园里的瑰丽花朵。

3. 风度美的民族特色

由于风度这种审美观念是在长期的社会生活实践中逐渐积累、发展起来的，所以，不同的阶级、不同的民族、不同的生活习惯、不同的历史时期所反映出来的有关风度美的内容、标准、评价方式也必然有所不同。

社会生产力发展水平和相应的社会关系是影响和制约风度美的内容与形式的最基本因素。在原始社会，生产水平极为低下，人们为温饱付出了很大的代价，因而对于风度美的欣赏只是在极有限的范围内进行。人类由游牧进入农耕时代，自下而上的稳定与安全相应有了保障之后，才有比较丰富的精神生活，并从欣赏自身的美妙中得到更多的自豪与快慰感。自奴隶社会起，风度美又带上了阶级的色彩。剥削阶级、统治阶级总是把本阶级的审美偏见强行输入到社会风范之中，造成了历史上的诸如缠小脚的"畸形美"、弱不禁风的"病态美"、臃肿肥胖的"富贵美"等变态的风度。

政治、宗教、道德、法律等上层建筑也直接影响风度的审美观念。春秋时期七国称雄，心智角逐风靡，善辩风度为人推崇；欧洲中世纪教会的统治令人窒息，"骑士风度"逐渐发展到滑稽可笑的地步；16世纪意大利文艺复兴，人的价值得到充分肯定，风度美也因之大为增色；儒家道统在中国封建社会统治达两千多年之久，所以形成"温文尔雅"这样一种根深蒂固的儒家风范，妇女处于受支配的地位，形成了"行不出声，笑不露齿"的风度规范。

艺术能够震撼人的心灵，艺术形象的风度必然要衍化到现实生活当中去。例如，歌德的著名小说《少年维特之烦恼》出版之后，不少青年模仿维特的举止、语调，穿维特的服装，在社会上形成一股"维特热"。电影《青春之歌》中林道静的风度，也曾一度使姑娘们倾倒。日本电视连续剧《血疑》在我国播出后，出现了"幸子热"，以至于所谓的"幸子帽""光夫衫""大岛茂包"也极为畅销。艺术形象的风度是艺术家概括提炼现实生活的风度美的结晶，也倾注了艺术家关于风度美的审美理想。这些艺术形象的风度一旦激起人们的美感，风度美的时尚便为之而改观。

然而，风度美的观念在任何时候都总是紧紧依傍民族、地域的传统习惯而产生发展的。德国人的严肃、法国人的浪漫、英国人的自信、美国人的诙谐，无不带上民族、地域、历史环境的特有色彩。风度之美，因国家而异，因地区而别。山里人憨厚好客，举止利落，透过他们的风度，你可以看到山泉的清纯，山乡的多情。渔民坦荡开朗，坚毅豪放，他们的笑声如大海的波涛,他们的步伐稳如船锚。草原牧马人的身姿比骏马更矫健。江南水乡姑娘的倩影胜于亭亭玉立的荷花……

生活在四季如春的昆明的人们,就不容易理解藏族同胞的那种潇洒的装束;如果你领略了牛仔裤的"故乡"——美国西部的风光,你一定会对牛仔裤形制的合理性由衷地赞赏,而当它被引入中国,特别是南方多雨潮湿的城市,它的某些优点又变成了缺点。由此可以看出,我们应该寻找适合自己的风度美。

二、风度美的客观标准

青年朋友聚集到一起的时候,常常会议论到周围人的风度。有时对同一个人的评价,得出的结论往往是不一样的。这除了感情上的好恶、审美情趣上的差异以外,多数情况下是因为看问题的角度和所持的有关风度的审美标准不一致。我们不否认审美活动本身是一种富有个性色彩的创造性活动,它所选择的角度、所持的标准也可以是各种各样的,我们也不否认个人的情趣、感情有时也能左右具体的审美评价,但是,一般标准还是客观存在的。

1. 自然与装饰的统一

法国著名雕塑家罗丹曾说:"美是到处都有的。对于我们的眼睛,不是缺少美,而是缺少发现。"众多的艺术大师对自然美推崇备至,"清水出芙蓉,天然去雕饰",就突出地表达了这样一种审美观点。自然之美,既包括花鸟山水,又包括风物人情;既包括大自然,又包括人类。

罗丹以艺术家的慧眼,对人体的自然美发出由衷的赞美。他把女性的正面对称体型喻为"生命之门"。我们在艺术宫里或者体育场上,领略人体自然美的时候,也定会发出同样的赞叹。人的自然美,是自然美的佼佼者。你看那矫健的身影,比飞燕更轻捷;那勇猛的扑击,比虎豹更有力;那翩翩的舞姿,比仙鹤更婀娜;那款款的步履,比天鹅更悠然……

人类善于把自然界中美的特征引入自己的生活领域,如"卧如弓,坐如钟,立如松,行如风""乌龙绞柱""鲤鱼打挺",以及诸如此类举不胜举的例子,足以说明人在改造自身过程中的能动表现。人类把自然界中美丽的色彩装饰到身上,更显得锦上添花,相映生辉。

大自然以其自然的法则创造了自然之美。地理气候的运动变化构成了名山大川,天工开物孕育生命的种子,自然淘汰筛选出合理的生命结构,生存竞争锻造了理想的生物之链。人们从飞禽走兽的万千仪态中,从花卉虫草的五光十色中,找到了风度美的秘密所在。于是,便有意识地投入了风度美的创造。

常言道:"佛要金妆,人要衣妆。"乍看起来,这句话似乎与我们谈的自然美相悖,但细想起来,两者却有密切的联系。风度之美,贵在自然,而不是矫揉造作。但风度的自然美并不排斥人为的装饰。装饰是一种能动的创造。

美好的装饰合情合理。应当提倡美好的社会应该有美好的生活,美好的人生应该有美好的装饰。旧时代,劳动人民没有当家做主的权力,更没有装饰打扮的条件。一枝野花、一根红头绳也代表着他们爱美的愿望。"文化大革命"中,人民群众失去了追求美的权利。这种荒唐的岁月虽已过去,但有的人谈到装饰打扮时还常常心有余悸。这是不必要的。

当然,我们还要指出的是,装饰应该讲究科学,应该符合美学原理,否则弄巧成拙的事就会经常发生。人类千百年来积累起来的审美经验一再表明,装饰打扮须与自然造化浑然一体,才能恰如其分地体现风度美。这就需要把握一个"度",即适可而止,恰到好处。自然与装饰浑然一体是风度美的客观标准之一,它为我们培养优美的风度提供了科学的依据。

2. 共性与个性的统一

我们考察人的风度，就可以轻易地发现，任何一个人的风度，总是一类风度的共性与个人特色有机统一的显现。同是浪漫诗人的风度，李白潇洒飘逸，郭沫若雄浑豪放；同是开国元勋的风度，朱德具有农民的浑厚本色，而陈毅则具有儒将的风采。

从抽象意义上讲，人的本质是"一切社会关系的总和"。社会所具有的全部内容和关系，必然在人的一切活动中最完整的显现出来。特定的历史时代、特定的社会环境中的人们，必然具有这个时代和环境所提供的共同性因素，这些因素中为社会风范所肯定的人的美的内容，就是风度美的共性内容。我们日常生活中所谈的行为美、语言美、仪表美、服饰美的审美标准中，都包含着风度美的共性因素。这些一方面要受到时代、民族、人们习惯的制约；另一方面又必须通过每个社会成员不同个性的表现而得到具体体现。人的思想情操、道德水准、性格气质、职业特征、文化素养、知识水平、能力结构、审美情趣、身体素质、生活习惯、语言特征、容貌特点的不同，使得现实生活中的风度美具体体现时千差万别，神采各异。所以，风度美的客观标准就有一个共性与个性相统一的问题。

以性格为例：

● 性格孤傲的人，显得傲慢、孤芳自赏、鹤立鸡群；性格软弱的人，显得纤细委婉，优柔寡断；

● 性格强悍的人，显得大气、粗犷、叱咤风云；性格文静的人，显得淡雅恬适、文质彬彬；

● 性格活泼的人，显得洒脱、豪放、轻捷灵敏；性格刻板的人，显得滞重、沉郁、谨慎过人……单就这些风度的人性特点来说，我们很难判定哪些风度美、哪些风度丑。

人是不可能十全十美的。"金无足赤，人无完人"，谁能在性格上没有弱点？谁能在风度上没有缺陷呢？有人说，坚强者易流于固执，果断者易流于粗率，活泼者易流于轻佻，严肃者易流于呆板，温柔者易流于怯懦，威猛者易流于凶残，自信者易流于刚愎自用，谨慎者易流于优柔寡断。况且体现风度个性的还不止性格这个因素。

再以声音、服饰、仪容为例：

● 声音清亮、甜润，宛如银铃，很美。声音宽厚、深沉，犹如洪钟，也美。声音纤细、俏丽，就像淙淙溪流，能说不美吗？

● 服饰艳丽别致，美；服饰素雅文静，也美；服饰雍容华贵、色泽淡雅，又是另一种美。

● 仪容丰润鲜亮，充满青春朝气，很美；饱经风霜、深沉含蓄也是一种美；浓眉大眼，气宇轩昂；眉目清秀，耐人寻味；眉目传情，富有感染力；而不苟言笑，也自有其独特的韵味……

总之，我们倡导风度美的培养，决不意味着抹去人的个性，变成千人一面，千曲一腔。否定人的个性差异，无视风度的个性特征，机械地生搬硬套，只会教人落入"东施效颦"式的啼笑皆非的境地。

我们探讨风度美的共性与个性问题，意在指出它们之间的辩证统一关系。一方面我们要看到：风度是存在于每个人的行为、举止、仪态、服饰中的，每个人的风度都有所短，也有所长，风度的形成是多种个性因素的结合；青年按照自己的特点扬长补短，均能培养出优美的风度。另一方面，讲究风度美就要遵循一定的社会风范，不能离开民族的传统、时代的风格和社会风尚的要求；盲目地标新立异，不加选择、不加改造地模仿海外风度，客观效果未必就好。只有正确认识风度美的共性与个性的辩证统一关系，才能对生活中存在的各种风度做出正确的评价，才能塑造为众人称道的美好风度。

3. 内秀与外美的统一

风度是内在品质的自然流露，是一个人完整形象的表现。内心世界和外部姿态的统一，构成了人的完整形象。一个人的内心世界，总是借助于外在形象表现出来；同样，一个人的外部表现总是包含着内心活动的内容。所以精神世界的美丑，是风度的内在根据。唯有内心世界的美能够导致外表的风度美。风度美的奥秘也在于此。

美好风度的形成，不但来自良好生活习惯的培养，更重要的是来自长期的、卓有成效的思想和文化的修养。有美玉的质地，才有照人的风采。周恩来从容不迫的风度，来自伟大的情怀；彭德怀威武勇毅的气度，来自铁肩担道义的壮志；方志敏的乐观旷达，来自坚定的信念；宋庆龄自然端庄的风韵，来自坦荡磊落的胸襟；鲁迅的高尚情操，来自高尚的心灵。石蕴玉而生辉，水怀珠而川媚。文天祥宁死不屈，陶渊明不为五斗米折腰，朱自清宁可饿死也不吃美国救济粮……他们的浩然正气，铮铮铁骨，是构成他们风度美的核心。"我们在人体中崇仰的不是如此美丽的外表的形，而是那好使人体透明发光的内在光芒。"

人格卑微的人，不可能有美好的风度。刘备的儿子刘禅，被人称为"扶不起的阿斗"。他当了俘虏之后，别人问他："还想不想蜀"？他回答："此间乐，不思蜀。"这种荣辱不分的人，哪还谈得上什么风度。那些外貌风流倜傥、内心空虚的人，那些只图享乐、追求不劳而获的人，那些对于个人得失斤斤计较、唯利是图的人，那些投机钻营、见风使舵、两面三刀的人，那些为谋求私利、苟且偷安而不惜辱没人格和国格的人，都是与风度美无缘的。

良好的文化素养、渊博的学问、精深独到的思辨能力，也是构成风度美的重要内在因素，它常常通过语言转换为风度美的外在形式。语言美，主要在于语言表达反映出正确的内容、渊博的知识和强烈的艺术感染力。

- "生命之灯因思维而点燃，劳动会把油加进去。"——这是哲学家的语言。
- 一位美貌的年轻姑娘对五十多岁的作家萧伯纳说："我们结婚吧，亲爱的萧！"作家问："为什么呢？"小姐说："这样，我们生的孩子就有我的美貌，有你一样的聪明。"作家说："不行啊，如果生下的孩子像我一样丑陋，像你一样愚蠢呢？"幽默大师的语言多么风趣。
- 一次，有人问美国大发明家爱迪生是否需要给正在修建中的教堂安装避雷针。爱迪生回答说："一定要装，因为上帝往往是很大意的。"记者又问他是如何想象上帝的，爱迪生回答说："没有重量、没有质量、没有形状的东西是不可想象的。"——这是科学家的语言。
- "青春的魅力，应当叫枯枝长成鲜果，沙漠布满森林；大胆的想象，不倦的思索，一往无前地行进。这才是青春的美，青春的快乐，青春的本分！"——这是诗人的语言。

古今中外文豪诗圣、哲人学者的妙言不胫而走，脍炙人口。透过这些精美的语言，我们不是看到了他们特有的风度美吗？因此，语言也是风度美的外部形式。胸无点墨、不学无术，金玉其外、败絮其中的人，就不可能有美好的风度。

《聊斋志异·嘉平公子》中说：嘉平公子由于"风仪秀美"使温姬十分痴情，愿奉终身，公子父母"百术驱之不能去"。后来温姬发现这位公子在临写一个帖子时，竟然别字连篇，把"椒"写成"菽"，"姜"写成"江"，"可恨"写成"可浪"。于是温姬在帖子后面批道："何事可浪，花菽生江，有婿如此，不如为娼。"然后愤然离去。一个不学无术、矫揉造作的人，还谈得上什么风度美？

要想风度美，仅仅学会几句客套话是远远不够的。这并不是因为礼貌不重要，更不是无须讲礼貌。这是因为，人们对于风度美的审美标准更重要的还是看其实实在在的内容。讲风度，先得讲常识、讲修养、讲艺术。只有建立起内心美的"金字塔"，才可能有外表美的"凯旋门"。

三、青年人优美风度的培养

青年期是人生旅途的开端，是风华正茂的时代。一个人的世界观、人生观是从青年期开始形成的，一个人的风度也是从青年期开始形成的。

人在青年期跨出的第一步是一生中至关重要的一步，在青年期形成的风度也往往为整个一生铸成了模式。综观历史上风度美的楷模，他们大凡在青年期就具备了美好的风度。周恩来青年时代"面壁十年图破壁，难酬蹈海亦英雄"；孔明茅庐之中藏经纶，"冰冻三尺，非一日之寒"……可见青年期是人们培养风度的关键性的开端。

青年期的到来所引起的人的生理、心理、社会属性的显著变化，构成了风度美的最强有力的内在动因。这时，青春期的生理变化就像一首美妙动人的诗。在这个时期，男孩子变得高大魁梧、结实健壮、充满朝气；女孩子出落得亭亭玉立、婀娜多姿、丰润无比。难怪有艺术大师为之惊叹："如此的优美，简直非人间所有！"青年风韵天然独秀，青年期的生理机制构成了青年风度美的天生丽质。

如此美妙的体态，如此优雅的身段，青年自己当然成为了第一个鉴赏者。他们喜欢独自悄悄对镜梳理，自我陶醉，为之喜悦，为之自豪，有时也为之担忧，为之苦恼。伴随自我意识而萌生的青年爱美心理，构成了培养风度美的最强有力的内在要求。

跨入社会的门槛，五光十色的社会人物、社会事件纷纷映入青年的眼帘，使他们意识到自己已作为一个正式的社会成员跻身于社会之中。他们在渴望中细心地审视、默默地思索、大胆地追求、无边无际地遐想。他们用社会给予的观念去构筑理想的模型，用理想的模型去翻制现实角色的胚胎，又以粗糙的胚胎去广泛地征求社会观念的评价。他们把理想的热血注入了社会的肌肤，从实践中成长起来，在探索中努力向真正的风度美靠近。他们是社会生活美中最新鲜、最纯洁、最美好的一部分。然而，他们要付出十分高昂的代价，还要走很长的路程。

优美的风度令人倾倒，令人羡慕。获得优美的风度有没有秘诀？有哪些途径？对这个问题，我们在前面已经有所涉及。风度虽然是外在的东西，但却是人的内外社会因素的自然流露。装是装不像的。演员具有极强的模仿能力和表演能力，他们甚至能够惟妙惟肖地再现现实生活中卓越人物的风度，做到不仅形似，而且神似。但也只能是"似"而已。现实生活中的风度，不是像演戏那样演出来的。风度虽然不同于人生观、世界观，但它却是人生观、世界观的体现。所以，培养优美的风度，应从培养美好的心灵开始。

1. 培养美好的心灵

一个人潜藏于内心深处的思想境界（诸如人格、人品、情操、格调）的高低，可以直接影响到一个人的风度。高尚的人格，人人钦佩，个个羡慕。人们评价一个人的风度，最看重的是人格。

培养风度，首先要培养人格。为人正直、坦率、表里一致、恪守信用，这是最基本的人格。张志新秉笔直书，胸怀磊落，浩气长存。虽然她被暴徒折磨到精神失常的境地，但是谁会怀疑她作为一个中华民族优秀儿女所特有的风度美呢！反之，有的人尽管口若悬河，巧舌如簧，但不能取信于人；有的人尽管察言观色，八面玲珑，但未必能取悦于人；有的人奴颜婢膝，出卖人格，下场更可悲。有个谜语说得好："唯有它最高贵，出卖了却一文不值。"谜底就是"人格"。在封建社会，有识之士尚把人格看得比生命更高贵，更何况当今社会的人。

与人为善，先人后己，严于律己、宽以待人，善于体谅人，富于同情心，这是人品高尚

的表现，它可以给人的风度增添无穷的魅力。刁钻刻薄、善玩权术、给别人穿小鞋的人，搬弄是非、挑拨离间的人，自私自利、恨不得"你死我活他倒霉"的人，人们对他只能嗤之以鼻，风度也自然与他无缘。

人品，就是人的道德品质。从伦理学的意义上讲，它是人的行为规范的一个内在的准绳。用较为通俗的话讲，就是良心。人们常说的"凭良心说话，凭良心办事"，就是人品的一种体现。

人品的好坏直接影响人的风度，所以，培养优美的风度就必须重视人品的修炼。它除了上面讲到的内容以外，还包括责任感、义务感、集体感、荣誉感、知耻心等。

培养良好的人品，有助于树立高尚的情操。风度美的典范，总是积极忠诚，具有远大抱负，能忍辱负重，有坚贞不渝的爱情，有勇于牺牲的精神。这些都是在日常生活中培养起来、体现于平凡生活之中。日常生活可能是平淡无奇的，但平淡中最能体现一个人的生活格调。

流长蜚短、无事生非、幸灾乐祸、热衷排场、嗜好吹牛、爱慕虚荣、言谈猥亵、举止粗俗等，都是人格调不高的表现，它与风度美是水火不相容的。"近朱者赤，近墨者黑"，生活中格调的形成往往与环境、交友有关。常言道：道义相砥，过失相规，良友也；缓急可共，生死可托，密友也；甘言如饴，游戏征逐，昵友也；利则相攘，患则相倾，贼友也。人的生活格调往往是互相影响、逐渐形成的。所以，要培养良好的风度，就需要选择良友，选择高格调的生活环境。

2. 认识个性与社会角色的关系

一个人的个性，是由许多复杂因素共同作用而成的。它包括先天的因素，也包括后天的因素；包括自然的因素，也包括社会的因素；包括客观环境的因素，也包括自身改造的因素。但是，个性一经形成，就具有相对的稳定性。一个人的个性是不容易一下子改变的。

个性不同，风度迥异。不过，人们还是从风度美的各种不同表现中比较、概括出了它的类型特征。比如，活泼轻快是青年人的典型风度特征。青年人好动，富有朝气。因此，活泼欢快，加上动作敏捷，反应灵敏，就显得轻快，这种风度很可爱。

安详稳重，是青年人的另一种风度表现。它与轻佻、鲁莽以及所谓"嘴上无毛，办事不牢"形成鲜明对比。它又与老年人的持重不同。后者往往带有一定程度的暮气、迟钝、呆板，而青年人是充满青春活力的安详，充满无限激情的稳重。

风流潇洒，这是青年人突出的风度。它不是拖泥带水、婆婆妈妈、谨小慎微、扭扭捏捏，而是洒脱、干脆、利落，具有一种或风度翩翩、或秀气迷人、或气宇轩昂的美。

女青年中还有一种文雅娴静的风度美。温文尔雅，不落俗套，娴静、温柔、细致，给人以端庄的感觉，也使人感到亲近。

以上概括是不完全的。事实上，风度有千差万别，人们也很难对风度在个性气质方面的类型做出完全的、科学的概括。但是，它能为我们进一步认识自身个性气质特点提供一条途径，帮助我们理解自身个性气质方面的长短利弊，理解别人评价我们风度优劣的客观性。

心理学原理告诉我们，任何一种个性、气质都有其优点，也有其缺点。一个人的气质往往是比较稳定的。培养风度美，不是要强求个人改变原有的个性和气质，把人套入一个刻板的模式中去，而是要引导人们依据自身的个性和气质特征扬长补短，塑造具有鲜明个性特征的风度美。

每个人都置身于特定的社会环境，而不是在"真空"中生活，每个人的个性、气质都是在其与之相联系的人与人的社会关系中体现出来的。人在不同的人际关系中，充当着不同的社会角色。而不同的环境、场合、气氛，对人的个性、气质也有着严格的限制和不同的要求，并不是可以由着个性任意表现的。如在严肃的场合，需要有严肃的风度；在轻松愉快的气氛中，需要活泼幽默的风度；对老人需有比较稳重的风度，对孩子应有亲昵的风度。把作报告的面孔带到家庭生活中去会令亲人敬而远之；把拉家常的口吻带到会议桌上，会使人感到厌烦；把对情人的凝视摆到大街上去会使人感到肉麻；把对父母的亲热搬到领导面前，反叫人认为无知……长幼关系、师生关系、亲属关系、同志关系、朋友关系、上下级关系、情人关系、夫妻关系、主客关系等，种种交往关系都对风度有不同的要求。哪怕是同一对象，在不同场合的不同关系中也有不同要求。例如：某父子在同一厂里，父亲是领导，父子在厂里应以领导与被领导的关系出现；在夜校，当儿子以教师身份出现时，父亲就应具备学生的姿态。

由此我们可以看出，人在复杂的社会交往中是一个多角色的人。充当什么样的社会角色，便按什么样的风度要求去表现，否则便会丑态百出，贻笑大方。

3. 培养聪明才干

智慧就是力量。学识渊博，受人尊敬；才华横溢，令人钦佩。

青年期是学知识，长才干的大好时期。"士别三日，即更刮目相看"，其原因就在于青年期拥有掌握知识、增长才干的巨大潜在能量，能够在很短的时间里培养出卓越的才华来。

● 学习知识贵在持之以恒、力求精深。有的青年朋友经不起严格训练，一曝十寒，或满足于一知半解，喜欢炫耀，结果给人造成一种浮躁浅薄的印象。

● 学习知识贵在变通运用，有所创见。有的青年朋友学习方法不得要领，生吞活剥，不善分析，结果给人造成刻板、迂腐的印象。

● 学习知识贵在求真。有的青年朋友喜欢钻牛角尖，凭兴致轻率下结论，有时明知谬误也执意坚持。这样，就给人留下固执偏激的印象。

人的才华主要是靠后天的勤奋努力得来的。有卓越的才华，可以弥补自然素质方面的不足。

兴趣广泛、爱好众多，是青年人的特点，也是一个人精神生活丰富充实的标志，更是热爱生活的一种表现。青年人丰富多彩的兴趣爱好应当受到社会的鼓励和支持，青年人也应该尽力培养对自己有益的兴趣爱好。培养有益的兴趣爱好，有利于开阔视野，增加知识，促进智能，培养才干，提高文化素质和艺术素质，发展创造能力，这对风度的培养也能起到积极的作用。"琴棋书画、诗词歌赋"应略知一二。科学愈发达，社会分工愈细，专业化知识要求愈高，为兴趣爱好提供的天地就愈广阔，发展兴趣爱好的社会意义就愈突出。"一专多能""多专多能"已成为人才的时代尺度，这种观念必然会渗透到风度美的审美观念中来。

"海阔凭鱼跃，天高任鸟飞。"现实生活的广阔天地处处是青年人发挥聪明才智的场所。但是，有的青年朋友没有理解个人才能发挥和表现的深刻的社会含义，仅热衷于自我表现。就像人们常说的"摆弄小聪明"，处处"露一手"，对一些自己尚未深思熟虑的问题妄加评判。这样，反给人留下浮躁浅薄的印象。其实，真正聪明的人，是善于对自我表现持谨慎态度的人。即使需要充分表现个人才能，但由于环境、场合、气氛以及作用、意义、效果等方面的一些原因，表现才能的方式、途径也应当有所不同。在表现个人才能方面能够体现优美风度的人，一般善于识大体、顾大局，善于尊重别人。"非淡泊无以明志，非宁静无以致远"，说的就是这个道理。

四、注意仪容服饰

恰到好处的仪容能使你更加风度翩翩。仪容，这里指仪表神态。美的仪容是可以培养塑造的。青年期生理机能大都处于开始成熟的状态，对变化运动最复杂的面部肌肉群的控制能力尚未完全成熟，但这时恰恰是培养美好仪容的大好时机。有意识地注意把握自己的仪表、神态，把它调节到最为恰当的程度，无疑也是培养风度美的一项内容。

仪容与姿态关系密切。我们常可听到老人这样说："坐有坐相，站有站相""貌好不如相好"。这些不是没有道理的。吃饭龇牙咧嘴，唼然有声；入座两腿高跷，抖动不已；行路左右摇晃，前后顾盼……使人见了就会生厌。然而这都无非是习惯而已，只要稍加注意就能矫正。

服饰，从风度的意义上来讲，可能要数"得体"为最重要的因素了。无论是西装革履，旗袍衫裙，还是工装便装，运动衫裤，只要"得体"均能很好地体现风度美。

所谓"得体"，通俗地讲就是"顺眼"，看上去舒服。要做到服饰得体，大致要考虑到以下几点：

- 身材。衣着合身，松紧适度，既舒适又大方。按照身材特点选择合适的款式，能够变肥胖为俊秀，变纤细为袅娜，使天生丽质更添风采，使自然缺陷得到弥补。
- 个性。在人们的审美习惯中，一定款式、色泽、质地的服饰均给人某种类型化的感觉。比如，西装给人潇洒的感觉，个性过于内向的人穿这种服装不一定能获得最佳的效果；旗袍给人文静的感觉，"假小子"式的姑娘就不宜穿着。色彩对比强烈显示个性外露，色彩素雅则显示温柔恬静；质地轻柔，便于表现飘逸；质地厚重，则宜于表现粗犷。所以，青年朋友选择服装的款式、色泽、质地，都应考虑与自己的个性相吻合，而不可见别人穿什么漂亮，自己就不加选择地模仿。
- 场合。选择的服饰应与一定的场合及自己所充当的角色相统一。日常生活中，诸如节假日客人来访主人西装革履地陪坐，倒不如系一条漂亮的围裙，做几样可口的小菜更见其风采。婚礼场面，傧相以"绿叶"身份衬主人的"红花"也肯定比喧宾夺主更令人赞叹。在劳动场面，着工装具有独特的美感；但如果在礼节性场合着工装，则多少流于随便。

总之，培养优美风度是一个多方面的修养过程。它需要外表的修养，更需要内心的塑造；需要良好的习惯，更需要渊博的知识；需要有丰富多彩的兴趣爱好，更需要有高尚的思想情操。当然，在生活中，懂得一点色彩学、构图学、透视学，了解一点心理学、生理学、解剖学原理，掌握一点语言学、逻辑学、修辞学、美学知识，加强文学艺术修养，提高审美能力，对培养自己美好的风度是大有裨益的。

五、讲究语言的优美动人

汉代文学家刘向曾说："辞不可不修，而说不可不善。"语言在内容、形式上的优美动人，对于风度来说是至关重要的。

语言是思想的直接表现。语言在最大的范围和最细致的程度上体现着一个人的内心世界。语言是最重要的交际工具，所谓"良言一句三冬暖，恶语伤人六月寒""剑伤肉体，语伤灵魂"，说明语言内容、交谈方式在交往中的重要作用。语言美是社会文明进步的标志，是风度美的一个重要组成部分。语言美是良好的自我修养的结果。青年人正处在逐渐成熟的时期，语言的训练也是一项重要内容。它包括两个方面：一是内容的准确性，二是形式的艺术性。口拙语讷，词不达意，表述含糊，拖泥带水，这是属于准确性方面的问题；说话呆板，缺乏魅力，或语无轻重，不分场合，这属于艺术性方面的问题。

语言美具有四个基本要素，即言之有据，言之有礼，言之有物，言之有味。

● 言之有据。就是说话要有根据，摆事实，讲道理，实事求是，懂多少讲多少。"知之为知之，不知为不知"，语言就显得中肯可靠。反之，信口开河，不着边际，主观臆断，乱下结论，随声附和，人云亦云，都谈不上语言美。

● 言之有礼。是我们民族的传统美德，早在《诗经》中就有"亲结其缡，九十其仪"的诗句。说女儿出嫁时，母亲为她结了佩巾，又九遍十遍地叮咛她注重仪态，讲究礼貌。《礼记》中也讲"礼尚往来，来而不往非礼也，往而不来，亦非礼也"，又说到"为礼以教人"，把注重礼貌作为教育内容。而且强调一个人必须明礼："鹦鹉能言，不离飞鸟，猩猩能言，不离禽兽之心乎！"把有无礼貌提到区别人与动物的高度。孔子曾说过："质胜文则野，文胜质则史。文质彬彬，然后君子。"就是说，只有品格质朴而不注重礼节仪表，就会显得粗野；光注重礼节而缺乏质朴的品格，就会显得轻浮。只有礼节仪表同质朴的品格相结合，才算得上是一个有教养的人。以上内容表明言之有礼的重要性。

● 言之有物。是指说的做的相一致，说话要算数，要守信用，不吹牛，不夸海口。夸夸其谈，说得天花乱坠，自然不是语言美。

● 言之有味。是讲语言的艺术性，有正确的语言，还需有优美的表述。"忠言苦口"固然不错，但如果能"忠言可口"，岂不更好？如《战国策·触詟说赵太后》中说，触詟为了说服赵太后顾全大局而让爱子赴秦国做人质，采用了很艺术的劝说方式：触詟先问太后身体，并说自己腿也有病，首先造成了一种相互关切的和睦气氛；然后再渐渐深入话题中心，终于说服了赵太后。言之有味，可以化固执为通达，化刚愎为柔顺，化优柔为果断，化懦弱为勇敢，也能化忧愁为喜悦，化郁闷为舒畅，化辛酸为欢乐，化悲痛为力量。言之有味，是语言美的独到之处。

语言是人的多方面素养的综合体现。要做到"有据""有礼""有物""有味"，除了加强思想和知识方面的修养以外，从语言训练方面来讲，还有以下两个方面的要求。

1. 语言的形式美

(1) 严密的逻辑　语言是表现思想的工具。思想的严密性有赖于语言的逻辑性。要使语言正确地体现思想，就要掌握和运用逻辑学知识，学会运用一些简单的逻辑方法，如下定义、划分等，学会运用最基本的思维形式——概念、判断及推理等。要遵循形式逻辑的规律，如思维的同一律，它要求表达思想概念的确定性；不矛盾律，它要求语言表达不能自相矛盾；排中律，要求语言明确，不含糊其辞；充足理由律，要求有充分的论据来论证思想。

(2) 语言的规范　各种语言都有严格的语法规范，合乎语法规范的语言表达才是美的。因此，要掌握规范的语法形式，语序颠倒、动宾搭配不当、省略不得要领、混杂不必要的衬字等都会影响语言美。语句过于冗长，拖拖拉拉，或过于短促，断断续续，都会影响语言表达。

(3) 语言的生动　生动的语句能引起人的美感。要做到语言生动，可以从以下几个方面获得。

● 形象的手法。诸如描景说物以引起人们重温生活中经历过的事情，激发人的想象，

给人以可触可摸、历历在目的感受。

- 幽默的方式。用适当而风趣的语言对人进行讽喻,可以明事理、通情感。
- 修辞的手段。如用比喻、对偶、拟人、排比、设问、反问、引用、重复、夸张等,可使语言形象生动,也是人们最为常用的、最乐意接受的修辞手法。所以,掌握并运用逻辑、语法、修辞知识,使自己获得驾驭语言的本领,也是语言美的关键所在。

2. 语言的语音美

语音美若能与语言的思想内容和形式结构美和谐统一,就会形成独特的感染力,达到完美的境界。

语音美包括语调美、音色美、共鸣美、语势美等。这些美都具有迷人的魅力,有助于表达思想、交流感情。这些美,具体有圆、明、清、正、纯5个方面。

圆——音质圆润悦耳,音量饱满,充实有力。虽然一个人的音质和音量在一定程度上受个人生理特点的限制,但练过声的人都知道,音质与音量具有可塑性。经过科学的训练,大多数人的声音都能得到相应的改善。

明——音调高低适度,抑扬顿挫富于变化。

清——吐字清晰可辨。

正——发音明确无误,不念白字。

纯——语言的发音有系统性,不夹南腔北调。当然,学会一口标准流利的普通话,将使你的语言更加富有魅力,使你的风度因此而增色。

第五节 塑造外在美

柏拉图在《文艺对话集》中有句名言:"身体美与心灵美的和谐一致,是最美的境界。"在谈及美感教育的程序时,柏拉图概括地指出:"接受美感教育的人,第一步就从认识某一个美的形体开始。第二步他就学会了解此一形体或彼一形体的美是贯通的,再进一步学会把心灵的美看得比形体美更为珍贵。"我们应循此3个步骤,把青年健美的探讨重点放在青年与健美的重要性与渊源、青年健美的内涵和青年健美的途径上来。

一、青年与健美

1. 青年健美的重要性

马克思在评价古希腊的人体艺术时,曾深情地说它"具有永恒的魅力"。伟大的文学家、思想家鲁迅曾应当时教育总长蔡元培的邀请,特意编了一本普及人体艺术的册子,作为对广大青年的美育教材。上面写道:"如果没有人体艺术,世界美术史就缺了灿烂的一页。"健康的形体,本身就是生活的珍品,只要不是天生的盲人或神经错乱者,对此都是赏心悦目的。至于根据各自的身体条件,在美化生活的同时追求健美的体魄,那绝不是茶余饭后的小事,更不能视之为"资产阶级的生活方式"。

关于人体之美,世界美学专家们的论述很多。美国的丹纳写道:"我们寻求的最高典型,是一种既有完美的肉体,又有高尚精神的人。"俄国的车尔尼雪夫斯基也说过:"生命是美丽的,对人来说,美丽不可与人体的健康分开。"

当你置身于美术馆展览大厅的参观者行列中,你可曾注意到,凡是观众聚集、流连之处,往往就是美之神"维纳斯"和"掷铁饼者"等的雕塑前。在日常生活中,当你进出电影院，漫步闹市口，不是也乐于将羡慕的眼光有意无意地停留在健美者的身上？这就是现实提供的答案。

青年爱美，尤爱人体美，更深爱着健美。顺应时代的潮流，青年向往和追求健美，并将带着健美的身躯出现在家庭、课堂、田间、工厂。

2. 青年健美的渊源

（1）古希腊的人体健美观　古希腊、罗马重视发展健美的体魄，留下了许多著名的人体雕塑的杰作。那时，全身赤裸是希腊人特有的习俗，早在两千多年前，人体艺术就光彩夺目。由于"神明都喜爱竞技"，所以塑造健美的途径主要在体育运动方面。受人崇敬的奥林匹亚山宙斯神的奥林匹克运动会，是展示人体力量和健美的场所。运动会上的桂冠获得者，歌唱家为他唱歌，诗人为他作诗，雕塑家为他雕像。优胜者被认为是城邦的骄傲、和平的使者，从而受到凯旋英雄般的欢迎。每个城邦都不惜拨出巨资修造运动场，青年们在那里接受系统的身体锻炼，把身体练得强壮、健美和轻灵。举国上下，从平民直至最高领袖都喜欢观看健美的裸体，喜欢欣赏裸体人的力量、健康和活泼的形态及姿势。即使在庄严的祭祀仪式上，人们也都是裸体参加庆典，犹如全民的一次健美大检阅。这种民族风尚促进和发展了人体的健美运动。

古希腊的人体艺术雕像，是西欧古典文化的杰作，时隔2400多年后的今天，它们仍然具有艺术魅力。

维纳斯美在哪里？笛卡儿对此曾在一封信中写到："美是一种恰到好处的协调和适中。"美国美学家夏夫兹博里也认为："凡是美的都是和谐的和比例适度的。"俄国的文艺批评家车尔尼雪夫斯基曾赞颂维纳斯是"轮廓的美胜过活人的美"。维纳斯整个面部轮廓清晰，那双充满智慧的眼睛，似乎给人类带来了幸福和希望；她的身体侧立，左腿微微抬起，潇洒自如。她匀称、协调、健康、优美、安详、庄重，给人以强烈的美感，真可谓美得令人崇敬！

"掷铁饼者"宽阔而结实的胸部、灵活而强壮的脖子、结实的躯干、脊背四周隆起的肌肉、握铁饼有力的胳膊，以及帮助身体向前冲刺、跳跃的腿，所有这些都是人体美的集中表现。

到意大利文艺复兴时代，人体艺术达到新的高峰。到19世纪，很多艺术家，尤其是罗丹，把人体艺术发展为内容宏大深沉、表现丰富有力的艺术。他创作的裸体雕像《思想者》得到列宁的称道，路过巴黎的人是不可不去卢浮宫一看此像的，因为它体现了"工人阶级双手和思想家的脑袋"。

裸体雕像没遮少盖，是表达人体艺术的必不可少的形式，但如果有人因此而想入非非，那就背离了审美的价值取向，他就失去欣赏健美的资格了。对此，请记住法国哲学家库申的名言："美的特点并非刺激欲望或把它点燃起来，而是使它纯洁化、高尚化。"

（2）我国的人体健美观　我国讲究人体健康美也是源远流长，一些古代经典著作和出土文物都为健美提供了佐证。

早在2400多年前，我国古代教育家孔子就是注重健美的。据《史记·孔子世家》记载："孔子长九尺六寸，人皆谓之长人而异之。"《吕氏春秋·慎大》记述："孔子之劲举国门之关"。《淮南子·主术训》中记载孔子："勇服于孟贲（古代著名勇士），足蹑于郊菟，力抬城关，能也多矣"。孔子讲究身体姿势端正，上车时正立执绥，睡眠时"寝不尸"。可见孔子身材高大，气力很大，具有立相卧相端正的健美形象。孔子的弟子子张、公良孺，也都是体格魁梧健美的勇士。孔子还说："由之勇，贤于丘也"。可见他是个注重健美教育的教育家。孔子在理论上的名言是："尽善尽美"。他把"善"字放在"美"的前面，把美的范围扩大到肉体和精神两个方面。这与现代讲的心地不好，即使身躯端正也算不上真正健美的看法相似。

荀子对健美的看法有进一步的发展，他在《非相篇》中写道："形象虽恶而心术善，无害为君子也；形象虽善而心术恶，无害为小人也。"并以殷纣王为反面的例子，把身体的健美和精神的健康结合起来理解，就更为全面了。

古人也重视形体美。《水浒》里的林冲，不管在小说、绘画还是舞台形象等方面，都突出他健美的体魄和与人为善的态度，给人以高尚的情趣。

在长沙马王堆三号墓出土文物中，有一卷绘有人体各种运动姿态的帛画，说明早在汉代，人们已经开始健美一类的锻炼了。元代时，杭州灵隐寺飞来峰上，立有一座健美少女的裸体雕像。近代以来，著名艺术家徐悲鸿、刘海粟等曾给人们留下了大量的人体艺术作品，为提倡人的健美做出了卓越贡献。

二、青年健美的涵义

1. 人体美是健与美的结合

真正的美，美在他本身能够显示出奕奕的神采。人体美包括容貌、体型、肌肤和姿态、动作的美。容貌主要由遗传决定，较难改变；其他方面虽与遗传紧密相连，然而却有较大的变异系数。人体美是健与美的结合，健是构成美的基础条件，美离不开健。苏联教育家加里宁"没有很结实的健康的身体，就不可能有人体之美"的论断，深刻地揭示了健美的内涵。很难设想，一个瘦弱不堪或臃肿虚胖的身体，能给人以神采奕奕的美感。

健美的人体，不仅具有坚强的骨骼、发达的肌肉、有光泽的皮肤和良好的精神状态，而且也具有匀称的形体和优美的轮廓、线条。健美的人体还比较集中地体现着对称、均衡、和谐等形式美的基本特征。

关于健美的人体，德国美学家莱辛曾概括地指出："身体美是产生于一眼能够全面看到的各部分协调的结果，因此，要求这些部分相互并列着。"

人体是美的，人体的健美则是以人体的自然美和以自然的体型美为基础延伸的。当今风靡世界的健美观，大体可概括为四种类型：①使身体各部分肌肉得到协调、匀称发展的肌肉型；②把发展体能、发展身体、塑造体型结合起来的体能型；③根据自身条件，塑造自己理想体型的适应型；④塑造体型和形成姿态美的姿态型。

2. 人体美的评价标准

在现实生活中，人体美的评价是否有一定的标准？我国著名的美学专家王朝闻说：评价标准这个问题比较复杂，要考虑到历史条件、民族特点、种族差异、地理环境以及审美的习惯、情趣和相互之间的关系等。比如，举重运动员发达的肌肉给人以健与力的美感，如果舞蹈演员的肌肉也像那样，或者让相扑力士上台跳舞表演，那我们的感觉又会怎样呢？又如，2米高的人，一般人会觉得他身体过高，但他一到球场上投篮或扣杀，在球迷们的眼里就显得美极了。健美的标准是有的，但它又是相对的。一般说来，四肢匀称、五官端正、体态俊美潇洒的人，谁看起来都觉得舒服，这样的人是健美的。

对人体美的具体评价，美学界取得了丰硕的成果。

（1）人体测量学家谈健美　人体测量学家认为男女健美的最佳比例是：

- 男女胸围均与髋围相等。

- 男女上臂围均相当于腕关节围长的2倍。
- 横隔围小于胸围，大于腰围。
- 男性腰围小于胸围12.5~17.5厘米，女性腰围小于胸围25厘米。
- 男女腹围均稍大于腰围、小于髋围。
- 髋围男女均与胸围相等。
- 男性上股围比腰围小20~25厘米，女性上股围比腰围小15~17.5厘米。
- 男性下股围比上股围小20~25厘米，女性下股围比上股围小15~17.5厘米。
- 男性小腿围比下股围小15~17.5厘米，女性小腿围比下股围小12~15厘米。

(2) **雕塑家评价人体美** 雕塑家们对人体美提出了10项指标：

- 头比较小为佳，颈项不能短，头发浓密柔软。
- 脸型以鹅蛋形为最好，前额高而阔，眼睛与面部平齐。
- 鼻子以圆形为佳，鼻干宜长，下端狭窄。
- 眉毛窄长成弓形，两眉分割清楚。
- 睫毛要长，眼睑要有天然色泽。
- 上唇盖住下唇。
- 肚脐位置宜高，脐穴要深。
- 臀围比肩围宽。
- 小腿修长，挺直。
- 指头修长，略带弧形。

(3) **画家评价人体美** 在画家的眼里，人体美的标准比例应为：

- 头长是身高的1/8。
- 肩宽是身高的1/4。
- 两臂平举的宽度等于身高。
- 两腋与臂宽相等。
- 乳部与肩胛在同一水平上。
- 大腿正面厚度等于脸的宽度。
- 人跪下时的高度等于身高减1/4，卧倒时剩下1/9的身高。

(4) **健美冠军谈健美** 关于女性人体健美的标准，世界女子健美冠军比萨里昂说："现代女子的健美不是苗条、纤细和病态，而是结实精干，肌肉强健，富有曲线美。既不失女性的妩媚，又足以承受生活的负担，担当起社会的责任。挺拔刚健，丰腴饱满，英姿勃勃，更符合大多数女性对生活的向往和追求。"

结合我国女子健美的标准，特提出以下三条：

- 骨骼美在于匀称、适度。即站立时头颈、躯干和脚在同一垂直线上；肩稍宽，头、躯干、四肢的比例适度；上下身比例符合"黄金分割"定律，即以肚脐为界，上下身比例为5:8。若身高是160厘米，那么体重和其他各部位较理想的标准是：体重50千克左右，肩宽36~38厘米，胸围84~86厘米，腰围60~62厘米，臀围86~88厘米。
- 肌肉美在于富有弹性、能显示出人体形态的强健协调。肥胖或过瘦以及肩、臀、胸部的细小无力，包括由于某种原因而造成身体某部分肌肉的过于瘦弱或过于发达，都不能称为肌肉美。
- 肤色美。一般女性肤色以浅玫瑰色为最佳，细腻、有光泽、柔韧。

关于女子健美，香港《广棱镜》评述："中国女子有自己的健美观：健美的目的是为了有曲线的体型和富于弹性的肌肤，而不是欧美式那种追求高度发达的男性的肌肉群。"

（5）"维纳斯"的健美模式　人们以"维纳斯"为美的典范。维纳斯像高215厘米，胸围121厘米，腰围97厘米，臀围129厘米，具有发达的胸部、适度的腰围、丰满的臀部。这说明，女性健美的胸、臀、腰三围的比例适当是构成身材曲线美的主要因素。若按此比例缩成身高160厘米的女子，那么她的胸围是90厘米，腰围是72厘米，臀围是96厘米。

（6）"掷铁饼者"的健美模式　男子健美的标准，若以突出体型匀称的"掷铁饼者"米伦纳像为例，其基本原则是"人体正方形"，即两臂侧平举等于身高。具体的指标是：身高是大腿长度的4倍，肩宽等于大腿围长，拳头围长等于前臂围长，也等于脚长，两个手腕的围长等于颈围长，两个颈围等于腰围，脚长等于前臂长等。按此比例衡量167～170厘米的男子，理想的参数是：体重68～70千克，胸围95～98厘米，腰围75～78厘米，颈围39～40厘米，上臂围32～33厘米，屈臂围肱二头肌紧张时围长38～40厘米，大腿围55～56厘米，小腿围37～38厘米。

三、青年健美的途径

1. 健美运动的含义

健美运动就是采用各种具有显著效果的锻炼方法，发展人体外形健美的一项体育运动。

俗话说："各人一个相，人人不相像。"的确，每个人都有自己独特的体型，即使是同胞孪生子也非一模一样。对千差万别的体型，学术界有多种分类方法。

有体型研究者把体型分成三类：身体修长、肌肉较少的叫长颈鹿型；体格庞大，肌肉发达的叫河马型；肌肉强健而富有弹性的叫狮子型。

有体型研究者把体型分成以下三类：一是身材适中的正力型；二是身材矮胖的超力型；三是身材细长的无力型。

德国克雷奇摩尔的分法是：肥胖型，肌肉丰满，身材中等，头圆、颈粗、胸大；瘦长型，身长，但厚、宽度不够，头小、鼻高、胸扁、肤白、骨骼细、肌肉弱；运动型，胸大肩宽，肌肉骨骼隆起，颈长而粗、肩宽、胸部发达、腰腹细、四肢粗大、肤色良好，全身匀称。

法国罗斯坦所分的三类是：脑型，头大脸小，四肢较长，躯干较短；消化型，腹部发达，皮下脂肪存积，四肢较短，躯干较长；肌肉型，四肢和躯干比例匀称。

人是万物之灵，在通过劳动创造人自身的过程中，也给人体自身创造着美。人体是美的，但不是人人都称得上健美；青年是美的，但青年追求健美的满足感是永无止境的。若要自身更加健美，若想永葆青春之美，最好的途径就是按健美的标准，用健美的方法，投身到健美运动的行列中去。

青年处在长身体的时期，是培育健美体魄的黄金岁月。青年最富生气，这是美感最丰富的时期；身心两种优势的交汇，足以获得事半功倍的健美效果。有人认为追求匀称的体型、矫健的身姿、优美的线条等是资产阶级的思想；有人在追求健美时，一味"西化"，人为地搞细眉黄发、紧裤细腰，混淆了健美与丑的界限。我们认为，青年追求健美是高尚的精神文明，而增强体质是振兴中华的必要条件。因此既要排除来自"左"的那种无端泯灭青年爱美思想的干扰，又要排除西方腐朽文化的侵蚀，以"自然得体"为健美标准，针对自身的薄弱环节，进行健美锻炼，使体型变得更美，把健、力、美有机地融为一体。

2. 健美锻炼的方法

青春，是青年最宝贵的财富，青年应加倍地珍视，并设法用最大的努力把它保持下来。爱美和保持青春之美，最重要的是必须讲究科学的锻炼方法。

（1）常用的健美锻炼方法

● 体态健美法。体态是指青年生活中的各种身体姿势和举止神情。体态美是在生活中逐渐养成的，是自然和谐的流露，不是矫揉造作能奏效的，因此应从日常生活中做起。要使体态健美，最重要的是动作姿势必须正确，使身体各部位处于最合理的位置。人的生活离不开坐、立、走、卧这几种基本姿势，古人说的"卧如弓，坐如钟，立如松，行如风"就是形象的概括。按下列要点去做，可获得健美的体态。

端正的坐相，应是上身自然直立，挺胸收腹，两手轻放腿上，腰背贴椅，两腿弯曲，两脚并列地面，感到自然舒适即可。

自然的走相，应是保持站立姿势，两臂自然摆动，两腿迈步稳健、均匀，膝盖正对前方，脚尖微微外展，脚跟先落地面，两腿交替前行，重心随着两腿的动作前移，两脚跟儿在一条线上。

● 皮肤健美法。皮肤是健美的镜子，也是外形健美的表征。皮肤的色泽美，是由皮层色素和表皮的血液供应决定的。皮肤美和精神、营养、卫生习惯、合理休息等相关。倘能供给合理的营养和促进血液循环，就可增加皮肤的健美。锻炼的方法是：每天早晚，光身或着薄衣，进行擦身和快速按摩，先从四肢远端向心推进，以全身红润微热为度；用手搓面、梳头，提捏后脑与颈部；争取多到户外进行日光、空气浴，并辅以按摩；用合适的毛刷轻刷全身等。

● 肌肉健美法。现代肌肉健美，对男女有着不同的要求。男子健美，肌肉越发达越好，并在发达中求匀称；而女子健美，则不是以肌肉的高度发达为标准。她们多半通过伸展运动锻炼肌肉。伸展练习以晨间为佳，室内外均可进行。由于睡醒之初，人体尚处于松弛状态，因此要避免速度过快、力量过大过猛的拉伸和扭转。应缓缓地将颈部、躯干和四肢伸展到最大限度，在感到关节韧带微微酸疼的状况下，坚持数秒钟，并注意呼吸正常，然后慢慢放松还原。这样渐进持久地练习，必能获益。

男子锻炼发达的肌肉，则要加大强度，宜用专门器械如杠铃、哑铃等。为了发达肩部三角肌，可练交替推举哑铃，如前上举、侧上举、颈后推举；为发达胸部肌肉，可练习俯卧撑、仰卧扩胸、俯卧推杠铃、双杠双臂屈伸；为了发达臂背部和腰腿部肌肉等，可循此法举一反三。

● 胖瘦健美法。减肥消胖，关键在于减轻体重，减少脂肪局部存积，以保证体型正常。其方法是：肌肉锻炼、节制饮食、控制多睡三结合。倘是重度肥胖者，开始时不能锻炼得太剧烈，那样会使血液中的废物增多，淋巴系统中的毒素增加。此外，还应根据自己的体态和个性特点减肥；否则，锻炼可能使您食欲大增，事与愿违。

为了改变消瘦体型，需要增加体重。若靠多吃、多喝、多睡，又只能得到含脂肪量大的不协调的肌肉，不可能健美。按上述肌肉锻炼法，有计划地逐渐使各部肌肉均衡增长，方能使人体日见丰满。消瘦型女子锻炼时，应避免快速运动，因为快速猛烈的锻炼只能使肌肉突出，而不能增加肌肉的体积。手握大号哑铃进行慢速运动，可使脂肪沉积正常，并遮住突出隆起的肌肉块。每次锻炼的时间要长些，速度要慢些，且要格外注意呼吸的配合。

（2）健美锻炼的项目选择

● 健美操。做基本体操、广播体操、武术操、轻器械操等各种体操均可达健美之效。

目前较为流行的有：有氧体操、艺术体操和传统体操。有氧体操的特点是负荷量较大，由较多的迪斯科舞蹈动作组合而成。传统体操由不少的芭蕾舞基本动作组合。

19世纪中叶，德国人根据女子心理、生理特点设计编排，各国艺术家、医生、生理学家共同雕琢，把自由体操、舞蹈、音乐等融为一体，使之成为女子健美的艺术体操。它没有竞技体育那种剧烈的运动，不会使青春期的少女产生畏惧心理。艺术体操由跑、跳、走、平衡、摆动等运动形式组合而成。通过队形变化和各种艺术造型，达到健美人体的目的。可徒手或使用轻器械，讲究动作自然、优美、柔软和有节奏，不会损伤肢体、肌肉、骨骼，又能提高神经协调功能，促进身体匀称发育和发展，深受女性的欢迎。

● 走步。走步是体育活动中最简便、最基础的项目。走步分散步、正常行步、有氧代谢行走和长途走路等数种。散步是最慢的走步，它尽管速度不快，但长走久行，有助于血液循环。饭后散步消耗体能，有助于消化，增加营养吸收。散步闲谈，自得其乐，有助于调节情绪紧张。正常走路不要苛求速度，常走、久走、多走便可成为一种有益的运动。若长年坚持走路上班、登阶上楼、徒步访友，结合考察、参观、边看边走，有益于脑部氧的供应，能促进思维活动。美国的佩森·韦斯顿，长期坚持走步。他曾用两个月时间，从纽约走到明尼阿波利斯，这为长途走步。他83岁时深有体会地说："身体越来越好，这与走步是分不开的。"可见，走步是有效的健美方法。

● 游泳。游泳可使肌肉发达，内脏器官功能增强，属最佳健美运动之列。女子100米、200米蛙泳世界冠军鲍格丹诺娃，幼年时轻度驼背，在医生指导下参加游泳，不仅矫正了驼背，而且成为世界冠军。连续创女子游泳五项世界纪录的澳大利亚运动员古尔德，从把游泳作为治疗皮肤烫伤的手段开始，进而攀上了领取金牌的颁奖台。

游泳是一项躺着的运动。爬泳使身体在水中尽可能呈流线型；海豚泳要求身体做波浪形动作；蛙泳抬头呼吸时，背肌要保持一定的紧张。各种姿势都要求脊柱充分伸展，一切动作都要符合力学原理。游泳时，臂腿并用，肌肉用力对称，久之躯体匀称发达。

水的密度比空气大820倍，胸廓承受12～15千克的压力，这对呼吸肌提出了更高要求，可使胸肌丰满、肩部宽阔。游泳时，水对人体不断按摩、使皮肤光滑、圆润，更富有弹性。此外，还可使人体皮肤的脱氧胆固醇-7在紫外线照射下转变为维生素D，从而促进对钙磷的吸收，有利于骨骼的正常发育。

(3) 健美注意事项　健美是综合性的课题，通向健美的途径和方法也必然是众多的，值得重视和注意的有以下五点：

● 注意饮食营养。食物营养是健美的物质基础。青年处在生长发育之时，对营养素的需求较多，食谱中应注意对蛋白质、维生素、钙含量较高的豆类、蔬菜、蛋、肉、奶和瓜果等食物进行合理搭配。切忌挑食、偏食、暴食以及少吃和"半饥饿"等，因为那样并不可能控制发胖。

● 多参加体育锻炼。锻炼可以促进新陈代谢，以利人体充分摄取营养，发展各种身体素质和基本活动能力，从而改善体型结构。选择体育项目应有针对性，如身材矮的多做摸高运动，身材胖的多从事消耗脂肪的长跑活动，体型瘦的多做力量练习和负重练习，体重重的则可洗洗蒸汽浴等。

● 注意皮肤卫生。要经常洗澡、洗脚、揉搓按摩，以促进皮肤血液循环，使皮肤富有光泽和弹性。适当地晒晒太阳能增强皮肤的健美。

● 适度地打扮。打扮的目的在于弥补不足、突出优点，使自己更健美。但要注意适度，并顾及社会效果。那种单纯追求时髦,不顾自己体型,人为地紧腰束胸,或为了增高,鞋跟节节加码等,都将自损其体,得不偿失。

● 保持心情愉快。俗语说"笑一笑,十年少",情绪对人来说至关紧要。青年期神经系统未发育完全,内分泌和性腺发育旺盛,不愉快的心境和神经的过度紧张,不恰当的情绪起落都不利于健美。请观察一下人愤怒时的脸色、狂喜时的动作、悲伤时的神情,你就会知道"抑喜怒"是多么的重要。

第六节 创造美好的环境

一、环境美化体现着文明

环境美化体现着高度的人类文明,也是人类赖以生存和提高生活质量的前提条件。追求环境美,可以使人们的生活丰富多彩,充满情趣,使人们得到较好的休息,促进身心健康;追求环境美,可以陶冶性情,开阔胸怀,提高文化水平,砥砺品行,增强识别美丑的能力,有助于培养高尚美好的情操;追求环境美,可以增进人们对祖国大好河山与民族传统文化的了解,培养和深化人们的爱国主义思想感情;追求环境美,可以增进人们对自然环境的观察和了解,启发人们探索自然奥秘的智慧,促进自然科学的发展。自然环境中的三大感性元素(色彩、形状、声音)表现出来的与人们向往的社会生活相联系的特性构成了形式美。环境美就是人类社会生活的美,它与形式美有相类似的特征。人们在欣赏自然环境中的景物时,通过联想和想象,感到它具有与人类社会生活的美相类似的特征,就认为它是美的。所以环境美化体现着现代文明,也是现代文明的重要标志之一。环境的美化首先应从自己身边的生活环境、学习环境、居住环境的美化做起。

二、美化你的生活、学习、居住环境

生活、学习、居住环境的美化,是人类文明程度的表现形式之一。早在远古时代,我们的祖先就已开始建造房屋。他们最初用白石膏泥涂抹四壁,表明美化居室的意念已经萌发。经过几千年的不断进化,人类依靠自己的聪明才智,创造出今天这样丰富多彩、千姿百态的住宅,并学会使用各种艺术手法来美化生活环境。从20世纪70年代开始,室内装饰已成为世界上一个独立的学科,从建筑业中分离出来。这充分说明文明程度越高,人们对居住环境美的要求也越迫切。我们从自己身边开始,把居住环境、生活环境、学习环境布置得美观、和谐、文化氛围浓厚,这同样是精神文明建设的重要内容。

居住环境的布置还可以反映主人的内心世界。电影《他们在相爱》中有三兄弟,老二是一个身有残疾的人,但他的居室总是收拾得干净利落:明亮的玻璃窗前是一张宽大的书桌,各种外文资料整齐地摆放在案头。一看便知主人是一个热爱生活、好学上进的青年。而走进老三的房间,看到的却是另一种情景:床上散堆着脏污的被子,到处乱丢着各种时髦女郎的照片、画报……不难想象,他是个心灵受过伤害、意志消沉颓丧的人。他不懂得什么是真正的生活,不知道怎样去发现美、创造美。

三、家具美要以实用为前提

家具是家庭日用器具的一种。它既有使用价值,又可以作为室内的装饰,所以人们称它

是美化生活的实用艺术品。在一个家庭里，家具是占据空间最多的饰品，因此，美化生活环境时，家具的选择和陈设就成了不能忽视的重要内容。

注重功能，就是要讲求实用。家具式样虽然千差万别，但对家庭来说，其功能主要有供储藏用的柜、箱类家具和供人坐卧休息用的床、椅、沙发类家具。不论哪一种家具，都应当以方便生活为前提。现代建筑逐渐以高楼取代了平房，新居室一般面积不大但分室多，家具之美当以造型简练、色彩明快、做工精巧为前提。

风格多样，是说要打破一些传统观念。家具之美，既要保持民族风格，又要体现时代气息。过去我国多讲究成套的深色中式家具，那是与四梁八柱、深宅大院的老式建筑相配的。随着时代的发展，家具不论在原材料上，还是在设计造型方面，都有很大的突破。混合式套装家具已越来越被人们喜爱。特别是小家庭，如果能精心选择新颖美观的实用家具，往往会增添居室的欢乐气氛，显示出青春的活力。

水平协调，是指家具档次配套要趋于一致。片面地追求某一件家具的时髦并不可取。

有人提出，一个房间里，家具占面积三分之一左右是最适宜的。这当然对小面积住房的人不相宜。但居室小是不是就不能美化呢？不是的。常言说："室雅何须大，花香不在多。"小房子若经主人精心安排仍可创造一个美好的生活环境。实践为我们提供了不少的具体经验。比如：购置家具时，尽可能选择实用价值高的，以相应减少件数；多采用活动、折叠或多用组合家具，以扩大空间；充分利用床底这个不小的"储藏室"。如果把沙发、茶几、地灯等以墙角为中心点左右摆放，可能会腾出不小的一块墙面。如果条件许可，利用家具巧妙地将空间分割成工作区、休息区、待客区等几个部分，则能一室多用，给人以小巧玲珑之感。

四、装饰美要表现高尚的情趣

我们的家庭环境，基本要求是整齐清洁，但不可能像旅店的客房那样陈设简单，也很少有人愿意把它布置得像医院病房那般洁白素雅。家庭生活的内容是丰富的，人们的情趣也是多方面的，要创造一个美好的环境，离不开用各种手法去装饰和点缀。

（1）灯　可以说没有一个家庭能离得开灯，但却有不少的人忽视用灯和光来美化居室。我们平常多用白炽灯和日光灯来做全照明（吊灯、吸顶灯等）和局部照明（壁灯、台灯、落地灯等）的光源。普通的一个房间，全照明灯有一盏就可以了。如果是白炽灯，可在周围加上乳白色玻璃罩，这会使光线柔和，增添室内的恬静之感。如果是日光灯，最好在周围配以淡黄色或其他偏暖色调的背景互相呼应，以免照得人脸色铁青，缺乏亲切感。

看书、写作常常使用局部照明灯光，这方面装饰手法很多。壁灯制作精细，造型美观，光线和谐，本身就具有良好的美化效果。随着沙发的普遍使用，落地灯越来越多。夜晚坐在沙发上，光线集中而不刺眼，或读书阅报，或与宾客交谈，都很轻松愉快。白天，那造型别致、色彩鲜艳的灯罩还可以增添房间的活跃气氛。

（2）画　每个房间不论大小，总有几面墙壁。在墙上张贴或悬挂自己喜爱的画（如字画、挂历等），是美化生活环境的有效手段之一。挂画的位置及画的大小，可根据房间高矮及墙面大小来选择，一般以人端坐时看上去比较舒适为度。在画的内容上，应力求体现高尚健康的情趣。一幅"奋进不息""业精于勤"的书法，往往能激励自己立志苦学，起到座右铭的作用。挂上海燕劈波斩浪的油画或红梅傲雪凌霜的写意画，都可以表现主人蓬勃向上的人生观。

(3) 小摆设 小巧的工艺品，特别是自己动手制作的小饰件，对生活环境具有很高的点缀价值。不论是一个精巧的石膏雕像，还是用毛竹节制成的漂亮笔筒，只要摆放得当，就能使"小"中透出高雅的情趣，耐人玩味。国外一些专家提出"简练就是丰富"的原则，颇有哲理。在小摆设的布置上，应该坚持宁可少些但要好些的原则。那种不顾风格、不管色彩，把什么都摆出来"同样对待"的做法，反而会显得杂乱无章。不妨根据季节、环境等条件的变化，把小摆设分期分批轮换摆出，则更能发挥其美化作用。巧手者自制"博物格"，造型古朴，小饰件摆放错落有致，同样能突出高雅的立意，起到很好的美化效果。

五、色彩美要以和谐为原则

家是人们休息的场所、接待客人的地方，也是与亲人共享天伦之乐的地方。因此，家庭环境的布置、美化，从色彩上说，应力求安宁、和谐、亲切。

居室的色彩，主要是由家具、灯光、装饰等因素配合组成。白天，光线主要从窗户照射进来，窗帘的色彩应当浅些。其次是地面、灯具和各种摆设，而家具颜色相比之下应当是最深的，这样才显得稳重、安定。并要从实际情况和条件出发，因房而异，因人而异。

楼房总有阴阳面之分，平房也有东西南北之别。在朝阳的房间或窗子大而明的房间里，适宜用冷色、深色，而在阴面或缺少光线的居室里，则以暖色、浅色为宜。青年人性格活泼，热情奔放，暖色有助于表现小家庭的和美，红色也不妨多一点。但平时为了有利于休息，房间色调需相应淡雅一些，并要适当考虑主人的职业特点。比如医生、护士、化验员等"穿白大褂"的人，经常接触单一的色彩，回到家里如果满眼还是白色，显然不利于他们调节视力、消除疲劳，因此可以把色彩搞得丰富些；钢铁厂的炉前工或汽车司机，终日全神贯注，眼前色彩纷杂多变，居室里可以漆上淡绿色的墙裙，或者制造一个绿色集中的趣味点。常年上夜班的人，室内色彩过明或窗帘色彩过浅，都会影响他尽快入睡；而习惯于夜间在灯下工作的人，如果家具色彩过浅，色调偏冷，又会使室内反光强烈，妨碍工作。

另外，一定的色调常常与一定的情趣相联系，但同时又要受到客观环境的影响。比如江南水乡四季如春，人们多喜爱柔和淡雅的色调；北国漠野气候严寒，人们常采用鲜明、浓烈的色调。

色彩心理学认为，一般情况下，红色会增添喜庆，表现热情；白色则突出纯洁，象征朴素；绿色能使人感到清新、明快；黄色则给人以华贵或庄严之感；对一个家庭来讲，往往各种色彩都要采用，在诸多色彩中，总要突出一个主调。或富丽、质朴，或明快、幽雅，可以根据主人的爱好去进行选择和搭配。最重要的，是要协调一致哦！

六、环境美要靠勤劳去创造

当代的住宅建筑，注意到了环境的美化要求，讲究色彩协调、造型优美，但有一些住户却只注意自己居室的整洁，而忽视了周围的环境美。

我们应当通过自己的劳动，去创造环境美。比如阳台上，可适当用花草来点缀。种植盆花或栽植攀援植物，远远望去，墙壁上覆盖着片片翠绿，开着各色小花，给人一种自然的美。而且攀援植物能吸湿防潮、隔热遮日，不仅保护了建筑物，还有利于人体健康。平房院落的美化，条件就更充分些。只要有一小块空地，手到擒来，就可以把它变成一个小小的花园。

人们对美的感受常常是统一的，全世界都公认花是美的象征。用花草来点缀房间，需要

有勤劳的主人。用辛勤劳动所换来的美化效果，必引人赞叹。

美化居住环境、学习环境、生活环境，涉及到每家每户，甚至每一个人。我们是美的追求者，也是实际生活中美的探索者和创造者。让我们用勤劳的双手，把我们的生活环境、学习环境、居住环境装扮得更加绚丽多彩。

1. 你对培养自己"创造美的才能"有何打算？
2. 如何塑造自己的心灵美？
3. 人的外在美与内在美孰重孰轻？为什么？

第六章

艺术形式

本章浓墨重彩地介绍了凝聚着美的各类艺术形式——音乐、舞蹈、美术作品，摄影实用技术，文学与综合艺术，重点介绍了欣赏对象的"审美特征""欣赏方法"或"欣赏要诀"，以帮助同学们在审美实践中获得必要的理性指导。

让同学们了解各种艺术形式，学会欣赏方法，在具体审美实践中运用正确方式获得审美体验，愉悦身心。

****

第一节　音乐——扣动你的心灵

一、音乐概述

1. 音乐体裁

音乐体裁的分类标准归纳起来，基本上有三种：一是按音乐表演条件的差别进行分类；二是按音乐形式特征进行分类；三是按音乐内容与现实生活的关系进行分类。

（1）按照音乐表演条件的差别进行分类　可分为声乐、器乐、戏剧音乐三大类体裁。声乐体裁指由人声演唱的音乐体裁，将人声按音域高低和音色的差异大致分为女高音、女中音、女低音、男高音、男中音、男低音以及童声。其中包括独唱、重唱、齐唱、轮唱、小合唱及大合唱等形式。器乐体裁指由器乐表现的音乐体裁，其中包括独奏、重奏、齐奏、合奏、协奏等形式。戏剧音乐体裁包括歌剧、乐剧、舞剧、戏剧配乐等形式。

（2）按音乐形式特征进行分类　一般把卡农、赋格曲、奏鸣曲、回旋曲、变奏曲、交响曲、协奏曲等作为不同的体裁。

（3）按音乐内容与现实生活的关系进行分类　主要就是根据这些音乐的产生情况、活动范围、表现方式与历史和生活风俗的联系来分类。其中包括革命歌曲、进行曲、舞曲、牧歌、山歌、号子、摇篮曲、颂歌、船歌、夜曲、谐谑曲、幻想曲、狂想曲等。

2. 音乐的基本组织形式

（1）旋律　旋律是欣赏者所能感受到的、最为明显和直接的基本组织形式，是由不同音高的音在时间中的有机结合而构成的，因此它既包含音调的因素，同时又包含节奏与节拍的律动因素。欣赏者对于音乐作品常常能够记住或哼唱的就是旋律。需要明确的是，旋律不是一个脱离其他基本组织形式单独存在的组织形式，而是各种基本组织形式的统一体。它表达作品内容的能力不仅仅是通过音高关系来实现，而是通过各种组织形式有机组合、相互作用来实现的。它和其他基本组织形式的关系是整体与个别的复杂关系。

（2）节奏和节拍　节奏的形式不单单存在于音乐当中，人的心跳、脉搏和自然界的斗转星移都是节奏存在的表现形式。因此，节奏的本质是事物在时间中有序的组织形式与活动。对音乐来说，它就是声音在时间中的出现与消失的有序组织形式，是声音在时间中先后出现的间隔从而构成的秩序。在音乐中节奏往往赋予音乐鲜明的性格特征，使音乐充满生命力。节奏既是获得音乐美感的重要方面，也是感知音乐的重要因素，而且它本身就可以构成一部完整的音乐作品，或者说成为音乐作品中的主要构成形式。谈节奏就离不开节拍，这是因为节奏往往具有一种强弱交替、循环往复的节拍。节拍体现了强弱的基本律动规律，在每一小节中强拍上的音，往往有支持或引导的作用，弱拍上的音则居于从属地位。当然也有例外，如切分节奏的出现就打破了通常的节拍强弱关系，造成一种特殊效果。节奏和节拍是音乐中两个密不可分的要素，不同的节奏和节拍为音乐的表现性提供了强烈的动力和感情色彩。

（3）和声　两个或多个相同高度或不同高度的音同时发响的效果就是和声。不同音高乐音的组合产生出不同的和声效果，它们不是简单的混杂。因为不同音高乐音的结合能使人产生不同的谐和感觉。其中有的纯净，有的丰满，有的混乱，有的嘈杂，我们常常将这种和声丰富的变化效果称之为"和声色彩"。从自然的审美欣赏角度讲，人们总是觉得和谐的和声是悦耳的。因此，世界各地的民间音乐中所具有的和声，总是以和谐为基本特征。早期人们只使用四度、五度、八度这三种给人以纯净感觉的高度融合的音程，但对这三种和声的单一使用使人产生空旷、不够丰满的感觉。因此，人们开始使用三度、六度的音程以寻求和谐且丰满的和声效果。和谐、丰满虽然使人产生平静、谐和的心理体验，但它较少动力性。因此，为了更高、更丰富的审美欣赏需要，人们开始使用二度、七度这样的不谐和音程。而这些不谐和音程，在相当长的一段时期中都是在功能和声的体系下使用，人们按照它的功能倾向性进行到下一个和谐的和弦。这种按照一定的功能倾向性由不和谐和弦到和谐和弦的进行被称之为"和弦的解决"。如果说旋律构成了音乐的横向方面，那么和声就构成了音乐的纵向方面。它极大地丰富着音乐的表现力，是音乐唤起审美情感反应的最有效、最富于弹性的基本组织形式。

（4）调式和调性　当我们把一段旋律或一个音乐片段所用的音按高低顺序排列时，就会看到构成这一旋律或音乐片段的基本音列，我们常称这个音列为音阶，而音阶的各音之间与主音之间的关系就是调式。不同的音与音之间的关系，就构成了我们音乐中所使用的不同调式，最常见的是大调式和小调式。调性作为调式的高度，其不断变换能使音乐作品的同一主题产生更加鲜明的效果，但往往会造成音乐中新的紧张性和矛盾。不同的调性对比能够造成各种色彩的对比和变化，为音乐的运动增加了活力，是推动音乐向前发展的重要动力。

（5）复调　同时在不同的高度上演唱或演奏两条或多条不同旋律的音乐形式称为复调，

所以复调首先具有旋律的各种形式特征。但由于两条旋律的各音之间的音程关系不是随意组合，而是按照一定和声法则加以结合的，因此，它同时又具有和声的各种形式特征。事实上"复调"这一概念并不完全是指所有音乐文化中的这种两条及两条以上旋律结合在一起同时发展的音乐形式，它往往特指欧洲音乐历史上从格里高利圣咏的基础上发展起来、由巴赫等人发展至顶峰的那种音乐形式，赋格曲就是这种音乐形式的典型代表。总的说来，复调是最富于理性思维的，复调的美就体现在各声部独立对比而又协调统一。

（6）配器 配器就是将不同音色的乐器加以有机组合的音乐技法，它反映了音色组合的规律。从总体上来说，人们对配器的要求来自于两种审美心理倾向：一种是对音响平衡感的要求，它决定了乐器配置的低音、中音与高音音响力度的平衡；另一种是对各种音色及其相互协调和对比关系的要求。这两点在现代交响乐队的编制中得到了充分体现。弦乐器中，小提琴、中提琴、低音提琴的件数是严格按照音响力度平衡的要求进行编配的，这种音响平衡、协调的关系构成了现代交响乐队的基本格局。当然，人们对配器的要求不只限于以上两种情况，现代交响乐队发展的另一个倾向是：在音响平衡、协调的前提下，人们出于对音色的追求而采用大量新的管乐器和打击乐器。

（7）曲式 从广义上来说，曲式是指音乐各段之间的结构所显现出来的音乐整体的样式，也称之为曲体。从这种意义上来说，人类所创作的音乐作品数不胜数，其曲式也是多种多样的。从狭义上来说，曲式特指欧洲专业音乐发展中所体现出来的基本音乐结构样式，包括二部曲式、三部曲式、奏鸣曲式、变奏曲式、回旋曲式等。这些曲式的基本模式是人们对音乐的结构规律的归纳和总结，它们仅仅是音乐结构的有效形式，而不是音乐结构必须遵循的法则。

以上简要列举了一些音乐的基本组织形式，目的在于使我们在了解音乐基本要素和音乐基本组织形式的同时，触摸到一些音乐审美欣赏的基本规律，提高个人音乐审美欣赏的水平。

二、音乐的审美特征与基本要素

1. 音乐的审美特征

音乐是一门历史悠久的艺术，是人类智慧的结晶，是人类精神的产物，它记载着人类的历史与文明，同时又给人以智慧、激励和启示。音乐艺术是较为注重艺术家个性展示的艺术形态之一。音乐是凭借声波振动而产生的，它在时间中呈现，是通过人类的听觉器官引起各种情绪反应和情感体验的艺术门类。因此，音乐是听觉的艺术、声音的艺术、时间的艺术、情感的艺术以及三度创作的艺术。

我们介绍音乐艺术，就是要运用美学的基本理论去引导我们的鉴赏，在音乐当中寻找美，在鉴赏过程中去创造美。这对提高我们的审美素质及文化修养都有十分重要的意义。

（1）听觉的艺术 音乐的本质是听觉艺术，听觉艺术具有直观性。从音乐欣赏的角度看，人们对任何一部音乐作品的把握都离不开听觉，没有听觉体验就没有音乐欣赏。从人的生理接受途径来看，音乐传入人的听觉器官，引起人的情感反应和情感体验。普通人只要具有听觉，就可以感受、欣赏音乐，并且体会音乐的语言、形式、体裁、内容、风格和意境。我们认为，音乐的美首先为听觉所拥有，在欣赏音乐的过程中听觉占据着绝对的主导地位。这是音乐艺术区别于其他艺术形式的重要标志。

（2）声音的艺术 音乐通过声音来表现内容，音响信息本身就是内容，这不同于文字、

符号，它是以经过选择的声音作为物质材料的艺术。这里提到的声音主要指的是音乐的声音即乐音，它具有音高、音值、音强和音色四个方面的物质属性。

（3）时间的艺术　首先，音乐内容总是利用时间来陈述的。音乐的长短是音乐形态的重要因素，速度、节奏等元素更是时间上的概念，离开了时间，音乐就不复存在了，这是音乐与其他艺术门类相区别的重要因素。其次，确定的时间也是音乐作品的固有特性，它的改变直接关系到作品的风格和传达的思想感情的改变。最后，只能听到存在于不同时刻的音乐还不够，必须能够把任何特定时刻听到的音乐与在不久前刚听到的和以后将要听到的音乐联系起来。

（4）情感的艺术　音乐善于激发和表现感情，音乐传达的是感情信息，音乐的音响形式是感情的直接载体，所以音乐的进行与感情活动同步一致、相互关联。早在2000多年前，我国古代乐论《乐记》就已经提出"凡音之起，由人心生也"的看法，并描述了音乐是以怎样不同的声音表达出哀心、乐心、喜心、怒心、敬心、爱心六种不同的心情。作曲者把从生活中提炼出来的声音，加以音乐化的升华、发展和丰富，并且加入对客观世界的观念和态度，形成了带有感情并符合音乐艺术规律的信息，这就是音乐语言。表演者在表演过程当中，努力在作品中融入个人的情感体验，并呈现给欣赏者。欣赏者欣赏音乐时除了努力寻求作者、表演者的思想感情外，同时也加入了个人的情感体验。正是由于作者、演绎者、欣赏者感情的运动形态与音乐的运动形态之间存在着同构、同态与同形的关系，音乐才能恰如其分地抒发着人类的情感。

（5）三度创作的艺术　一个音乐作品价值的完整体现，总是包括三种明显的因素：作曲者、演绎者、欣赏者。他们三位一体，缺一不可。音乐始于作曲者，通过演绎者的介绍而传达给欣赏者。其中，每次创造都是在时间中动态地把作品重新构建了一次，它的艺术创造过程是在"作曲者—表演者—欣赏者"这三个动态的有机环节中完成的。而欣赏者将会根据他自己的经验、经历及音乐知识，使听到的音乐在其内心形成某种情感，然后获得音乐享受或者人生哲理的启迪。而这一过程是一个积极的创造过程，所以我们说不同的人听同一种音乐感受也是不一样的。

2. 音乐的基本要素

音乐基本要素包括音高、音强、音色、时间。

（1）音高　从物理上来讲，音高是由物体振动频率的不同而产生的声音的属性。在人的听觉中，能够感受到的声音的频率在 20～20000Hz 之间。在这一范围内，振动频率越高，声音听上去就越高；反之，振动频率越低，声音听上去就越低。我们往往用高音、中音、低音来作为不同频率声音的称谓。音高作为音乐中最重要的基本要素和表现手段之一，不仅是因为不同音高的音组织在一起就构成了音调，与节奏结合就构成了音乐最具表现力的旋律，还因为人们早就发现了不同音高具有不同的表现力。低音深沉，中音宽广、温和，高音明亮、欢快，而且这种由音高不同造成的"色彩"变化对音乐形象的塑造和审美情感的体验都有一定的影响。一般来讲，在音乐中我们对声音的选择依据人们的听觉以及声音的艺术表现。一方面人们可以产生接近或超出人类听觉的极高或极低的振动，但这些振动已经不能使人的听觉产生声音的感觉，因此不可能作为音乐的材料；另一方面那些极高或极低的声音很少具有审美的价值，虽然人的听觉范围是十分宽广的，但实际上作为音乐艺术材料所使用的声音的范围却要窄得多，一般超出钢琴音域的声音很少作为音乐艺术的材料加以使用。

（2）音强　音强也被称为力度、音量、音势，指音的力度变化，其变化的大小是由振动体的振动幅度决定的。音强在音乐表现上的意义是：力度越大越使人感到音乐紧张性的增加，力度越小越减少音乐的紧张性。另外，力度的增大往往伴随着音响的增强。在通常情况下，旋律上行时伴随着力度的增强，旋律下行时伴随着力度的减弱，一个没有强弱变化的旋律听上去是没有表现力和说服力的。因此，任何一个具有很强表现力的作品往往都具有丰富而细腻的力度变化。当然，这个力度的变化范围与变化的细腻程度会受到乐器自身的限制。

（3）音色　音色是由物体的振动状态决定的，不同物体的振动状态决定了它的泛音及波形的不同。那些具有有规律振动状态的声音被人们称之为"乐音"，我们使用的大部分乐器所产生的声音都属于乐音之列；没有有规律振动状态的声音被称之为"噪音"，很多打击乐器所发出的声音就属于这一类。在音乐表现上，音色是指一种表现工具（人声或乐器）区别于其他表现工具的色彩特质。当然，除了不同乐器具有不同的音色外，相同的乐器用不同的方法演奏也会产生很大的音色差异。

（4）时间　任何艺术形式都必然有一种存在方式，而这种存在方式是与它采用的物质材料的存在方式密切相关的。比如建筑、雕塑是以在空间中的线条与造型来表现的，因此其物质材料的空间结构形式就构成了它们的主要特点。而音乐的声音则没有任何空间的造型性质，它是声音在时间中的延续与组织，是在时间中存在与展现的。建筑与雕塑可以在一个特定的空间中不受任何时间限制的存在下去，而音乐则是在时间中展现与消失。没有时间的过程就没有音乐的存在，就没有音乐的展现。因此，时间是音乐形式的首要元素。不仅如此，时间也同时是音乐组织的一种重要属性。一个声音在时间中的延续被称之为"音长"，长音与短音具有极为不同的表现力。声音在一个单位时间中出现的频率被称之为"速度"，速度在音乐中的重要性十分明显，同一旋律以不同的速度被演奏或在演唱会产生完全不同的艺术表现力。一定音高的音在时间中的组织方式被称之为"节奏"，而被称为音乐的"骨骼"的节奏实质上就是按一定时间间隔，有组织、有规律地出现的声音的组合。因此，时间作为一种重要的音乐形式的元素，它的每一种变化都直接关系着音乐表现的变化。

三、音乐审美欣赏的基本方法

音乐欣赏指欣赏者以审美态度作用于审美对象（音乐作品），并凭借知觉达到对音乐美的感受、发现、判断，以实现音乐艺术作品的审美价值和获得审美享受的一种特殊的心理活动。它是一个积极的创造过程，是一种审美的体验活动，它与一般听觉的认知反应有着本质的不同。确切地说，这是一种"审美的聆听"，人们从这种聆听中所要获得的并不是对某一外在客体物质属性的认识，而是要借助于这个知觉中的客体，把自己内心的某些感觉释放出来。同时，音乐欣赏也是一个主客体相互交融的过程。主体指的是实施欣赏活动的人，即音乐的欣赏者；客体指的是被欣赏的音乐作品。在音乐审美欣赏过程中，作为客体的音乐作品将自身的感性特征呈现给欣赏者，以丰富多变的音响作用于人的听觉。与此同时，作为主体的欣赏者不断地将自己的情感和想象投放到作品中去，用幻化的意象去充实音乐的内涵。在这种情况下，每个人都在欣赏中改变着对象，把一个外在的客体变成主体感受的一部分，这就是欣赏者的创造。

1. 聆听音乐

美国音乐家艾伦科普兰曾说："如果你要更好地理解音乐，再没有比倾听音乐更重要的了。"现在是听音乐的条件大为改善的时代，这句话就更有意义。许多人习惯于把音响设备

打开，让音乐响着干其他事，实际上什么也没听进去。所以，音乐欣赏者应抛弃杂念，静下心来，才能真正地进入到音乐中去。这时，紧紧跟随音响的流动，我们才会感受到音响变化的情趣，开始认识音乐形象的特点，也才能进入理想的审美状态，从而全面理解音乐的几个重要特点。

2. 体验音乐

欣赏音乐需要经过一系列有关音乐形式结构方面的学习过程，要学习一个作品所包含的各个方面的相关音乐知识，才能使我们更好地进入到音响世界中去感受音乐的美。如前所述，音乐是比较抽象、非概念化的艺术，它的美和魅力都是以抽象的声音线条或音响强弱等方式表现出来的。如果不经过学习，不懂得音乐表现美和人的情感的特殊方式，我们就很难把握住音乐作品的特点，品味出音乐作品的内涵、寓意。因此，要学习基本的乐理知识，知道并熟悉音高、节奏、音强、音色、音区、速度、音阶、调式、和声、曲式、曲体等一系列音乐的基本要素和基本形式。

3. 理解音乐

欣赏音乐还必须了解音乐作品产生的背景，包括创作过程、作者情况、创作意图等相关知识，这些知识会进一步加深我们对作品内涵的理解。当然，需要说明的是对作品相关的背景知识的了解并不是直接的审美活动，它只是欣赏作品的必要准备，具有间接的辅助审美的意义。在音乐审美中不能用文字注解、图画说明来代替欣赏，真正的欣赏仍然只能是对音响流动的专注及品味。

总之，欣赏音乐的方法就是要先做到倾心聆听，并尽可能的反复多听，以增加直接接触音响的机会，在反复聆听中才能逐步地捕捉到抽象的音乐形式中所具有的多方面、多层次的美感魅力；其次则要加强对听觉能力的训练，着重在于不断学习和了解各类音乐形式的特征，提高我们的听觉对声音的感知能力；再者要广泛了解有关音乐作品产生的相关知识，以便更好地理解作品。

第二节　舞蹈——舞动的身躯

一、舞蹈概述

1. 舞蹈的含义

舞蹈是以人的身体为表现工具，以经过提炼、组织、美化（节奏化、造型化、虚拟化）人体动作为主要表现手段的艺术。

舞蹈艺术美的真正魅力就蕴涵于有目的合规律的人体动态过程之中。舞蹈是一种社会现象，是以动态形象来反映人类社会生活的一种特殊的艺术形式。舞蹈着重表现那些语言文字或其他艺术表现手段所难以表现的人们内在的、深层的精神世界——细腻的情感、深刻的思想、鲜明的性格和人与自然、人与社会、人与人之间及人自身内部的矛盾冲突。由于舞蹈是在一定的空间（舞台或广场）内，通过连续的人体动作过程，凝练的姿态表情和不断流动变化的队形画面，结合音乐、舞台美术（服装、布景、灯光、道具）等艺术手段来塑造艺术形象，因此，舞蹈是一种具有空间性、时间性、综合性的艺术形式。

2. 舞蹈的起源

关于舞蹈起源的研究学派有多种，其间的差异在于各自的研究角度不同。

有的人以动物的进化为线索诠释舞蹈的起源。认为动物在求偶时，多见雄性围着雌性旋转兜圈的"舞蹈"。如雄孔雀开屏，抖动尾羽；公鸡展尾张翅，侧身以翅尖擦地刷刷作响，绕着母鸡兜圈挑逗；动物学家珍妮记载的雄性黑猩猩在狂风暴雨时的"雨舞"，是向雌性黑猩猩炫耀自己的胆量以讨得其欢心。

人类诞生后与大自然展开激烈搏斗时，认识到人自身的繁衍是一件关系到种族的大事，而对于生育机理的茫然无知又使生育带上了浓重的神秘色彩。因此，生育在原始部族的生活中常常处于极为重要的位置。这一过程中产生了诸多禁忌，随之产生了许多礼仪，并且多数相伴着舞蹈。在舞蹈中，异性们最充分地展示自己的优点和长处，优者生存的规律在这里得到了充分的肯定。

还有一些学者认为舞蹈起源于巫术，因为原始人相信万物有灵，相信人类可通过巫术活动让万物知晓人的愿望和祈求。原始舞蹈就是这种巫术活动的最重要的组成部分，也是人们表达愿望的主要手段。在北美印第安人居住区和非洲的一些地区，以及我国边疆一些少数民族地区，人们至今还在跳这样的舞蹈，一连几天几夜地跳，直到整个精神状态进入迷狂之中，舞者们相信那就是人与神灵相通、对话的时刻。

现在，人们公认在有记载的人类社会发展的初期，舞蹈就产生了。这与人类的劳动生产活动有着直接的内在联系。俄国学者普列汉诺夫曾著文描述了澳洲土著妇女如何在舞蹈中教会后代开荒和播种。他用大量的事实去证明舞蹈起源于劳动，因为正是劳动实践使人类的身体变得灵巧、匀称，是劳动使人类成为世界的主宰。历史文献中大量的原始舞蹈场景描绘支持了舞蹈的"劳动起源"说。

因此，我们得出结论：舞蹈作为一种社会审美形态，起源于远古人类劳动生产（狩猎、耕作、采集）、战斗、操练、繁衍活动的模仿以及再现图腾崇拜、巫术、宗教祭祀活动和表现自身情感思想内在冲动的需要。它和诗歌、音乐合在一起，是人类历史上最早产生的艺术形式之一，也是人们进行社会交往、开展文化娱乐以促进身心健康的具有广泛群众性的一种艺术。

3. 舞蹈的演变

由于人在劳动过程中唤起了自己的审美意识，原始舞蹈也就从表现身心愉悦的"手之舞之"，至表现祭奠神灵祖先时的敬仰、崇高、神秘感受而"足之蹈之"，再进入对人自身本质力量的喝彩而翩翩起舞，形成了节日或祭祀活动时的欢歌、娱乐的礼仪方式。这样的演变大致有以下几种。

● 舞蹈进入宫廷。成为各种重大社会活动的组成部分，成为皇亲国戚、公子王孙、文武官员们的娱乐消遣方式。因此，舞蹈就被列为官僚贵族的少爷小姐们学习社交礼仪的必修课。在中国周朝时，就设立了专管舞蹈的机构——"大司乐"，让皇室与贵族的子女在其中接受舞蹈知识教育和舞蹈技能培训。在西方，宫廷娱乐舞蹈——芭蕾舞的诞生很具典型性。芭蕾舞起源于意大利而成就于法国，这与法王路易十四带头在皇宫内跳舞消遣而产生的巨大推动力密切相关。

● 舞蹈流向民间。成为劳动者喜庆丰收、婚丧嫁娶、欢庆佳节等民间活动中最生动、最吸引人的表演形式。如我国汉族的"元宵节"、藏族的"望果节"、彝族的"火把节"……可谓五十多个民族都有自己各式各样的重大节日，节日期间都有舞蹈表演，其形式、内容异彩纷呈，美不胜收。在我们的"地球村"里，东西南北不同国度亦依然如是。

● 在都市生活中发展成为群众性的社交舞蹈。其中最著名的几种是：源自德国的"华尔兹";源自拉丁美洲阿根廷的"探戈";源自巴西的"桑巴";源自古巴的"伦巴"和"恰恰"。这些舞蹈在当代世界各大都市里,已经普遍流行了。

● 舞蹈伴随戏剧文化的发展而变化,成为戏剧表演中的一种重要形式。在当代的歌唱艺术中,也常以舞相伴,诗歌朗诵乃至魔术表演也以舞烘托,使多种艺术形式增加了可观性而且更具艺术魅力。

随着舞蹈的演变,一些对自己的身体有特殊敏感能力和控制力的人,成了专业的舞蹈者——舞蹈演员、舞蹈艺术家和舞蹈编导等。经这些专业舞人的创造与传承,舞蹈最终演化成一种能够深刻地显现人类心灵的人体动作艺术,一种通过编导之手和演员之躯来揭示当代人对世界的思考和感受的艺术作品。

二、舞蹈的审美特征和基本属性

1. 舞蹈的审美特征

了解舞蹈的审美特征,对我们进行舞蹈欣赏有重要的指导意义。舞蹈具有以下审美特征。

(1) 动态性　动态性是舞蹈艺术最突出的外部形式特征。舞蹈作为以视觉感知为主、听觉感知必要参与的视听艺术,主要以深含内在情感意蕴的人体动作以及人体造型、姿态、表情为物质媒介和艺术手段,来感受和传达某种审美经验,表现人物内心的情感变化。

(2) 节律感　由于舞蹈的物质材料是富有生命活力和情感色彩的人体,因此人具有丰富而自由的表情能力,能以富有节奏感、韵律感和造型性的动作和姿态表达强烈的内心情感。

(3) 抒发与表现　由于人体机能和结构的局限,人在造型与动作上既不能完全脱离现实的具象,又不能照搬具体事件的运动过程。因此,舞蹈家在将自己的审美意识物化时,往往采用模仿与抒发、表现与再现相结合,而以抒发和表现为主的方式进行舞蹈的创作和表演。

(4) 塑造舞蹈形象是舞蹈艺术审美创造的核心　舞蹈编导创造的饱含主体情思、具有客体形态、可以直接被人感知的动态舞蹈形象,必须经过作为物质载体的舞蹈演员的二度创造,才能物态化为具体可视的审美对象。除此之外,从舞蹈形象的创造到将其展现,还要与音乐、舞台美术、灯光等密切配合,经过艺术综合才能最后完成。优秀的舞蹈作品,是舞蹈作者运用人体动态形象对社会生活美丑属性的真实表现和反映。因为舞蹈并非对生活自然形态的模拟,而是要求有很强的形式美感,所以舞蹈艺术应该是内容美与形式美的高度统一。

由于各种题材、体裁、形式、风格的舞蹈作品表现和反映了非常宽广而丰富的社会生活内容和人物复杂的内心世界,不同的作品呈现出阳刚、阴柔、欢畅、悲壮、滑稽等不同的美的形态,故而舞蹈的艺术美能给人们以不同的审美感受。

2. 舞蹈的基本属性

从舞蹈的起源与演变及其美学特征中,我们还可探知舞蹈的一些基本属性。

(1) 抒情性　这是舞蹈艺术内在的本质属性。舞蹈是人们为表达强烈的情感需要而产生的。从原始民族的舞蹈活动中可以看出,凡是生活中比较重大的事件,如狩猎的收获、耕作果实的丰收、青年的入社仪式、友好部落的会合、战争的出发、胜利的归来等都要用跳舞来进行庆祝,以抒发内心的情感。舞蹈中的叙事,也要求在抒情中叙事,在叙事中抒情,达到抒情与叙事的高度统一。

（2）造型性 舞蹈艺术的表现工具是人体。造型性是舞蹈的内在要素，舞蹈者的人体动作，有些是经过加工的日常生活动作，有些是历代传承下来的具有独特风格的动作，有些则是艺术家用人体的线、面、块的运动去进行比喻或象征的动作。在平常的社会交往过程中，人们也借助于手势或姿态表达内心情感。当感情激动时，我们便会不自觉地用动作表现出来：乐而跳、笑，悲而掩涕，欢迎而敞开怀抱，畏惧而缩退身躯……

舞蹈中的人体动作当然不是人体的自然形态，而是人们有意识地按照一定的审美原则精心组合起来的。所以，造型性是使舞蹈动作具有美感形式的基本条件。舞蹈动作是经过集中、概括和美化了的最生动、最有表现力并具有典型性的动作，它能鲜明地表现人物的性格、情感和思想，因此具有造型性的特点。优秀的舞蹈是动的绘画和活的雕塑，所以，舞蹈也被人们称为"动态的造型艺术"。

（3）节奏性 这是舞蹈动作的另一个主要特征。世间万物，无一不在时间和空间中运动。那些体现生命力的运动和反映客观规律的运动，都采取有节奏的方式——心脏之跳动，鸟儿之展翅，星球之运行，岁月之流转……如果说造型性是舞蹈的空间特性，那么节奏性就是其时间特性了。舞蹈动作的节奏，使人体运动从散漫的状态下解脱、升华，使常态转为艺术状态。有节奏的动作不但能使观赏者易于把握舞蹈，而且更能使观赏者从节奏变化中体现动作的真实含义。短促急骤的节奏与流畅舒缓的节奏中，就会有很不相同的情调：快速、跳跃的节奏动作，多表现欢乐的情感和情绪；缓慢、深沉的节奏动作，多表现忧郁、哀伤的情感和情绪。

所以，人的自然形态的动作只有经过节奏化、动律化才能提炼发展为舞蹈动作。舞蹈的整体要用节奏来组织，不同的节奏和节奏的发展变化，形成不同的舞蹈风格和动律特点，表达不同的情感和情绪。舞蹈的节奏性，还易于引发人的"节奏感应"而产生共鸣，进而共舞，产生心身的审美愉悦。

（4）韵律性 构成舞蹈艺术形象的动作在形式上千姿百态，在风格上迥然相异。空间性的造型因素与时间性的节奏因素相互制约，构成了舞蹈的韵律美。韵律（又可谓声律化和节奏化）是舞蹈艺术传情达意时一种只可意会、不可言传的因素。中国古典戏曲舞蹈动作讲究线条和圆、曲、拧、倾，西方古典芭蕾舞的动作特征则是开放、绷直、挺秀，两者在韵律美上的不同风格极为明显。有鲜明的韵律，往往是一种舞蹈成熟的标志。

另外，程式化的身体动作（手势、姿态、面部表情），也往往是舞蹈艺术发展过程中必然出现的结果。而有创造性的舞蹈编导与表演艺术家们，能够做到出于传统而又标新立异，冲破程式化的限制而独辟蹊径。

三、舞蹈有分类

舞蹈一般可分为生活舞蹈和艺术舞蹈两大类。生活舞蹈多指与人们日常生活有直接联系、形式比较简朴、易被人们掌握、具有广泛群众性的舞蹈，包括民间舞蹈、社交舞蹈、健美舞、迪斯科等。艺术舞蹈，多指舞蹈家通过对社会生活的观察、体验、选择、概括、集中和想象，进行艺术创造，从而创作出主题深刻，形式完整，具有鲜明、生动的典型艺术形象，由舞蹈演员表演，供广大观众欣赏的表演性舞蹈。

下面侧重介绍一些常见的有代表性的舞蹈：

1. 生活舞蹈

（1）民间舞蹈 其内容多与不同洲际、不同国家和不同民族的习俗风情相关，故又称

习俗风情舞蹈。它是由劳动人民在长期的历史进程中不断创造、积累、发展加工而成，深为群众所喜爱，并在民间长期流传。

民间舞蹈反映劳动人民的生活、斗争以及他们的审美趣味、思想情感、理想和愿望。由于各民族和各地区人民的生活方式、历史文化、风俗习惯、自然条件有差异，因而形成了不同的民族风格和地域特色。概括地说，温暖润泽的南国，舞蹈韵味温柔委婉；寒冷干燥的北方，舞蹈风格粗犷豪迈；海滨的舞蹈娇俏热情；草原的舞姿开朗舒放。具体地看，每一民族、每一地区的民间舞蹈又各不相同，甚至同一村寨的不同民间舞艺人，在表演中也同中有异，各具特色。

我国历史悠久，民族众多，幅员辽阔，因而民间舞蹈丰富多彩、风格迥异，总的特点是：

- 载歌载舞，自由生动。我国自古即有"歌咏其声，舞动其容"的美学观念，歌舞结合可以表现比较广泛的内容和生动的情节，并易于群众接受和理解。长期发展流传至今的汉族北方的秧歌，江南的采茶灯、花灯、渔篮花鼓，东北的二人转，满族的"莽式"，藏族的弦子等皆有此显著特征。

- 巧用道具，技艺结合。我国许多民间舞都善于运用扇子、手绢、手鼓、单鼓、花棍、花伞、灯、绸等道具来加强舞蹈的艺术表现力。有的道具是人体四肢的延长和扩展，如高跷是腿的延长，袖和绸是手的延伸，面具是面部表情的夸张。有的道具舞则以技艺高超来吸引观众，如朝鲜族"农乐舞"，帽上的彩带长丈许，绕头而舞，幽默生动。花鼓舞的鼓穗三尺有余，舞者能从上下左右前后各个角度去打鼓面，显出高超技巧。借助道具丰富和强化舞蹈的造型能力和表现能力，是我国民间舞蹈艺人高度智慧的结晶和独特的创造。

- 情节性强，形象鲜明。我国许多民间舞多以一定的故事传说为依据，人物性格鲜明突出。如广东的"英歌"，是描述梁山泊好汉攻打大名府的故事；福建的《大鼓凉伞》，是表现东南海边军民练兵杀敌的情景；民众喜爱的"跑驴"，则十分具体地表现了一对农村青年夫妇在回娘家途中发生的有趣故事等。

- 与民俗活动紧密结合。民间舞蹈多在传统节日和婚丧嫁娶、老人寿诞、婴儿出生等重大活动中进行。在这些日子里，舞蹈成为民俗活动中重要的不可缺少的组成部分。如汉族元宵节的"花灯""秧歌""旱船"，苗族的芦笙节，彝族的火把节，维吾尔族的葡萄节，藏族的望果节……都有大量精彩的舞蹈表演吸引众多的参与者，民间舞蹈也因不间断的传统民俗活动的流传发展而生生不息。

- 自娱性和表演性的统一。各种民间舞蹈活动，对舞者来说是自我娱乐和自我情感的抒发，但同时也是表演给别人看。而观者为舞者的情绪所感染，又会加入舞蹈的行列即兴而舞，因此自娱性和表演性、舞者和观者在民间舞蹈活动中没有明确的分野。

（2）社交舞蹈 社交舞蹈是人们进行社会交往、联络感情、增进友谊的舞蹈活动的总称。狭义的社交舞蹈指舞会中的交际舞，广义的社交舞蹈指一切具有社交功能的宫廷舞、民间舞、集体舞等，有较强的自娱性质。

从舞蹈艺术诞生起，舞蹈就是人们交流思想感情和进行社会交往的一种手段。如原始民族为繁衍后代的择偶活动就多以舞蹈活动为媒介。我国有的少数民族在喜庆节日或专门的舞蹈集会中，仍保留通过舞蹈活动选择配偶的风俗。世界各国历代宫廷在节日庆典或接待来使的宴请活动中，也常伴以盛大的舞会。西欧盛行的各种宫廷舞蹈，多来源于民间的自娱性的社交舞蹈，通过宫廷舞蹈家加工改编而成。

20世纪以后，随着社会的变革和发展，社交舞蹈在欧美各国空前活跃。它不再是上流社会的独占品，城镇中普遍建立了公共舞厅，供各阶层人士自由出入。国际上流行的交际舞多为男女对舞的形式，主要有"布鲁斯"（慢四步）、狐步舞（快四步）、"华尔兹"（三步舞，也称圆舞）、"探戈""伦巴"等。20世纪70年代兴起的"迪斯科"，已突破了男女对舞的形式，向着更加自由的方向发展。舞者不再受任何舞蹈规范的限制，随着音乐的节奏可以自由地、随心所欲地发挥创造。80年代在青少年中兴起的"霹雳舞"，则更多地吸收了体育和杂技中人体高难度技巧动作。这种舞蹈除自娱外，还逐渐发展为一种舞蹈技能的竞赛活动。

　　在当代的社交舞蹈中，逐渐演化出了一种追求舞蹈技巧纯正、舞蹈程式统一、舞蹈动作规范，专为比赛而舞的"国际标准舞蹈"，简称"国标舞"。比赛时，参赛者同时进入舞场，着同一样式的舞蹈服装（女性的服装色彩可不同），在相同音乐曲调下为完成同一舞段的规定动作而翩翩起舞，从不同视角向观众和裁判展示舞姿。

　　国标舞的高度统一性，是便于比赛评判，以可比性确保评判的公正性。可见国标舞的竞技特征——舞蹈动作的准确、规范、熟练、优美极为突出，而不在于舞蹈表演的特殊性和舞蹈编排的创造性。

　　（3）健舞　健舞又称体育舞蹈，既有强身健体的作用又有自娱自乐和表演观赏的意义。健舞于一般健身者，是体育活动舞蹈化——将体育动作演化为优美的形体动作，以舞蹈的方式在音乐配合下进行锻炼，达到强身的目的。于舞蹈者则是舞蹈活动体育化——多带高难度的技巧动作，有娱乐更有表演和比赛的性质。

　　健舞多系男女对舞，动作矫捷雄健，节奏明快，间有舒缓节奏。演出和比赛多在室内体育场馆进行，舞蹈的整个过程以飘摇旋转、扭踏俯仰、急进骤停为特色，动作热烈奔放。作为表演和比赛的健舞，在服装上更具特殊性——男士服饰简练、朴素，或宽松或紧身，"封闭式"着装；女士服饰奇特、华丽、简练、紧身，"裸露式"着装，以充分展现女性肌肤之细嫩、体形之柔美，亦可谓是人体美的展示性舞蹈。

　　（4）迪斯科　迪斯科又称戈戈舞。由于灌制这种舞蹈乐曲的圆盘叫"Disc"，因此这种舞蹈就被叫做"Disco"（迪斯科）。它产生于20世纪60年代，20世纪70年代得到蓬勃发展。迪斯科的音乐和舞蹈动作起源于非洲和拉丁美洲的民间歌舞。当地人民以自由的舞步、幅度较大的身躯扭摆，表达他们朴素而又火热的感情。跳迪斯科时，能充分展现人的优美、奔放、热烈、粗犷的气质。1984年在洛杉矶举行的奥运会开幕式上，其中有一种大型集体舞蹈就是采用健康有力的迪斯科编排而成。近年来，冰上舞蹈、水上芭蕾、艺术体操等，也时有迪斯科动作糅合其中。

　　迪斯科是一种与音乐高度协调、结合紧密的自娱性舞蹈形式，没有严格的规定动作和风格。舞者常常是闻乐而动，即兴发挥，以舞宣情。音乐的特点是减少旋律和抒情性，加强连击节拍，低音部分有强烈的催促感。舞蹈节奏明快，有很强的跃动性。舞蹈动作以胯和腰的扭摆、旋转、三点转、交叉转等为主。常用的手形有握空拳、五指张开和并拢等。双臂上肢随身体扭摆而摆动，舞蹈激烈时全身大幅度不断向前后左右用力扭摆、旋转、下蹲和跳跃，双臂向各个方向伸张，头部也随之颠颤，尽情抒发舞者的激情。

　　迪斯科之所以广为流传，是由于现代社会高科技迅速发展，人们在脑力和体力方面的负荷量很大，迫切需要参加舞蹈活动来排除身心紧张，缓解精神压力。迪斯科动作、步伐简单易学，不受场地、舞伴等条件限制，舞起来无拘无束且可自由发挥，音乐有强烈的跃动性，

适应广大群众特别是广大青年的生理和心理的需要，因而迅速得到普及和发展。

2. 艺术舞蹈

介绍具有代表意义的相关艺术舞蹈，如古典舞、现代舞、芭蕾、现代芭蕾、舞剧等。

（1）古典舞　何谓古典舞？舞学者众说纷纭。现从舞蹈的典范性和艺术价值，特别是从舞蹈所蕴涵的文化意义出发来理解古典舞这一概念。

古典舞是一种具有古典风格的传统的舞蹈形式。其主要特征为：

- 规范化的舞蹈语言。
- 高度发展的舞蹈技巧。
- 程式化的艺术表现方法。
- 严谨、完善、学用一致的训练体系。

因此，古典舞受特有的舞蹈美学法则制约，具有传统性、典范性和一个国家或民族舞蹈艺术的代表性意义。

古典舞在其形成过程中，吸收了众多的舞蹈因素，如古代宫廷舞蹈、民族与民间舞蹈、哑语手势、武术、体育、杂技中的有关因素，还有保存在古代器皿、壁画、雕塑、戏剧以及小说、诗歌等文学作品中的舞蹈动作、造型、姿态等。古典舞还受到国家、民族与地区的特有风俗礼仪、道德风尚、宗教信仰、审美情趣，甚至哲学、政治的深刻影响，它是集传统舞蹈艺术之大成的综合性创造。它虽然不是古代舞蹈的直接沿袭，却处处显示着与传统舞蹈艺术的密切联系，闪烁着民族舞蹈文化的光辉。

古典舞同时又是时代的产物。它的美学法则的确立，决定于时代的审美观的发展水平，必然反映着历史的、时代的发展变化轨迹。所以古典舞并不是僵死硬化、一成不变的。在不断更新着的社会现实的影响下，它具有不断发展变化的活跃因素。

不同的国家和民族，都有自己独具特色的古典舞。印度的古典舞由印度的"婆罗多"等传统的六大舞系组成。其主要特征在于它那具有丰富含义又多姿多彩的手势及面部的、特别是眼睛的表情语言。欧洲的古典舞蹈，一般泛指芭蕾舞，是欧美许多国家的舞蹈家共同创造的。它历史悠久，流传广泛，有自己极富特色的造型规律和高度凝练的舞蹈技艺。高难度的跳跃、旋转，双人舞托举及女演员的足尖舞技巧，成为芭蕾舞舞蹈技术上的重要特征。

中国古典舞大量吸收了中国戏曲表演艺术中的身段、步伐、武打和翻滚跌扑等毯子功技巧，并参考芭蕾及现代舞的训练方法，创立了既不同于戏曲武功，又不同于传统芭蕾或现代舞"自然法则"的训练方法。后又大量吸收了武术、杂技、体育技巧等因素，同时在对石窟壁画、画像砖石及各种出土文物上的绘画，尤其是在对敦煌壁画和彩塑、古墓棺椁纹锦等舞蹈形象研究成果的基础上，用科学方法分析推断和有依据地进行艺术想象和补充，成功地复活、再现了许多极为宝贵的舞姿、造型和动态形象，充实和发展了中国古典舞的总体风格，逐渐形成了中国古典舞细腻圆润、刚柔融会、精确严谨、气势宏大，以及精、气、神和手、眼、身、法、步完善谐和与高度统一的美学特色。

在中国古典舞的优秀作品中，舞蹈动作有明确的目的性，节奏鲜明，姿态与造型讲求塑型美，能形象地表现出人物性格和情绪的变化与发展。如《宝莲灯》《丝路花雨》《小刀会》《编钟乐舞》等一系列优秀的舞剧和舞蹈作品，都充分展现了中国古典舞蹈的独特风韵。

（2）现代舞　现代舞是20世纪初在欧美兴起的一种新的舞蹈流派。其主要美学观点是反对古典芭蕾因循守旧、脱离现实生活和单纯追求技巧的形式主义倾向，主张摆脱古典芭蕾过于僵化的程式的束缚，以合乎自然运动法则的舞蹈动作，自由地抒发人的真实情感，强调舞蹈艺术要反映现代社会生活。

现代舞的创始人是美国女舞蹈家伊莎多拉·邓肯，她认为芭蕾的训练会造成人体畸形发展，因而会"伤害"欣赏者对"美的感觉"。她的美学思想是向往原始的纯朴和自然的纯真，并认为在艺术上能体现这一切的手段只能是完全自然状态的人体，因此主张"舞蹈家必须使肉体与灵魂相结合，肉体的动作必须发展为灵魂的自然语言"。她认为舞蹈动作应该自然地、真诚地抒发内心的情感，反对矫揉造作和因袭程式。反映在艺术创作中，她把古希腊文物、雕塑当做寻求新舞蹈理想姿态的源泉，从自然界中诸如花朵开放、树叶颤抖、海水波动，鸟儿飞翔的动态中寻找舞蹈动律的启示。因此，她的舞姿流畅协调，充满自由、激情和活力。她这种舞蹈的美学观念，给当时舞坛带来了清新的气息，形成了一股反对古典芭蕾的新潮。邓肯虽然做出了开拓性的贡献，但她的舞蹈并没有形成系统的训练方法，也没有留下有影响的传世之作。

为现代舞派建立起一套较为完整的理论和训练体系的是匈牙利舞蹈家鲁道夫·拉班，他创造了一种不同于芭蕾的被称为"自然法则"的训练方法，把人体动作的构成归纳为点打、轻弹、浮动、滑动、压力、拳击、砍打和扭动等八大要素，认为正确处理这各要素之间的关系，就能组成各种新的动作。

后来美国现代舞的先驱圣·丹尼斯广泛吸取了埃及、希腊、印度、泰国以及阿拉伯国家的舞蹈文化，创作了一种具有东方神秘色彩、表现一种宗教精神的现代舞。她的学生玛莎·格莱姆是现代舞派的杰出代表，她认为人类社会既然有美有丑、有爱有恨、有善有恶，那么舞蹈就不能只是赞颂美好和善良，也应当表现罪恶、悔恨和嫉妒。所以她特别强调通过舞蹈把掩盖人的行为的外衣剥开，"揭露一个内在的人"。如她在1940年创作演出的《致世界的信》，描写一位女诗人，由两个演员扮演这一个人物。一个是诗人，口诵优美诗句，温柔而有风度；另一个是舞蹈者，放荡暴躁，水性杨花。前者表现诗人的外表，后者才是她的本质。这个作品充分表现了她的舞蹈美学主张。她还创作了一整套舞蹈技巧，为现代舞的发展做出了很大的贡献。

以后，这一舞蹈流派又各自发展，形成众多的风格和主张。有的成绩斐然，有的却完全背离了早期现代舞派的主张，舞蹈变得怪诞、离奇、晦涩难懂。作为欣赏者不能不感到这是一个极大的遗憾。

（3）芭蕾 芭蕾是法语 Ballet 的译音。指一种以欧洲古典舞蹈为主要表现手段，综合了音乐、戏剧、哑剧手势、舞台美术等艺术成分而形成的舞剧形式。由于其表演技术上的一个重要特征是女演员要穿特别的脚尖舞鞋并用足趾尖端立地跳舞，所以又称足尖舞。

芭蕾起源于意大利，形成于法国。13世纪到15世纪意大利文艺出现了空前的繁荣，当时的公国统治者和富有家族经常举行盛大宴会，席间常表演舞蹈。1489年，米兰大公举行婚宴时，排演了表现希腊神话的大型舞蹈，舞蹈长达5个小时。这台"席间芭蕾"被认为是芭蕾艺术的源头。1494年法王查理八世远征，在米兰看到了这种形式的演出，大为赞赏，从此芭蕾传入法国。后来意大利佛罗伦萨公主凯塞琳嫁给法国王子亨利二世，这种演出形式在法国就更加盛行。到了法王路易十四时，芭蕾备受青睐。法王亲自参加演出，并创办了法国皇家舞蹈研究院，统一制定了芭蕾舞的动作规格和名称。1671年巴黎歌剧院首演《波莫娜》，这是芭蕾艺术进入剧场的开始。为了适应剧场观众的审美需要，芭蕾在专业演员的培养、技术技巧的提高、服饰的改进方面都相应地有了很大的进展。但那时的芭蕾仍然是一种娱乐性的演出。

 美 育

18世纪欧洲资产阶级民主革命思潮兴起,影响了芭蕾的革新家让·诺维尔,他反对将芭蕾用做供贵族消愁解闷的娱乐品,要求芭蕾也应像戏剧一样表现真实的生活,提出了"情节芭蕾"的主张。这对后世产生了深远的影响,致使浪漫主义芭蕾突起,形成芭蕾发展史上的"黄金时代",其特点如下。

- 内容和题材发生变化。超凡脱俗的仙女、幽灵代替了神话传说中的英雄人物,反映出一种对现实不满、追求超越尘世达到另一世界的思想。
- 舞蹈技巧和表演有重大发展。脚尖技巧作为女演员独特的表现手段而出现,形成了芭蕾最突出的审美特征。
- 同时改革了舞衣和舞鞋,使得舞姿更加飘逸、轻盈,富于诗意和美感。

19世纪后半叶,欧洲芭蕾的中心转移到了俄国。俄国艺术家在实践上继承并发展了现实主义的"情节芭蕾"的主张,创作了一系列形象生动的优秀芭蕾舞剧。《天鹅湖》《天鹅之死》等是其中最优秀的作品。俄国十月革命成功以后,为了让芭蕾表现普通劳动者的生活,表演艺术家们做了许多有益的开拓性尝试,使当时苏联的芭蕾舞艺术上升到了一个新的高度。

芭蕾的发展史上,一直存在两种不同的美学观点:一种认为芭蕾是"纯粹的舞蹈",强调形式美,致力于技巧的高超、华丽,不太注意内容的表达;另一种观点强调芭蕾是"戏剧性舞蹈",要表达戏剧性内容,主张从情绪方面感动观众。现在的发展趋势是,有越来越多的编导者,不拘一格,根据具体情况,采用不同方法,有时以戏剧性感人,有时又以无情节的技巧取胜。

芭蕾于20世纪20年代传入中国。50年代初期我国第一部大型芭蕾舞剧《和平鸽》上演,1958年第一次上演世界名作《天鹅湖》全剧。1964年、1965年,艺术家们相继创作演出了反映现代生活的芭蕾舞剧《红色娘子军》和《白毛女》。70年代后期直至现在,中国的芭蕾舞创作和演出空前活跃,题材广泛,风格多样。艺术家们对芭蕾民族化问题做了大胆有益的尝试,创作了《阿Q》《祥林嫂》等优秀作品。芭蕾的中国特色使我国年轻的芭蕾舞演员不断在国际比赛中获得优秀的成绩。芭蕾一词在我国仅指以足尖舞为特征的舞蹈形式,但在欧美却被用来泛指一切舞剧形式。如我国的民族舞剧《丝路花雨》,欧美人士即称为"中国芭蕾"。

(4) 现代芭蕾 现代芭蕾是芭蕾的一种新兴学派,是古典芭蕾革新运动的产物。

现代芭蕾的主要特征是现代舞和芭蕾的结合。它打破了古典芭蕾原有动作、造型和技巧的严格规范,摆脱其结构形式与表现方法的程式束缚,扩展了芭蕾表现生活的领域,丰富了芭蕾表现情感与塑造形象的手段,是对古典芭蕾的一个新发展。

以伊莎多拉·邓肯为代表的现代舞思潮,对传统的古典芭蕾予以全盘否定。不仅认为它破坏观众的美感,而且认为其训练方法也是一种身与心的脱离,是为了某种观念上的美丽"牺牲健康身体的酷刑"。这形成了对古典芭蕾美学法则的强烈冲击。

与此同时,芭蕾舞编导米哈依尔·福金在冷静地观察到现代舞的先天不足的同时,也深刻地意识到了芭蕾的缺陷。他批评现代派女舞蹈家们,不会通过自己的动作和身体展示美,却把那些僵硬紧张的脖子、不会动弹的木偶似的头、摊开的腿和叉开的手指、不协调的四肢等丑的东西,都当成了舞蹈的"最高成就"来展示。另一方面,哈依尔·福金对芭蕾的弱点,芭蕾界的保守气息,对僵化刻板不能反映当代人真实生活和思想感情的固有程式,也表示了不能容忍和必须改革的态度。他对芭蕾中"挺直的后背""外开的两腿""钢铁的脚

尖"、"固定的位置"和"只会用两腿不会用全身跳舞"等，进行了毫不留情的抨击和嘲讽。哈依尔·福金的主张和实践，成了芭蕾与现代舞结合的先导。

现代芭蕾就是在变现代舞和芭蕾之间的相互攻击和尖锐对立为相互吸引、密切配合后的产物。因此，它兼具双方的特征：

● 在戏剧结构上。现代芭蕾的代表作品不像古典芭蕾那样讲究完整的戏剧构思。有的运用时空随意转换的意识流手法，有的只是某种情绪、心态、理念的断续闪现，有的也力求用舞蹈表达音乐作品的结构特点。

● 在艺术技巧上。现代芭蕾又力求突破古典芭蕾只着眼于四肢运用的局限，加大了胸背、腰腹、臀胯等身体躯干部位动作的表现力，平衡了人体上、中、下三度空间的运动幅度和强度。

● 在舞台空间运用上。发展了许多低姿贴地的动作和技巧，平衡了舞台高、中、低三度空间的使用频率，丰富了舞蹈艺术的表现手段。

● 在双人舞的编排上。突破了古典芭蕾双人托举的套路，除直接对许多生活动作进行加工变形外，还吸收借鉴了大量的杂技、体操中的双人配合技巧。现代芭蕾以千姿百态的舞蹈形象，淋漓尽致地表现了人物复杂多变的情感。

（5）舞剧　舞剧是以舞蹈为主要艺术手段，在音乐和舞台美术的密切配合下，表现特定的戏剧性矛盾冲突，进而展现人物心态和刻画人物性格的舞蹈艺术形式。

舞剧按时间长短可分为小型舞剧、中型舞剧和大型多幕舞剧。根据舞蹈风格可分为古典舞剧、民间舞剧、芭蕾舞剧和现代舞剧。不同的题材内容又可冠以神话舞剧、历史舞剧、现代生活舞剧的称谓。一部大型舞剧通常由各种样式的舞段组成，有独舞、双人舞、三人舞、群舞、舞蹈性哑剧和生活场面等。其中独舞和双人舞是塑造主要人物形象最重要的艺术手段，最能体现和衡量一部舞剧的艺术水平。

舞剧创作的审美要求是充分运用舞蹈手段来塑造人物，展现内容。由于舞蹈艺术语言长于抒情，拙于叙事，因此舞剧的内容、人物及其行为事件都要精练集中，情节不宜繁复曲折。舞剧结构要善于将戏剧性冲突和心理描写有机地结合起来，并要求得到音乐、舞美的密切配合，一台优秀的舞剧往往是舞蹈、音乐、戏剧、舞美和现代科技等诸种艺术手段完美结合的产物。

中国舞剧形成历史久远，可后来向戏剧化发展的结果形成了戏曲艺术。在20世纪30年代新文化运动时期，一些舞蹈家开始借鉴西方的芭蕾和现代舞蹈的创作经验，在中国创立了舞剧艺术。尔后经抗日战争、解放战争的洗礼，中国舞剧积累了相当的经验，培养了一些人才，1957年《宝莲灯》的创作演出，标志中国民族舞剧开始成型。以后一批神话、历史、现代题材的舞剧如《五朵红云》《小刀会》《湘江北去》《蔓萝花》《鱼美人》和芭蕾舞剧《红色娘子军》《白毛女》的问世，使中国舞剧艺术获得了很大发展。尤其是大型舞剧《丝路花雨》以其独特的艺术魅力，展现了中国舞剧的东方神韵与风姿。

四、舞蹈的编导与表演

舞蹈欣赏者懂得了舞蹈的基本美学内涵，就为进入更高层次的欣赏做了必要的理论准备。而且，由于舞蹈艺术是编导与表演的二度创造，失掉任何一方，舞蹈欣赏则不可能实现，所以，我们还需对此求得一些初浅的认识。

作为高校的学生，学习"舞蹈欣赏"课，目的不在于培养舞蹈编导者，所以我们不对

舞蹈的创作程序、创作方法、编舞要点等专门技术问题进行研究，而仅对舞蹈编导的含义、职责、能力与素养要求做一些介绍。在舞蹈表演上，高校学生虽不是专业的舞蹈演员，但却有一显身手的大好机会。特别是生机勃勃的青年们，你们的生活、行为、形体，本身就是生命之美、舞蹈之源。可见，学习舞蹈表演方面的知识就具有实践的意义——欣赏和参与舞蹈表演。

1. 舞蹈编导

舞蹈编导是舞蹈审美创造的主体，即舞蹈作品的作者，兼有编舞和导演的双重职责。由于舞蹈艺术的特点是以人体的舞蹈动作为主要表现手段并综合音乐、美术、文学等因素来表现人物的思想情感，这就决定了一个舞蹈作品的创作，必须经过一个过程。从在社会生活中摄取题材，进行艺术构思，提炼主题，确定结构，捕捉形象，到创作舞蹈语言，编排设计舞段，再通过排练，由演员完成舞蹈形象的塑造，并经过音乐、服装、灯光、布景、道具等的舞台合成，最后才能在舞台上和观众见面。因此，舞蹈编导也是舞蹈作品创作、排练，直至演出的整个活动过程中的组织者和领导者。

由于舞蹈是一种具有高度综合性的艺术，因此，要求舞蹈编导具有正确认识生活、概括生活的能力，善于运用舞蹈思维的方法捕捉舞蹈艺术形象，发挥丰富的舞蹈艺术想象力和创造力；具有丰富的社会历史知识、较高的文学艺术修养，其中特别是应具有对和舞蹈有紧密联系的音乐、美术、诗歌、戏剧等艺术的理解、分析能力和较高的鉴赏水平。

此外，还要求舞蹈编导在其艺术生涯中，必须始终注意生活、人物形象和舞蹈语言的积累，在自己的头脑中建立一个舞蹈创作素材和舞蹈语言的仓库。这是取得舞蹈创作成功所不可缺少的物质基础和主观条件。

2. 舞蹈表演

舞蹈演员在舞蹈艺术的时空中，按照舞蹈编导的艺术构思和具体编排，以自身的不断流动的人体动作、姿态表情进行二度创造，塑造艺术形象，完成舞蹈作品创作的全过程。舞蹈表演的物质材料是演员的身体，舞蹈表演的基本手段是由舞蹈动作所组成的舞蹈语言。舞蹈表演的任务是通过舞蹈语言，综合音乐、舞台美术等手段，表现作品的主题内容，抒发人物的内心情感，描绘人物的性格，塑造鲜明生动的人物形象。

舞蹈表演的基础，是舞蹈演员对舞蹈技能的熟练运用和对作品中人物的外部动作与内在精神世界的深刻理解。这就要求舞蹈演员具有自由灵活运动和控制身体的能力以及掌握具有高度表现能力的复杂多变的舞蹈技巧。舞蹈演员还必须加强对社会生活历史、现状的理解和对社会各阶层不同人物的观察和体验，从而为塑造多种性格、多种情感的人物形象打下基础。

根据编导的要求，在舞台上以精练的舞蹈语言准确地表现人物的情感和性格，是舞蹈演员进行二度再创造——以舞蹈形象塑造人物的前提。舞蹈语言虽由各个单一的舞蹈动作组成，但它们不是动作的单纯叠加与简单罗列，而是根据表现人物情感的内在逻辑和舞蹈形式美的规律为依据组合而成。它既要有传情达意的深刻内涵，又要有鲜明的外在形式美感。

由于舞蹈是一门综合性的表演艺术，作为舞蹈演员，除自己具有深厚的功底外，还要对其他艺术有所了解。特别是要有对音乐的分析、理解和感受能力，对雕塑和绘画的鉴赏能力。

五、舞蹈的内容与形式

1. 舞蹈内容

舞蹈作者根据自己的审美意识和审美理想，通过舞蹈形象反映在作品中的社会生活和思想情感，是客观生活的审美属性和作者主观审美意识相结合的产物。舞蹈内容是构成舞蹈作品一切内在因素的总和，它包括题材、主题、人物、情节、事件、环境、气氛等。

（1）舞蹈的题材　舞蹈编导对其掌握的社会生活素材进行选择、提炼、情感化处理后用作为舞蹈的题材。广义的舞蹈题材，泛指舞蹈作品表现的社会生活，如现代题材或历史题材，农村题材或军事题材等；狭义的舞蹈题材，指作品中具体表现的生活图景。如《丝路花雨》从广义上说是历史题材，从狭义上说表现的是唐代丝绸路上，敦煌画工神笔张及其女儿英娘和波斯商人伊努斯在患难中彼此仗义相救的故事情节。

舞蹈题材的选择和形成，取决于编导者的生活实践、文化素养和审美意识。舞蹈作品的题材应当广泛多样，从各个角度反映整个社会生活的面貌和不同时代群众的精神世界。编导选取舞蹈题材应遵循舞蹈艺术反映生活的规律和特点，不仅要有饱满的内心激情，而且要有宜于表现的舞蹈手段。

（2）舞蹈的主题　指作品通过对社会生活的描绘和对舞蹈形象的塑造所表现出的中心思想。作者借此表达对生活的评价和思考，所以舞蹈作品的主题一经形成，便贯穿于形象创造的全过程，渗透于题材的选择、情节结构的安排、舞蹈动作的运用、艺术气氛创造之始末。舞蹈作品的主题思想应寓于生动的舞蹈形象之中，避免用非舞蹈的手段，把某种抽象概念硬塞进舞蹈里。

（3）舞蹈的具体内容　优秀的舞蹈作品，其内容定具有美的价值，即真与善的统一。舞蹈艺术家创造舞蹈艺术美的基本原则，就是遵循真与善的统一——真实地反映社会生活的本质和规律，而不是对生活形象作自然主义的记录和复现。舞蹈表演者则凭借人体有节律并富于美感的运动，抒发出强烈的情感，使欣赏者获得审美感受并产生共鸣，进而产生一定的社会效应——使欣赏者表现出健康向上的情感、进步的社会思想和强烈的精神力量，促进社会发展。这就是善。真与善的统一，正是舞蹈创作者、表演者、欣赏者所共同追求的舞蹈的内容美。

（4）舞蹈的人物　指舞蹈作品表现的主要对象。舞蹈作品人物形象的塑造，要靠善于运用性格突出、鲜明生动的人体形象和通过人物行为的描绘及情感的抒发来完成。

在舞剧里，人物常被置于尖锐激烈的矛盾冲突之中来展现其独特的性格和心态。在叙事性舞蹈里，生动巧妙的情节结构是表现人物的重要方法。在抒情性舞蹈里，审美对象往往不像叙事性舞蹈那样明确，有时是人，有时是其他生物或自然景物，带有多义性和不确定性。但不论其外部形态如何，都是作者在缘物寄情，托物言志，抒发情感。抒情性舞蹈的环境，往往是时代氛围的体现，表演者置身于特定的氛围中，见景生情，寓情于景，在情景交融中创造出诗的意境和生动的舞蹈形象。

2. 舞蹈形式

舞蹈形式是舞蹈内容诸要素的表现手段、组织结构、存在方式。它包括舞蹈语言、舞蹈结构、舞蹈体裁等。

（1）舞蹈语言　由一系列能表现思想情感内涵的舞蹈动作、步伐、手势、造型姿态以及面部表情等组成。是对社会生活、自然景物和人的生活动作与情绪状态进行提炼加工，使之美化、节律化、造型化之后形成的。是舞蹈作品中表情、达意、叙事、状物的最基本的手

段，也是创造舞蹈艺术形象最重要的因素。舞蹈艺术区别于其他艺术形式，主要在于艺术语言的不同。各民族各地区的舞蹈风格之所以千差万别，也在于构成舞蹈语言的舞蹈动作和姿态在形式、节奏、动律方面的差异。所以，舞蹈语言是舞蹈艺术中最富有个性的因素。

舞蹈语言的艺术功能：

- 抒情性舞蹈语言。用于抒发人物的思想情感，表现人物的性格特征和揭示人物的内心世界。它是构成舞蹈作品的最重要的部分。
- 叙述性舞蹈语言。用于展现人物的行为和具体情节内容，有较多的模拟性和再现性，但并非自然主义的简单重复，而是经提炼美化后的艺术语言。

（2）舞蹈结构　指舞蹈作品的总体构成形式和表述方法，是塑造形象、表现作品主题思想的重要艺术手段。

舞蹈编导者在生活中获得感受，萌发创作激情之后，随即将这一系列的生活材料，加以艺术化的组织，使其既符合生活的规律，又适应一定的舞蹈体裁的要求，进而编成一部完整的舞蹈作品。这一系列创造性的艺术形象思维和具体布局的过程，就是对舞蹈作品进行结构建造的过程。

舞蹈和舞剧的结构形式如下。

- 时空顺序式结构。即按照事件发展的自然次序，组织作品的时空关系。抒情性舞蹈则按舞蹈中人物感情的发展、舞蹈动作速度、构图以及情绪气氛的对比变化逐步展开情节。这类作品的开端、发展、高潮直至结束，层次递进分明，场次划分清楚，时空顺序比较清楚，容易与一般观众的审美习惯相吻合。
- 时空交错式结构。这类作品的主要特点是不受时间和空间顺序的限制，以人物的心理活动变化作为安排人物行为、展开情节事件的贯串线索。常采用正叙、倒叙、回忆、闪现等手法，把过去、现在、未来有机地交织在一起，便于作品能够在有限的时空里，表现较为丰富的生活内容，以深刻地揭示人物的内心世界。这类舞蹈的结构叙述部分较少，便于充分发挥舞蹈的抒情性功能。
- 篇章式结构。这类作品一般由几个既有联系又相互独立的场景和段落组成。整个作品有一个统一的主题、一个或几个贯串性人物。就某一幕、某一场而言，又有相对的独立性和完整性。因此，幕与幕、场与场之间不像戏剧性结构那样紧凑严密，而比较近似于由几个乐章组成的交响乐和几个篇章构成的组诗。这类结构作品的特点，是从各个不同的侧面或按几个不同的时期，较宏观地来完成对艺术表现对象全貌的概括与展现。

（3）舞蹈体裁。指舞蹈作品表达思想内容的外部形态和具体样式，又称舞蹈样式。舞蹈体裁的分类前已讲述。

由于舞蹈艺术是一门形式感很强的表演艺术，舞蹈艺术的形式美具有很强的独立品格，因而在舞蹈创作中，占有重要的地位。舞蹈作品的形式不仅是作品内容的载体和物化的形态，而且是使舞蹈形象深入审美者的心灵和唤醒其审美情感必不可少的媒介。

3. 舞蹈的形象与动作

（1）舞蹈动作　舞蹈动作是经过艺术提炼、组织、加工和美化了的人体动作。它是舞蹈审美客体的最基本的因素，构成舞蹈作品的物质基础。舞蹈动作来源于人的劳动、操练、战斗等各种生活中表情达意的动作和人对自然景物运动形态的模拟、加工、发展。表情性、节奏性、造型性和虚拟性是舞蹈动作的审美属性和艺术特点。舞蹈动作是形成舞蹈语言、塑造舞蹈形象的基础材料和主要的表现手段。

广义的舞蹈动作，包括舞蹈动作、舞蹈姿态、舞蹈步伐和舞蹈技巧等；狭义的舞蹈动作，指不断流动变化的人体运动过程。尽管世界各地的各种舞蹈及其动作样式若璀璨群星难以尽数，但从艺术表现原则上来看，它们主要归属于两个大类。一类是模仿性的，从自然万物到人的自发性的表情动作，都成为模仿的对象。舞蹈者与观赏者都从模仿中得到快乐，并且在"模仿—加工（夸张与变形）—表现"的过程中证实人类的能力。另一类是抽象化的比拟动作。艺术家们并不追求一招一式的直白效果，而是在一组动作的连接变化中，对所要表现的情感内容作一种暗喻和渲染，一种力度上和结构上的抽象化比拟。观赏者以自己内心的感觉去响应比拟，是舞蹈欣赏中的较高境界。

现将舞蹈动作的不同性能简介如下。

- 表现性动作。是表现人物的情感、思想和性格特征的动作，具有类型性和概括性的特点。如表现人物的激情时急速的跳跃、旋转，描绘人们细腻思想感情和宽阔胸怀的圆润流畅的缓慢动作，以及表现不同民族性格特点、不同思想感情、不同风格特征的民族民间舞蹈动作等。

- 说明性动作。是展示人物行动目的和具体内容的动作，具有更多的模拟性和再现性特点。如戏曲舞蹈中的穿针引线、坐船行舟、上楼下梯、武打厮杀和舞剧中的哑剧手势等。

- 装饰性动作。一般没有明确的含义，在舞蹈中起装饰和衬托作用，有时也用它作为表现性动作和说明性动作相互转换与联结的过渡性动作。如云手、晃手、垫步、错步等均属此类。

一个舞蹈作品能否取得成功，它塑造的艺术形象是否鲜明、生动并具有强烈的感染力，首先取决于以表现性动作为主体的基调动作的选择和运用是否准确和恰当。基调动作即主题动作，它在舞蹈作品的不同时间和空间中的重复、发展、变化，经过不同的感情和不同速度、幅度和流畅度的艺术处理，可以表现出人物极为丰富的内在精神世界，是塑造舞蹈形象的极为重要的基本因素。

（2）舞蹈形象　舞蹈形象是舞蹈创作和舞蹈欣赏的主要对象，是组成舞蹈作品的核心。从狭义上讲，舞蹈形象是指根据舞蹈编导者的整体艺术构思来塑造的人物形象，含拟人化的自然景物的艺术形象；从广义上讲，舞蹈形象是指一切舞蹈的动态形象。除人物形象外，还指单一的舞蹈动作、姿态造型或形成一定意象、意境的舞蹈动作组合和舞蹈场面。

在着重描写人物的舞蹈作品中，舞蹈形象主要指人物形象（如《丝路花雨》的人物形象）。在着重描写一定的生活场景或表现人们的情绪，蕴涵某种哲理的舞蹈作品中，舞蹈形象则主要指那些具有鲜明特征的、表现出一定舞蹈意象和意境的舞蹈动态形象（如《红绸舞》中的舞蹈形象）。舞蹈的美就体现在舞蹈形象之中，其美学特征是：

- 直观性。它以具体的形象直接呈现在舞台或广场上，观众通过视觉、听觉审美通道的直接观赏，感知和认识其所表达出的思想情感和意象、意境的内涵。

- 表情性。舞蹈形象不论是指人物形象、表现舞蹈意境的动态形象，还是指特征鲜明的舞蹈动作，都必须表现人物某一种概括的或具体的思想情感。

- 动态性。它在一定的时间和空间内，通过不断流动的舞蹈动作、姿态造型的变化发展来完成舞蹈形象的塑造。即使是舞蹈中的静止姿态造型，也是人物情感延伸和发展的集中表现。外在的静，蕴涵着内在的动。也有一些静止的造型，既是上一段舞蹈的结尾，又是下一段舞蹈的开端，起着承上启下的连接转换作用。

- 典型性。完美的舞蹈形象的创造，必须是对社会生活中的美与丑从现象到本质、从

个别到一般的反映，是个性与共性、情与理、主观与客观的统一。

- 审美性。舞蹈形象必须反映生活中美与丑的审美属性，按照舞蹈形式美的规律进行艺术创造，才具有审美价值。

4. 舞蹈的音乐与节奏

舞蹈是人体动作的艺术，这就需要了解节奏与人体生理的关系。动物的生命运动是有节奏的，发情、眨眼、换角、蜕皮的周期都是一种节奏，但因为太慢而未使人产生节奏的感觉。过快的节奏，如声、光、电、热的频率，也不会使人产生节奏感。只有快慢适当、能被感知的节奏，才能使人产生节奏感。如人的呼吸、心跳和运动的节奏。其最舒适的张弛频率，也就是使主体最为愉快的运动节奏。可见，节奏的生理本源是运动的节奏，特别是走、跑、跳的节奏以及伴随着走、跑、跳的相应的心律和呼吸。这种生命运动的节奏感是人类艺术节奏产生的生物性根源。

（1）舞蹈音乐　舞蹈音乐是作为舞蹈作品伴奏的音乐，也可用来独立演奏。它一般具有节奏鲜明、旋律流畅、结构完整的特点，是舞蹈作品中的重要组成部分和表现手段。它与舞蹈动作语言紧密结合在一起，表现舞蹈作品的艺术构思，塑造鲜明、生动的舞蹈形象。一个舞蹈作品是成功还是失败，舞蹈音乐起着非常重要的作用，没有好的音乐不可能产生完美的舞蹈作品。

舞蹈和音乐是孪生姐妹，从它们诞生的时候开始就密不可分地结合在一起了。我国古代"乐论"中所说的"舞为乐之容""乐之在耳为声，在目为容""有乐而无舞，似瞽者知音而不能见；有舞而无乐，如哑者会意而不能言。乐舞合节，谓之中和"等，都说明了音乐和舞蹈密不可分的关系。舞蹈的艺术形象通过人的视觉来感染人，没有声音是它的局限；音乐的艺术形象通过人的听觉来感染人，它摸不着，看不见，比较抽象，不易理解。而在舞蹈作品中，音乐与舞蹈紧密结合，相互依存。音乐弥补了舞蹈的局限，舞蹈则使抽象的音乐语言有了直接可视的形象。音乐是舞蹈的内涵，舞蹈则是音乐外化的形体，它们的结合正是人类智慧和艺术想象力、创造力的产物。

舞蹈音乐在舞蹈作品中的作用。

- 描绘人物的思想感情和性格特征，与舞蹈一起共同完成塑造艺术形象的任务。
- 对舞蹈的环境和气氛进行渲染、烘托。
- 表现戏剧性的性格冲突，同时担负着交待和展现剧情的任务。在音乐与舞蹈的配合中，要特别注意：独舞的音乐应着重表现人物的内心世界，要有性格变化、感情变化的鲜明的音乐形象；双人舞的音乐则要求有对比地展示人物间情感的交流；群舞的音乐应注重完整性，表现群体情绪和渲染气氛。对于舞剧中的音乐，则随舞段的不同和舞蹈形式的变化而有不同的美学要求。

（2）舞蹈节奏　舞蹈节奏是舞蹈艺术构成的基本因素，任何舞蹈都离不开节奏。人们的自然形态的生活动作只是舞蹈动作的基础和原型，舞蹈动作是对自然形态的生活动作的提炼、加工和美化。把自然的、散漫的、不规律的动作按照运动的规律和谐地组织起来，必须以一定的节奏为基础。所以，使动作节奏化、韵律化、造型化，是把自然形态的生活动作发展成为具有审美属性的舞蹈动作必须具备的前提条件。

节奏，可分为内在节奏和外在节奏。内在节奏是人的各种情绪和情感在人的机体内部所引起的各种不同节奏的发展和变化。外在节奏有听觉节奏和视觉节奏：听觉节奏是听觉对象在时间上的有规律的变化，如音的高低、长短、强弱、快慢等；视觉节奏是视觉对象在空间上的有规律的变化，如线条由短而长、曲直有序，形体由大而小、大小相间等。

舞蹈的内在节奏，必须通过外在节奏的各种形式表现出来。在舞蹈中，节奏一般表现为舞蹈动作力度的强弱、速度的快慢和幅度的大小。相同的动作由于节奏的变化——或是有力度上的增强或减弱，或是在速度上加快或减慢，或是在幅度上增大或减小，同时再结合演员面部和身体的表情因素，就可以表现出不同的情绪和情感，体现出丰富的内容。如旋转动作，快速的旋转可以表现出人物激动的情感——或狂喜，或盛怒，或悲痛；随着速度减慢，喜怒哀乐的激情也随之平静；速度减至最慢，激越的情绪也就逐渐消失。再如顿足跳跃的动作，沉重的顿足跳跃，可以表现人的气愤情绪或凶恶暴躁的性格；而轻巧的顿足跳跃，则可以表现人的喜悦情绪或善良温顺的性格。另外，许多舞蹈动作，如把它们放大、扩展，可以表现人物开阔、粗犷的性格或奔放的情绪；而把它们缩小，则可以表现出人物拘束、谨慎的性格或压抑的情绪。

在一般的抒情舞蹈中，所谓二段体、三段体或多段体的结构形式多是以节奏变化作为分段依据。如二段体是"快（强）—慢（弱）—快（强）"；三段体是"快（强）—慢（弱）—快（强）—慢（弱）"，多段体可以此类推。

5. 舞蹈构图与美术

（1）舞蹈构图　舞蹈构图是舞蹈者在舞台空间的运动路线与画面造型，即不断变化的舞蹈路线和队形。它是构成舞蹈作品的重要因素。

舞蹈中各种类型的空间运动线的基本特性，一般是从属于人们审美活动中的形式感。如曲线使人感到运动，直线使人感到挺拔，横线使人感到平稳，方刚而圆柔等。

舞蹈的空间运动线一般可分为斜线、竖线、横线、圆线、曲折线五种。斜线一般表现有力的推进，并有延续和纵深感，适用于表现开放性、奔驰性的舞蹈以及表现人物勇往直前、明朗乐观等性格的舞蹈。径直向前的竖线具有较强的动势，使观众产生直接逼来的紧迫感和压力感，适用于表现那些正面前进的舞蹈。横线一般表现缓和、稳定、平静自如的情绪。弧线一般给人柔和、流畅、匀称和延绵不断的感觉。曲折线一般给人活泼、跳跃和游动的感觉。

舞蹈的画面造型有方形、圆弧形、三角形、梯形、菱形等基本图形。一般说来，方形给人以稳定感，三角形给人以力量感，圆弧形给人以柔和流畅感，菱形、梯形给人以开阔的感觉。

舞蹈构图，虽然具有一定的审美形式，通过人的联想可产生某种审美属性，但他们本身并无固定的含义。它们必须在舞蹈主题制约下形成有机整体，并与舞蹈音乐旋律的情感趋向、节奏的强弱、速度的缓急，以及舞蹈者的动作、服饰色彩、布景、灯光和谐统一，才能构成丰富多彩的舞蹈画面，表现各种情感和情节内容。舞蹈者通常以不同的运动线，表现舞蹈作品中人物活动的环境和地点的变化、人物情绪的变化、动作节奏的变化等，且利用各种图形的分散、集中、平衡、对称、动静、正反、明暗等的变化发展，形成多样统一的舞台画面和整个作品的形式、风格。

（2）舞蹈美术　舞蹈美术是舞者的服饰、舞台灯光、布景、道具的统称。由于舞蹈是综合性表演艺术，除文学性内容、戏剧结构、音乐节律外，服饰、灯光、布景等美术因素，也是创造舞蹈形象不可缺少的艺术手段。而且随着科学的发展，充分运用光、色、形、声的配合，突出人体运动创造的艺术美感，对舞蹈美的展现正日益发挥重要的作用。

舞蹈美术的作用在于表达内容，点明环境，突出形象，增强美感。在一部作品里，舞蹈语言和美术语言要尽可能风格统一，达到情景交融。舞蹈服装在舞蹈美术中占有重要地位，且有

特殊的美学意义。它除了表明人物的身份外,还要顾及舞蹈是一门动态的视觉艺术,要在运动过程中创造形象。所以服饰要利于表现人体肌肉与骨骼的运动,应当轻薄飘逸,遵循低胸、高腰和"露""透""少"的原则,以便于舞者舞动且具美感。如《天鹅湖》中的短纱裙,既使观众能感到舞者是一群天鹅,又便于舞者舞蹈,使观众欣赏到优美的舞姿和人体美。

舞蹈作品中的布景,是为了创造环境和艺术氛围。由于舞蹈语言的虚拟性,舞蹈布景也宜以虚代实,切忌过满,以便创造出适合舞蹈的舞台空间。

由于人体运动和姿态线条在不同色彩、不同角度的光照下会出现迥然不同的艺术效果,所以人们常借助灯光来增强舞蹈本身的表现力。

我们对舞蹈艺术的欣赏,除了解舞蹈欣赏的审美心理过程外,还得把握住舞蹈的形式与内容、形象与动作、节奏与音乐、构图与美术这几个基本要素。虽欣赏主体各有不同的追求,欣赏的视点与层面各有侧重,但对于这几个要素不能忽视,也不能割裂诸要素的内在联系,致使欣赏不得要领。

六、舞蹈欣赏要诀

舞蹈欣赏,是人们在观看舞蹈表演时,以人体动态形象为主要审美对象的一种精神活动。舞蹈欣赏的过程,也就是观众通过舞蹈作品中所展现出的动态形象(由富有审美价值的动作、姿态造型、构图、技艺和面部表情所组成的有意味的人体运动形式),具体地感受其反映的社会生活及在其中活动着的人物(或者是拟人化的花、鸟、鱼、虫、兽、神、怪、自然景物等)的思想情感,进而受到潜移默化的感染,在情感和精神上受到陶冶的过程。那种过目即忘、一看了之、无所用心的态度称不上是"欣赏"。

因此,舞蹈欣赏是在有限的时空里,富有创造性地把对作品的感觉与理解、情感与认识、浅层次的认识与深层次的感染统一起来的精神活动过程,即审美活动过程。而且,由于舞蹈艺术常常以一种远离生活自然形态的、经过高度提炼夸张乃至变形的、表现性而非再现性的情感形式出现,所以欣赏者必须具备一定的审美能力。欣赏者首先要了解舞蹈艺术的特征,然后再去欣赏舞蹈,否则,就很难进行欣赏。

这里所讲的舞蹈欣赏要诀,即是完成舞蹈欣赏的必要条件——了解舞蹈欣赏的审美心理过程,懂得舞蹈的内容与形式、形象与动作、节奏与音乐、构图与美术等的相互关系及舞蹈语言的基本意义。

舞蹈欣赏的审美心理过程。

1. 表层观赏

当舞蹈表演开始时,观赏者总是从外在形态的审视开始,首先注意的是演员的身材形态和面貌,跳的是什么舞,技巧有多高等。观舞品技,这是第一个层次——表层观赏。

2. 由形及神

慢慢的观赏者被舞蹈所吸引,审美心境也渐渐由被动转为主动。观赏者目不转睛地注视着舞者通过人体的各种运动表现出的各种情态,并从反复出现、不断更替、相互连接、相互呼应的各种形态中,看到了人物、事件、情感的发展和变化,开始由形及神,进而心领神会,这是第二个层次。

3. 心理共鸣

随着舞蹈步步展开,观赏者的情思也跟着通向深层,喜舞蹈家所喜,悲舞蹈家所悲,产生强烈的心理共鸣,进入一个艺术境界,这是第三层次。

4. 总体观照

舞蹈表演虽已结束，但舞蹈家创造的美的动态形象、美的意境还深深地印在欣赏者的脑海中。这时，欣赏者被舞蹈美所激起的情感和形象思维开始向理性趋进，对人体动态形象构建的美的图景、情的浪花进行总体观照，从而领悟到一种由有尽之形包蕴着无尽之意的美感，并任其思绪驰骋、沉醉在回味无穷的美感愉悦之中。这是舞蹈欣赏的最高层次。审美修养越深者，达此层次的心理感受就越深刻。

第三节　美术作品的形、神、韵

一、美术欣赏概述

一切美术作品均是人们思想意识和情感的物化，其创作过程蕴涵着艺术家对造型诸形式因素理性的组织安排和对具体形式表现进行的精心构思与设计。美术欣赏是一种主动接受艺术的审美过程，除了让欣赏者依其直观感受产生第一印象而外，更多的是需要欣赏者通过对作品构成因素及艺术表现特点的理性分析，理解艺术家的创作初衷，进而引发欣赏者在自身审美经验基础上进行创造性的联想和想象，再次获得审美感受。审美体验的结果是使他们的思想境界和情感得到升华。久而久之，审美情感与道德认识相互结合，逐渐积淀，使人们形成高尚的道德品质和健康正确的审美观，最后达到塑造完美人格、提高整体素质的终极目标。

美术欣赏，是人类高尚的精神活动，是一种不断进取、不断提高、不断获得的审美活动。当美术作品以物质形态完成的时候，作品的生命旅程只经历了一半；千百万人的欣赏，才使作品真正进入社会实践。如果说美术创作是精神生产的话，那么，美术欣赏则属于精神消费，只有这两方面相结合才算是美术活动的全部。通过对美术作品的欣赏，你的知识面广了，审美经验丰富了，审美机能发达了，审美思想敏锐、深刻了，能够多渠道、多侧面、多层次地进行艺术欣赏了，对作品不仅能有所领悟，还能培养由此及彼、由表及里的艺术思维，较正确较深刻地品评美术作品，以至产生联想，生发新意，翱翔在广阔的艺术天地。就这是说，欣赏并不仅仅是被动地、静止地接受，还应当说是一种创造、一种借助于美术创作进行的再创造。

虽然美术应包括绘画、雕塑、工艺美术和建筑艺术，但绘画是美术中最主要的一种形式，所以我们这里主要对绘画、书法、雕塑作适当介绍。

二、中国画

中国古代绘画具有悠久的历史和独特的风格。上自两千多年前战国时期的楚墓帛画，下至明、清时期各种形式的山水、花鸟画和木刻版画，几千年来，各时代、各民族的画派、风格、艺术形式、表现技法等，不断演变、提高，形成了具有浓厚的民族风格和鲜明的时代特色的中国绘画。它不仅是中国近、现代绘画艺术发展的重要基础，而且对我国一些邻近国家，如日本的绘画，也产生了重要的影响。

当然，中国古代绘画，不论是其绘画形式，艺术风格，还是表现技法，都有一个发展的过程。从文献记载和现存的实物资料来看，至少在春秋战国时期，中国古代绘画，就已经作为一种比较成熟的艺术形式，广泛地应用在当时的社会生活之中。大体说来，中国古代绘画在唐代以前，主要是采取帛画和壁画，特别是壁画的形式。卷轴画虽然在魏晋南北朝时就已

经出现，但在唐代以前并不占据主要地位。唐代以后，特别是元、明、清代几乎成为卷轴画的天下。从绘画的题材和体裁来看，人物、山水、花鸟三种绘画门类中，人物画成熟得最早，而且在五代以前，中国古代绘画一直以人物画为主，山水、花鸟画的独立与成熟较晚。山水、花鸟画一旦从人物画中独立出来，便日趋成熟，很快地得到了较大的发展，在宋元两代达到了高峰，逐渐成为中国古代绘画艺术的主流，人物画则相对地衰落了。这种情况至明、清两代尤为突出。

从中国古代绘画的表现技法和艺术风格来看，五代以前以工笔重彩为主，宋代是工笔重彩和水墨写意并行发展。至元代，则水墨写意更为流行，明、清则更盛。

再从中国古代绘画的创作队伍来看，魏晋以前民间画工是绘画创作的主体，魏晋时则出现了像顾恺之那样的一些士大夫画家，但两者的界线并不是很明显。到唐代，两者的社会地位日益悬殊。士大夫画家的数量日益增长，越来越成为当时画坛的重要力量，他们主要从事各种题材的卷轴画创作。这种风气延至五代、两宋。由于建立宫廷画院，两者的界线就更加壁垒分明，终于造成元代士大夫画家主宰画坛的局面。至明、清，士大夫画家的"文人画"更成为中国古代绘画艺术的主流。在这个过程中，围绕着对前代艺术传统的态度和对绘画艺术本质等问题的看法，产生了许多不同的艺术流派。这些流派之间的斗争，在一定程度上决定了当时绘画艺术的风貌。

然而，不论中国古代绘画如何演变，从现在所见的战国帛画，直到明清两代的各种卷轴画、壁画，以至木刻版画，都始终遵循着以笔墨"线条"作为主要造型手段，以"传神"作为塑造艺术形象的最根本的要求。清代初年著名的花鸟画家恽南田说："有笔有墨谓之画"，很能代表历代画家对中国画的基本特点的看法，这句话也简明地指出了中国画笔墨的重要性。中国古代绘画与传统的书法，是最接近的姐妹艺术，有"书画同源"之说。很久以前，画家特别是士大夫文人画家就将书法的结构、用笔运用到绘画中去，以加强绘画的表现力和艺术趣味。经过历代画家长期的艺术实践，中国画在运用笔墨塑造形象、表达画家思想感情等方面，形成了一套完整的、有民族特色的艺术技巧，达到了很高的艺术造诣。正因为笔墨在中国传统绘画中的地位是如此重要，所以，中国画的"笔墨"二字，不仅是指中国画的主要工具，而且代表了一种具有鲜明的民族特色和很高艺术造诣的艺术境界。关于这一点，元代及其以后的士大夫文人的水墨写意画表现得尤其突出。也正是这样一个历史悠久、风格独特的绘画艺术传统，使中国画与以欧洲传统绘画为代表的西洋绘画，成为世界上最重要的两大绘画体系。

三、中国书法艺术

中国书法是一门古老而又奇特的艺术，也是世界艺苑中一朵瑰丽的奇葩。几千年来，历代书家可谓星汉灿烂，光耀千古。他们所创造的艺术珍品，更是浩如烟海，不胜枚举。这些都成为了中华民族优秀文化遗产中不可或缺的重要组成部分，是中华民族精神的一种象征。这些书作，"能显出惊人奇迹，无色而具图画的灿烂，无声而有音乐的和谐，引人欣赏，心畅神怡"（沈尹默《书法论丛》）。它们或纵横恣肆，或端庄秀美，或雄强博大，或柔婉清丽，或自然天成，或精工细刻……共同创造出中国书法这一绚丽多姿而又蕴涵丰富历史文化的笔墨世界。中国书法所包容的计白当黑、返朴归真的意蕴，至今仍闪耀着智慧的光芒。人们徜徉其中，流连忘返，共同感悟这美的境界与神韵。

美是时代对大学生提出的必然要求，是社会进步的标志，也是精神文明建设的重要内涵。个人的价值只有在美的体验与创造中，才能释放出更多的能量。通过学习书法可以提高审美情趣，因为书法艺术本身具有很高的审美价值，即使简单的线条造型也可以表达出丰富的思想情趣和内涵。一件优秀的书法作品，能唤起人们对美好生活的向往与追求，使人得到美的享受。因此，优秀书作对于懂得鉴赏的人是有着巨大魅力的。"欧阳询三观索靖碑""李阳冰观碧落碑数日不能去"的故事，都成为书法欣赏的佳话。大学生通过书法欣赏及学习，能从中不断受到美的启示和熏陶，不仅可以提高书法艺术欣赏水平，学习书写美观实用的汉字，而且能够培养自身的审美情趣和审美修养，对于陶冶性情、形成高雅气质、增强爱国热情必将起到积极作用。

了解书法这门艺术的形成过程及其特征，将有助于我们欣赏它的多姿神态并感受它的动人韵味。

1. 书法艺术的形成过程及其特征

中国书法艺术源远流长。它是以方块汉字为表现对象，随着汉字的演变而发展起来的艺术门类。因此，中国书法艺术的发展史可以划分为四个时期：秦确立小篆书体以前为孕育时期；两汉确立多种书体后的成熟时期；晋唐之间书法艺术的鼎盛时期；五代以后书法艺术的承袭时期。

（1）秦确立小篆体以前的孕育时期　我国迄今为止所见到的最早的成系统的文字是"甲骨文"，它是刻在龟甲或兽骨上的一种象形文字。甲骨文在笔画特征上有细有粗，有方有圆，且头尾尖细、方折较多，笔画交叉处因刻时有剥落而显粗重，这种尖利直拙的笔画给后世书法、篆刻留下了有益启示；结体上或对称均衡，谨严规矩，或变形移位，随势欹侧，活泼多姿，无拘无束；章法上大多有"纵列而无横行"，疏散者错落有致，工整者严谨端庄，显露出浓厚的原始文化色彩。西周时期出现了大篆、金文，大篆线条较甲骨文趋于匀圆齐整，方圆的肥笔亦为线条所取代，是汉字形体变化的一大进步。金文（或称"钟鼎文"）是铸刻在青铜器上的铭文，显现出浑厚雄健的风格。著名的有《大盂鼎》《毛公鼎》等，也有如《散式盘》等结构宽舒、别具一格的作品。战国时代的石鼓文，是我国最早的石刻文字。其笔画凝重浑厚，圆润挺拔，结体略趋方正，章法均衡疏朗，具有很高的艺术价值。秦代以小篆为标准字体，与大篆相比，省掉了许多繁复的形体和异体字，线条也均匀整齐，行笔圆转挺秀。流传下来的著名秦篆有《泰山刻石》《琅琊台刻石》等。

（2）两汉确立多种书体后的成熟时期　汉代是中国书法走向成熟的黄金时代，这一时期出现了仪态万千、质朴浑厚的西汉简牍和帛书。代表隶书走向成熟与鼎盛的有以下碑文：东汉遒劲凝练的《礼器碑》、飘逸秀丽的《曹全碑》、开张宽博的《乙瑛碑》、厚重古朴的《张迁碑》和奇纵恣肆的《石门颂》。盛行于汉末的章草，即"隶书之捷"，代表作有史游的《急就章》、陆机的《平复帖》等。后汉张芝变章草为不带隶意的草书，即今草。其特点是体势连绵，笔意奔放，称"一笔书"，对"二王"（王羲之、王献之父子）草书影响颇大，被尊为"草圣"。这一时期同时出现了行书和楷书，钟繇楷书为较早的正楷作品。

（3）晋唐之间书法艺术的鼎盛时期　从魏晋南北朝到隋唐，书法艺术取得显赫成就，也就是书坛所称的"晋唐风范"。魏晋崇尚清谈，风气自由，书法艺术得以达到顶峰。此时名家辈出，名作迭现，诸体成熟，书苑繁荣。特别是晋代出现了"二王"等一批划时代的大家，筑就书法史上第一座艺术高峰，可谓雄视百代，光照千古。南北朝时期书风各异，南媚而北朴，有"北碑南帖"之说。南朝承继"二王"风气，书体婉丽清逸，传世之作有智永《真草千字文》等。北朝书道多见于碑刻，尤以北魏石刻为最，故称"魏碑"。有以"龙门二十品"为代表的造像记,以"张猛龙"为代表的碑刻,"张墨女"等墓志铭,"石门铭"等摩崖石刻。隋代则融合了南北朝的风格,为唐楷的确立奠定了基础。于是有了初唐四家(即欧阳询、虞世南、褚遂良、薛稷),均以楷书成就最大。其中欧阳询的《九成宫醴泉铭》,被称为唐人楷书第一。唐代书法成为了书法史上的第二座高峰,出现了楷书的两座丰碑,即颜真卿和柳公权的书法。他们突破了初唐诸家书法精工秀媚的风格,创造了雄强博大、遒劲丰润的艺术风格。由于唐代文化灿烂,风气开张,也诞生了"颠张(张旭)醉素(怀素)"这样的狂草大家。其书法如龙蛇奔走、骤雨狂风,使书法达到了宣泄人性与情感的极致。唐代也出现了李邕这样的碑学名家和孙过庭这样的著名书法理论家。

(4)五代以后书法艺术的承袭时期　中国书法的承袭时期包括五代、宋、元、明、清这1000余年的书法史,以清中叶为界分为帖学和碑学两个阶段。帖学阶段崇尚以"二王"为正统的晋唐书风,碑学阶段倡导学习古代碑刻(以六朝碑刻为代表,包括甲骨文、金文和秦汉碑刻),这些都是对古代碑刻的继承和完善,同时也使帖学和碑学成为书法史上两大最重要的流派。这一时期出现了五代的杨凝式(代表作《韭花帖》),宋代的苏东坡、黄庭坚、米芾、蔡襄,元代的赵孟頫,明代的祝允明、文征明、董其昌等名家,以及清代的傅山、朱耷、王铎,扬州八怪中的金农、郑燮和清中叶后的邓石如、伊秉绶、何绍基、吴昌硕、康有为等大家。

综观中国书法发展历程,书法这门艺术是人们在长期使用文字的实践中,不断创造、不断变革,使字体有简有繁并逐步趋向成熟完善的过程。早在春秋末期,人们就有意识地把文字作为一种艺术品来对待,书法也由此进入了艺术的殿堂。时至今日,书法成为越来越多的人学习和欣赏的对象。

2. 书法艺术的形成

在长期使用文字的实践中,人们根据汉字造型的特点,运用毛笔这一特殊的书写工具,通过艺术构思,调动艺术手法而创造了书法,使它具备千变万化、优美和谐、刚柔相济、妙趣横生等艺术特点。

具体来说,书法艺术的形成,主要包含四个方面的因素。

(1)初创时期的象形性　汉字初创时,基本上是对事物形象作概括性的描绘,每个字本身便含有画意,具有艺术的形象美。我国最早的文字都是图画,写字就是画画。我们的祖先把实物刻画在山洞墙壁和器具上,作为表达思想、记录说话的工具。这些写实的画,便是象形字;变到后来,就被称作方块字。所以,一个汉字往往就是一幅精练的图画。汉字具有图案装饰的美,这便是中国的书法能成为艺术品的主要原因。

从图6-1这幅字样可看出古代文字和现代文字演变的痕迹。这些古代的字,就是从图画里渐渐演变而来的。

(2)删繁就简,不断出新　在历史进程中,每次字体的改革简化,虽然不着重考虑书法艺术的提高,而是顺应社会发展的需要,但是,改革简化后的字体,却总是被后来的研究和掌握,成为书法艺术表现的新体,从而逐步积累了篆、隶、草、楷等多种各具特征的书写形式。同一文字,在不同的阶段,自有其不同的体貌,以至于一字多体,形态不一,不断丰富着书法艺术的表现力。总的说来,汉字书法的点画形态遵循着"简朴—繁

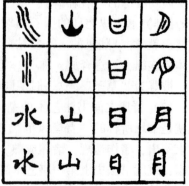

图6-1

复—简练"的规律,在删繁就简的过程中不断出新。

（3）充分发挥毛笔的性能　中国人用毛笔写字,已有两千多年的悠久历史（相传秦朝蒙恬造笔,以免毫竹管为材料）。毛笔因其软,富于弹性,伸缩幅度极大,最能表现线条的粗细、方圆、枯湿、曲直等各种姿态。而字形的美就是从变化着的线条中反映出来的。换言之,字的外在的精彩形式和内在的艺术性都有赖于毛笔的表现。以毛笔书写的文字能带上强烈的艺术色彩,构成它自身独特的艺术语言,使字的体态风格和传统绘画作品一样,有的柔婉,有的俏丽而有灵气,有的疏阔,有的雄奇,有的狂放,有的谨严,有的以气见长,有的以姿取胜……正因为有了毛笔,"笔软则奇怪生焉",中国书法才能成为一门独特艺术而步入世界艺术的圣殿之中。

（4）立异标新,风格多样　由于时代风尚的差异,即使同一字体,也会产生不同的风格。诸如,晋人的楷书、初唐的楷书、中唐颜柳的楷书,风格各异,令人得到各种不同的感受。正是由于书家所追求的意境和吸收传统手法的不同,从而形成了各自的个性和笔情墨趣。我们通常讲"晋人尚韵,唐人尚法,宋人尚意,明人尚态,清人尚质",就是指每一个朝代都有着独特的时代特征和审美标准。也正是在这种不断变化发展的审美进程中,书法艺术得到了继承、提炼和升华,形成了各种不同的风格流派,呈现出多姿多彩的艺术神韵。

3. 中国书法艺术作品欣赏的基本要素

历代流传的书法作品浩如烟海,在这些令人眼花缭乱的书法作品面前,怎样品评其高下、优劣,如何进行欣赏呢？这就需要我们掌握书法欣赏的基本要素,运用基本方法去深刻领会其内蕴。

基本要素：笔法、结体、章法,书法欣赏的基本要素包括三个方面：一是写字的笔法要合乎规矩法度；二是文字的结构造型优美好看,并且生动富有变化,但重心必须稳当；三是通篇的章法,不但要求具有外在的美观形体,而且要讲究精神内涵。

（1）笔法　正确的用笔方法,写出来的点画才圆润厚重,富有质感。以"横画"为例：在王羲之以前,人们对毛笔性能没有吃透,写出来的横画像片柳叶,用这样的横画写出来的字自然十分难看。通过几代人的实践与探索,到王羲之那里终于找到了用笔的窍门。就是在起笔、收笔时,把尖梢头收进去；下笔时,横画直落笔,直画横落笔作90°的转向后,向要运行的方向行笔,到另一头时,同样作90°的转向收笔。这样写出的笔画才会蓄势而发,力透纸背。图6-2为两种横画的比较。

图6-2

在书法上,把这种求规矩、讲法度称之为"理通"。历代大家总是善于在严格的规矩法度中纵横驰骋、挥洒自如的。那种点画狼藉,满纸纷披,一味在旁门歪道中自娱的作品,是经不起推敲也不会给人以美的享受的。

（2）结体　结体也称作字的间架。王羲之《题卫夫人〈笔阵图〉后》中就强调：必先"凝神静思,预想字形,大小偃仰,平直振动,令筋脉相连,意在笔先,然后作字"。这就是说,书法要写出生动活泼而富有生命力的形象,不能满足于点画的平庸搭配。这种形象的创造,是与"意"紧密关联着的,即受作者艺术构思驾驭的。古代书家所谓"字形在纸,笔法在手,意笔在心,笔笔生意",正道出了这一审美原则的内涵。对每个字的长短、大小、疏密、宽窄,有造诣的书法家总是深思熟虑,意随心到,笔随势生,使之曲尽其美,富

有生趣,"行行要有活字,字字须求生动",让人从静止的字形中看出活泼飞舞的动势,给人以余韵悠远的艺术享受。

被后人称作"天下第一行书"的《兰亭序》,是王羲之的得意之作,也是我国古代书法艺术宝库中的瑰宝。仔细观察不难发现,全件324个字中,重复的字,各有各的精神面貌,尤其是21个"之"字,各有各的姿态,没有一个是相同的,例如"暮春之初"的"之"较平和,"管弦之盛"的"之"较窈窕,而"晤言一室之内"的"之"却显得扁平紧凑。由此可见王羲之书法在结体上的千变万化,美不胜收。

(3) 章法　章法也就是布局。一个好的书法作品,总是生动活泼,神采焕发,并且蕴涵着音乐的旋律,无声而有节奏。这也是我们通常所说的"气韵生动"。有的书家或评论家,把这种精神气韵作为区别"书奴"与"书家"的重要标志与创作所追求的最高境界,可见章法在书家心目中的地位。

前人评论楷书的标准有"草情隶意"四字,就是说,好的楷书既要像草书那样的飞舞流畅,又要像隶书那样浑厚朴实。楷书的章法,就像在"格子布"里放"方块字",要求行行分明,字的点画间要形断意连,通体之内要一气呵成。行草书的章法,既要有错综复杂的变化,又要有笔断意不断的气贯意连,决不能被"方块字"或"格子布"束缚。

4. 中国书法艺术作品欣赏的基本内容

基本内容:理、势、力、神、韵,任何艺术都是内容与形式的结合,书法艺术也是如此。因此,欣赏书法作品应从内容与形式两方面入手。在内容方面,首先,应看其是否具有强烈的时代感。书法家应站在时代的高度,表现时代的主旋律,即"笔墨当随时代"。其次,看内容是否具有强烈的情感表现。书法作品具有极强的抒情性,它发自书家之肺腑,表露书家之心声。只有以情感人的作品才能千古不朽。

书法家通过变幻莫测的点线,在黑白世界里塑造自我,从而以奇制胜,流传千古。对书法作品进行欣赏的内容,包括以下五个方面。

(1) 理　就是指书法作品中体现出的书法家对法度的掌握和运用水平。法度本身并不涉及美感,但它是同神采、气韵的表现及其产生的艺术效果联系在一起的,在作品中成了一切艺术内涵是否能成功表现的前提,是作品取得巨大客观效果的必要保证。对于能产生神妙莫测的艺术效果和创造变化无穷的生命意象的法度的掌握,成了历代书家孜孜以求的目标。郭沫若曾评价鲁迅先生的墨迹:"熔冶篆隶于一炉,听任心腕之交应,质朴而不拘挛,洒脱而有法度。"书法史上的大量事实证明,巨匠总是善于在严格的法度中施展其创造才能的。因此,他们纵笔书写,既显现出书法的自主性而又不流于荒诞狂怪。这便是书法作品中真正意义上的"理通"。

(2) 力　书法中体现的力叫笔力。笔力是书法美的重要内容,对于书法作品的艺术生命力也是一个决定性的因素。蔡邕《九势》中提到:"藏头护尾,力在字中,下笔有力,肌肤之丽,故曰势来不可止,势去不可遏,惟笔软则奇怪生焉。"

力,有多种表现类型,有的雄伟,有的浑穆,有的强硬,有的跌宕,有的沉着,有的神妙,它们都是纸张与墨迹的黑白对比变化所产生的特殊效应。力,并不要求表面上张扬外露,而是渗透着作者的情意和藏于笔墨中的锥沙印泥之妙,有一种骨劲和内美,即"寓刚健于婀娜之中,行遒劲于婉媚之内,所谓百炼钢化为绕指柔"。否则,内不足而外张,表壮而里不壮,仍不能说有笔力。

(3) 势　势是指书法作品的形状和姿态,即以自然万物的外在姿态和内在机制在书法中的比拟，来表现点画与结构造型的体势。借以阐发用笔原则和方法者称笔势，用以论述结字法则与规范者称字势。蔡邕有《九势》，卫恒有《四体书势》。从书法欣赏看，若将骨法灌注到点画之中，使之豪逸纵横，气度不凡，则称为气势。萧衍《古今书人优劣评》中讲："王羲之书字势雄逸，如龙跳天门、虎卧凤阙，故历代宝之。"由此可见，"势"也是书法欣赏的一项重要内容。

（4）神　优秀的书法作品，如同闪耀着光彩的眼睛，能够递情传神，具有动人的魅力。因而神也是书法欣赏的重要内容，神采成为书法艺术的灵魂。王僧《笔意赞》开篇就说："书之妙道，神采为上，形质次之，兼之者方可昭于古人"。书法家在创作时，把强烈的感情活动与丰富的意蕴联想倾注于笔墨之中，于是那具有生命力的点线，以方圆、斜正、肥瘦、长短、曲直、干湿等不同形态进行排列、穿插、组合，创造出神奇的造型空间，使人赏心悦目，获得美的享受。形美是神美的前提，神美是形美的内涵，神与形相得益彰。

（5）韵　气韵是书法艺术的生命，是形与神之间的桥梁，是表达性情的介质；同时也是书法审美意识中一种奇特的创作思想的表露，是书者展现艺术个性与风格流派的一种心态与思维的倾向。南齐谢赫论画，把"气韵生动"列为六法之首。唐张彦远则说："若气韵不周，空陈形似，笔力未遒，空善赋彩，谓非妙也。"书法亦是如此。书家掌握了熟练的技巧，运气达于毫端，以气行笔，点画之间气脉相通，情韵和神采才能表现出来。在欣赏书法时，要看做品整个的气韵风度如何。也许有的像行军布阵，旌旗猎猎，士马精研；有的像尺幅丹青，疏林远阜，错落有致；有的像长江大河，奔腾跳荡，一泻千里；有的像洞溪曲流，春水繁花，移步换形。好的书法作品总是气脉贯通，生动活泼，神采飞扬，并且蕴涵着音乐的韵律，无声而有节奏，脱然出纸，使人目注神驰。因此，气韵成为书法欣赏的重要内容之一。

5. 中国书法艺术作品欣赏的基本方法

基本方法：远观、圆识、参悟，书法欣赏是一项综合性的活动，应从运笔、结体、章法、艺术水平、思想内容、历史背景入手，把握其包含的意蕴及其深刻的启示力量。清龚贤说："作画难，而识画尤难。天下之作画者多矣，而识画者几人哉！"虽是讲绘画，书法欣赏又何尝不是如此？因而要掌握正确的欣赏方法。具体方法有

（1）远观　书法艺术是视觉的艺术，当人们的眼睛接触到书法作品这个客观对象时，便产生了对作品的感觉。远观就是把作品看成一个由各要素构成的有机整体，通过静观，体验作品的一切组成元素是否和谐、完美而有秩序。

（2）圆识　书法本身既单纯又复杂，它单纯得仅以黑白的旋律去征服欣赏者，但其本身又是一个多维的、多向的结构，涉及政治、经济、文化和国际交流，与各种意识形态有紧密联系，同其他学科和艺术门类相互交融，因而具有时间和空间的广泛性、内容的丰富性、社会的复杂性。圆识就是以具有这些特点的作品为中心，以丰富的知识和经验为基础，从各个角度、各个层面对作品进行纵的、横的、多类型的、多层次的比较分析，从而对作品有比较全面深刻的理解。

（3）参悟　至今人们对一些艺术所产生的魅力还不能彻底解释清楚。人们也常会感受到书法作品中有一种难以名状的、神秘的意味，仿佛精妙之处在其中却难以用语言来表述，这就需要参悟。参悟就是在书法欣赏中不受外界干扰，整个精神沉醉于其间而产生的顿悟。这种方法已超出了对作品的表面欣赏，而是通过由表及里、由此及彼的方式，产生对人生、人性、哲理的深刻认识，即通过作品感悟到生命的本真，从而进入一个崭新的境界，这也是

书法欣赏的最高境界。

6. "人格美"对书家书作历史地位的影响

古人讲:"夫书,心迹也。"一幅优秀书作既是书家艺术功力与心境的表现,更是书家人格魅力的充分展示。它综合体现了一个人的精神追求和人生态度,是书家内在人格力量的外化形式。

宋代岳飞所写的"还我河山"的草书横幅,酣畅淋漓,峻峭挺拔,大气磅礴,真可谓是义愤之情,溢于毫端,使我们仿佛看见这位民族英雄当时"挥泪走笔",抒发"胸中抑郁"的动人情景。可见,书家创作的作品,表面上看来仅是一幅字,其实却体现着作者的思想情操和性格。

明朝有个著名的书法家叫张瑞图。他的书法功力是很深的,并且其书法也自成一家。但他是当时窃权祸国的太监魏忠贤的干儿子,他因这种关系做了地位相当于宰相的高官——建极殿大学士。他为魏忠贤生祠写了许多碑文,人们看了只会联想起他为太监义父奔走的丑恶嘴脸,正像这笔画的飞舞一般。再如宋代的蔡京,论其书法,本可以进入"宋四家"的行列,但因其与童贯、高俅之流为一丘之貉,欺压百姓,残害忠良,因而遭到历史的唾弃。

相反,唐朝杰出书家颜真卿,是一个忠义爱国的大英雄。他一生坚决维护唐王朝的中央集权和全国统一,先后同叛将安禄山等进行了英勇不屈的斗争。他在七十多岁高龄时,不屈于叛将李希烈而慷慨就义。历史上,对颜真卿这样的爱国者,即便不是文人学士,对他的片纸只字也都会倍加珍爱,何况他的书法又是那样的超逸绝伦。他的正楷作品,有着耕牛般的稳健和扎实,字体宽博、厚重,使人联想到他的刚强、耿直、朴实;他的行书作品如《祭侄文稿》,是他听到侄儿季明被叛军杀害后,怀着激愤心情挥毫写就的,悲愤之气溢出字面,气势磅礴,整幅作品富有力度,被后人誉为"天下第二行书"。欣赏其《裴将军诗》,感觉有雷霆俱发之势,白处若雪堆千尺,雄伟壮观,黑处似旷野万里,萧疏有致。总之,颜真卿的字气象博大,纵横跌宕,这正是他一生经历和"英风烈气"精神的形象化表露。

再如周恩来总理所书写的《大江歌罢掉头东》一诗的手迹也充分显示了这一点。其字体结构端庄稳健,宽绰雄放。除了笔法、用墨以及腕力各方面皆具有颜体和魏碑的优点之外,更有显示革命者博大襟怀的洒脱笔意,字显得刚直厚重、沉雄有力。

毛泽东同志的书法,在继承传统书法精华的基础上,融入了强烈的个性色彩,并得到了人们的一致赞誉。他善于依据书写的内容,将思想感情的波动起伏发之于毫端,运笔神速,若郢匠挥斤,令人感到他手中的笔在迎面挥动,产生出昂扬豁达的气概,字显得气势磅礴,流韵宏壮。像《娄山关》一诗写得刚劲豪放,看了使人联想到字外的风云变幻,体现了作者那种在中国革命转折关头"而今迈步从头越"的坚贞不屈的信念。《满江红》则写得高亢激昂、笔力千钧,显示了革命领袖对所领导的正义事业必将取得最后胜利的坚定信心。

由此可见,欣赏书法不仅要具有较高的鉴赏能力,更要在实际学习和工作中锻炼和培养自己的意志品质,养成良好的生活和学习习惯,使自己成为一个有高尚道德情操和远大志向的人。只有不断完善自我,才能在书法欣赏中得到有益的人生体验。通过书法学习来逐渐提高自己的修养,形成高雅气质,适应时代与社会对当代大学生提出的更高要求,这才是我们学习书法的最终目的。

四、外国美术

1. 文艺复兴时期的意大利、尼德兰等国家和地区的美术

在欧洲文化艺术发展史上，文艺复兴时期是个重要的历史阶段。这个历史阶段一般是指15、16世纪，但在文艺复兴运动的发源地和中心的意大利，则还包括14世纪。这个时期是欧洲封建社会的晚期，也是资本主义萌芽的时期。在这个时期，"意大利出现了前所未见的艺术繁荣，这种艺术繁荣好像是古典时代的反照，以后就再也不曾达到了"（恩格斯《自然辩证法导言》）。这一场"繁荣"，就被历史学家们称之为"文艺复兴"运动。当然文艺复兴并不是古希腊、古罗马文化的简单复兴，而是借用古希腊、古罗马的语言唱出新的文化的赞歌。它标志着资产阶级文化的萌芽，反映了新兴资产阶级的要求。

在意大利文艺复兴时期美术发展的同时，地处欧洲北部、资本主义经济发展规模仅次于意大利的尼德兰（包括现在的荷兰、比利时、卢森堡及法国东北部的一些地区）逐渐开始了文艺复兴运动，产生了具有自己民族特色的美术，对欧洲美术，尤其是对欧洲油画的发展做出了重要的贡献。对欧洲绘画艺术发展的影响来讲，尼德兰美术的重要性仅次于意大利。尼德兰文艺复兴时期的美术，突出地表现在绘画方面，而其中又是以凡·埃克兄弟和彼得·勃鲁盖尔为代表。

德国的文艺复兴时期，印刷术在德国很快地发展起来，成为全欧洲最大的行业。随着印刷术的繁荣，版画艺术（主要是铜版画和木刻）作为艺术作品的复制手段也很快地发展起来了，版画创作也随之成为德国画家艺术创作的一个很重要的方面。德国成了欧洲版画艺术的故乡。在这个重要的历史时期里，产生了两个具有世界影响的画家，他们就是丢勒和荷尔拜因。

在这场批判中世纪的宗教神学、学习古代希腊罗马、创造新的思想文化的运动中，产生了一批优秀的美术家和一系列的光辉杰作，从而形成了欧洲美术史上继古希腊罗马之后的新高峰。

2. 18世纪的法国美术

18世纪是资产阶级革命进一步发展的时期。这时，既有为封建宫廷和贵族服务的处于没落状态的美术，也有为资产阶级革命制造舆论，或者为一般市民服务的充满生气的新的美术。法国、西班牙、英国和日本的美术，就突出地表现了这一点。

18世纪的法国美术，按基本艺术潮流来讲，主要是"洛可可"风格的绘画和与它相对立的受启蒙运动影响的市民写实美术，以及18世纪末法国大革命时兴起的新古典主义美术。1824年法国波旁王朝复辟，知识分子十分苦闷，在文艺上掀起浪漫主义运动，十分崇尚夸张手法。之后便形成了"浪漫主义"与"新古典主义""现实主义"多种流派并存的局面。

3. 20世纪以来的西方现代派美术

欧洲艺术从传统形态向现代形态过渡，经历了"印象主义"和"象征主义"阶段。其变革跳跃幅度很大，革新思想鲜明。马克思主义与自然科学的新发现，引起美术界思想动荡，画家们主张摆脱文学的影响，通过自己的印象直接描绘阳光下的事物，于是便产生了西方现代派美术。

西方现代派美术，是19世纪末20世纪初至现在西方资本主义国家各种资产阶级美术流派的总称。它的流派有十几种之多，其中比较重要的有野兽派、表现派、立体派、达达派、超现实主义，以及后来的各种名义的抽象派、超级现实主义等派别。这些通称为现代派的许

多流派，有的只是昙花一现，有的却在相当长一段时间里，对西方资本主义世界的现代美术产生了重要的影响。我们不可能在此详细地论述这些流派，只能通过介绍几种比较有代表性的流派，以扩大视野，增强识别能力。

（1）野兽派和表现派　野兽派和表现派是20世纪初同时产生在法国和德国的两个重要的西方现代资产阶级美术流派。

野兽派并不是一个组织，也不是通过发表宣言之类而自称为野兽派的。因为他们的绘画，不论在造型还是在运用色彩上都越出了当时西方绘画的常规，所以，这些画家被当时的批评家嘲讽为"像一群野兽一样凶猛地包围着一件古典作风的雕塑"。野兽派即由此而得名。实际上，他们是直接继承和发展了"后期印象派"凡高等人的画风，进一步强调绘画要表现画家强烈的个性，并主张多用大色块和线条构成夸张变形的形象，以求得"单纯化"的装饰效果。

与野兽派同时产生的德国的表现派，其艺术手法不仅表现在绘画（油画和版画）方面，而且在文学、戏剧、音乐、建筑艺术等方面都有所反映，同时，表现派画家还有自己的组织。作为绘画领域中的表现派，在反对艺术是自然的模仿，主张艺术要表现画家的主观精神，采取夸张、变形等艺术手法方面，与野兽派是完全一致的。但两者又有不同之处，主要表现为：野兽派更重视表现画家的个性，表现派则更重视表现画家的主观感受和激情；野兽派在色彩上更多地追求装饰效果，表现派则更重视运用生动泼辣的艺术手法。所以，在他们的画面上，色彩鲜明、强烈，线条和笔触大胆、奔放，使人感到刺激和动荡不安。那种严谨、细腻、柔和、优雅的作风，是和表现派的艺术风格不相容的。此外，表现派绘画由于过分强调表现画家的主观感受和体验，以致有些画家的作品就变成了完全脱离客观形体的最早的抽象派绘画作品。

（2）立体派　或称立方派，是继野兽派之后的另一个现代资产阶级美术流派，也产生在法国。它的主要活动时间是1906—1920年之间。这一流派的名称也是来源于批评家的嘲讽。它的产生是和"后期印象派"塞尚热衷于表现客观对象的体面结构的创作思想密切相关的。他们企图依靠主观想象力和创造力去追求客观对象立体构造所具有的美。立体派的重要创始人毕加索在1907年创作的油画《亚威农少女》（见图6-3）就是立体派绘画的开端。毕加索把人的形体分解为几个几何形体切面，然后再使它们互相重叠，以此来追求所谓形体结构的美，以致发展到完全不顾客观对象的具体形态，极力夸张、变形，进行任意的组合。尽管许多作品有标题，但观者很难理解它们所体现的具体内容。

图6-3

（3）达达派　达达派是1916年在瑞士苏黎世产生的一个从诗歌到音乐、绘画的西方现代资产阶级艺术流派。它的发起者是罗马尼亚人屯思唐·查拉。他们有自己的组织和刊物，并发表过《达达宣言》。"达达"一词原是法语中的儿语，包含有"玩具马"的意思，也可引申为"无目的"或"无意义"。发起者虽然是从一本法德词典中随便选取这个词来为自己的艺术流派命名，但这个词所包含的"无目的"或"无意义"的含义，与这一流派的艺术主张——创作"无目的""无思想"的文艺，还是相符合的。例如，达达派绘画的主要代表人物比卡皮亚为达达派的发起者屯思唐·查拉画了一幅肖像，画面上竟然没有人物形象，只是在一条垂直线上画了五个圆圈，写了一些无关的文字。再如，达达派绘画的另一代表人物、法国画家马赛尔·杜尚在1917年竟然以一个现成的小便池颠倒过来钉在木板上，题名为《泉》，作为一件"美术作品"送到美国纽约一个美术展览上公开展出。

（4）超现实主义　很明显，像达达派这样的艺术流派，毕竟是太违反人类的常识了，所以，不久就有人企图把达达派从荒唐的胡闹中拯救出来，使之成为一个真正的艺术流派。这样，就于1924年产生了一个新的艺术流派，即"超现实主义"。

超现实主义由法国作家布洛东1924年在巴黎发表第一篇《超现实主义宣言》而得名。以后，受文学的影响，又产生了超现实主义的绘画。其主要特征是以所谓"超现实""超理智"的梦境和幻觉等作为艺术创作的源泉，认为只有这种超越现实的"无意识"的世界，才能摆脱一切束缚，最真实地显示客观事物的真面目。因此，他们否定艺术反映现实的基本规律，他们的诗歌、散文和绘画作品所表现的只是一些光怪陆离、荒诞不经的感觉和印象，毫无联系的景物和晦涩难懂的符号。超现实主义派的这种创作思想，除了受到西方现代资产阶级反理性的哲学思潮特别是弗洛伊德的精神分析学的影响外，也是第一次世界大战后欧洲一些资产阶级知识分子苦闷彷徨、狂乱不安的精神状态的反映。

（5）抽象派　前面谈表现派时，已经提到抽象派绘画。但是，抽象派作为一种艺术思潮和艺术流派正式流行起来，则是在第一次世界大战以后至20世纪50年代。其中，20世纪50年代是它最流行的时期。抽象派艺术手法不仅表现在绘画上，而且表现在雕塑等其他方面。在它的流行过程中，还出现了许多不同的派别，就抽象派绘画来讲，就有"几何形体派""塔奇主义""光效应艺术"等。

● 几何形体派。属于早期的抽象派。因这一流派的绘画主要运用抽象的几何形体，故被称为"几何形体派"。

● 塔奇主义。又称"涂抹派"，这种画派是早期抽象派绘画的恶性发展。它的主要特征是随心所欲地用各种物质材料任意涂抹。这一流派的重要代表人物、美国画家杰克逊·波洛克曾公开声称："当我画画时，我不知道在画什么，只有以后，我才看到我画了什么。"随心所欲、任意涂抹的抽象派绘画的进一步发展，就产生了有人用身体涂着颜料，在画布上乱滚作为"创作"，或者干脆借用驴子尾巴，猩猩巨掌，鸡、猫的脚爪来"创作"的现象。

● 兴效应艺术当抽象派绘画的恶性发展日益遭到广大群众的厌弃之后，20世纪60年代中期在美国又产生了另一种抽象派绘画——"光效应艺术"。它的主要特征是利用光的效果，通过几何图形和色彩的对比，在人的视觉上造成一种光效幻景。

（6）超级现实主义　超级现实主义又称照相现实主义。这是近几十年来，特别是20世纪70年代在西方比如美国最为流行的另一种资产阶级美术流派。它的主要特征是：借助照相机，先把要表现的对象拍摄下来，然后按照照片，以极精细的笔触，表现比照相还要细腻、逼真的人像或风景等。他们自命为"超级"现实主义，也称"超级写实主义""照相现实主义"。尽管画得很细腻很逼真，但画面上的人物形象缺乏生气。一些美术评论家认为画中所表现的"既不是人，又不是非人，而是一种还原到中性的、仅具生物学机能的人这样一种生物"。这说明，超级现实主义画家追求所谓细腻、逼真，只不过是自然主义的一种末流。超级现实主义这种以追求极端逼真为主要目的的创作思想，在雕刻作品中表现得尤其突出。他们往往用翻模方法直接从活人身上分段翻制人体，然后给这些人体涂上与真人皮肤相

同的颜色，穿上真的衣服，配上真的道具，使这些人物雕塑如同真人一样，真假难辨。

以上所述，只是西方现代派美术比较有代表性的流派。对于这些流派，到底如何正确评价，长期以来在国内外都是一个有争议的问题。而且，现代派今后如何发展，也很难判断。另外，这些统称为西方现代派美术的各个流派，它们的情况也并不完全相同。例如，那种主张"无目的""无意义"的达达派绘画或是随心所欲、任意涂抹的抽象派绘画，对于工艺美术或工业美术，有时也有可以借鉴的地方。因此，对于西方现代派美术，既不能一概肯定，也不能全部否定，需要作全面的具体的分析，分清情况，区别对待。

五、美术欣赏的作用与基本方法

1. 美术欣赏的作用

美术欣赏的作用，是文艺理论和美学中的一个重要问题。这里，只是从本课程的需要出发，谈谈美术欣赏的作用。

（1）美术欣赏可以帮助我们开阔眼界，拓展知识领域　大家知道，人类生活的世界是极其广阔的，生活的内容是无比丰富的。但对每个人来讲，不管他如何见多识广，也不可能观察和体验到社会生活的一切方面。然而，借助于古今中外的许多优秀的美术作品，却可以使我们形象地接触到许多个人生活经历远远不能涉及的广阔领域，可以帮助人们周游世界、了解历史，极大地拓展知识领域。

（2）美术欣赏可以陶冶人的思想情操，提高人的精神境界　美术欣赏活动的特点，首先表现在它是一种感觉与理解、感情与认识相统一的精神活动。因此，欣赏者通过对艺术作品的欣赏而提高认识、受到教育的过程，表现为一种"潜移默化"的过程。这种"潜移默化"的过程，就是对人的思想情操的陶冶过程。例如：古埃及的金字塔使人觉得宏伟壮观；古希腊雕塑《维纳斯》使人感受到优美和崇高；我国原始社会的彩陶和商周的青铜艺术，以及其他许多巧夺天工、光彩夺目的工艺品，使人深深地感到祖国历史的悠久和文化的灿烂，从而不断增强热爱伟大祖国的思想感情。至于中外历史上一些有历史局限的以至于不好的、反动的美术作品，在欣赏过程中，通过比较鉴别，也可以使人们具体地认识到什么是"真""善""美"，什么是"假""恶""丑"，什么应当肯定，什么应当鄙弃，这对人们的思想感情也是一种很好的陶冶。而陶冶思想感情的过程，本身就是提高精神境界的过程。

（3）美术欣赏是提高艺术素养和审美能力的最重要的途径　马克思说："艺术对象创造出懂得艺术和能够欣赏艺术的大众。"这就是说，按照美的原则创造出来的艺术品，反过来又会对人们起着美的教育作用，从而提高人们欣赏艺术的能力。这种欣赏能力的积累，就成为人的艺术素养和审美能力。而这种能力的培养，主要是要通过艺术欣赏实践。对艺术作品看得愈多的人，就愈能鉴别和欣赏艺术。特别是多欣赏一些古今中外有代表性的美术作品，是提高艺术素养和审美能力的重要途径。

以上所谈的美术欣赏的三个作用，不论是开阔眼界，增长知识，还是陶冶思想情操，提高精神境界和艺术素养、审美能力，都是通过一种以认识美和评价美为主要特征的教育方式来实现的。这就是通常所说的审美教育。这种审美教育不仅有助于端正人的审美态度，培养人的审美能力，而且还能潜移默化地影响人的道德品质的培养。因此，美术欣赏不仅是审美教育的重要内容，而且对于德育和智育也有不可忽视的作用。可见，美术欣赏对于我们建设社会主义的精神文明，也具有重要作用。

2. 美术欣赏的基本方法

前面说过，美术欣赏是一种主动接受艺术的审美过程，是欣赏者依其直观感受产生第一印象后，对作品构成因素及艺术表现特点进行理性分析，理解艺术家的创作初衷，进而引发欣赏者在自身审美经验基础上创造性的联想和想象，获得再次感受，从而提高感受美的能力，使感性上升为理性、自在上升为自为。

既然美术欣赏是一种使欣赏者不断获得审美知识、不断提高审美能力的活动，这就要求这一活动不能仅仅停留在认识艺术中的表象和与日常生活相关的意义上，而是要从审美心理出发去感受艺术作品中与人生相对应的形式，体验作者的审美经验，获得艺术形式的象征意义，进而达到观赏者个人的审美经验与艺术家所创造的带有普遍性的审美经验的交融。任何成功的艺术作品都有从个别到一般的象征意义。当看了凡·高画的一双旧皮鞋时，我们从中看到的仅仅是一双鞋子吗？当看到米开朗琪罗为西斯庭教堂创作的天顶画《亚当出世》时，我们不难从中感受到生命的火花输送到亚当身上的一种张力。这是把人生意义外化为可见的形式，也是作者内在情感的物态表现。我们欣赏美术作品就是要把重点放在研究、分析作品是如何给一个无形的一般概念赋予形体的。把握克莱夫·贝尔所称的"有意味的形式"是欣赏作品获得成功的关键。任何有关艺术家的生活轶事和时代背景资料的介绍都必须有助于把握这个"有意味的形式"；否则，只会分散欣赏者对眼前作品的注意力，使之无法把握作品中与"生命"相对应的形式，把欣赏活动导入误区。

所以，美术欣赏也需要方法。只有掌握了比较科学的、正确的方法，才能使自己的欣赏能力、审美水平得到不断的提高，才能对思想内容和艺术形式之间存在着比较复杂关系的美术作品，进行正确的鉴别和恰当的评价。

美术欣赏的基本方法，大致可以归纳为以下几点。

(1) 直观　美术是一门造型的、空间的、视觉的艺术，人们观赏美术作品是以视觉为导引，以作品的直观感受为开端的。美术欣赏与美术创作颇有类似之处：画家在写生时，对对象的第一印象是十分宝贵的，关系到他是否能迅速把握住对象复杂的色彩关系和总的情调；在美术欣赏中，观赏者在观赏美术作品时，最初的直观感受往往是获得美感的重要基础。由于最初的直观感受是一种未受干扰的、对对象整体的把握，因此是新鲜的、生动的，甚至是比较准确的，使人留下很深的印象。但是，直观感受的强弱程度、正确与否，是因人而异的。由于观赏者的生活经验、审美经验不同，而存在着审美水平高低的差别。重视直观感受在美术欣赏中的作用，也就是要求观赏者注意不断提高自己的思想水平，丰富自己的生活经验，增强自己的文化艺术修养。

(2) 分析　最初的直观感受在美术欣赏中固然重要，但它毕竟只是一种感觉而已，属于欣赏的初级阶段，还有待于由表及里、由感性到理性的深化。这就有赖于采用分析的方法。

所谓分析，简单地说就是对作品的体裁、题材、构图、造型、色彩、肌理、风格等，从思想内容到形式、技巧一一加以解剖，进行深入的思考和研究，达到对作品的艺术形象构成和思想内涵的理解。这就要求观赏者具有比较广泛的知识和较高的艺术修养。就欣赏某一具体作品而言，应当了解作者的生平、所属流派、作品创作背景，以及相关的美术、历史知识等。这光凭记忆是不够的，要学习和懂得利用工具书。分析，是深化欣赏的重要步骤，是美术欣赏的基本方法，也是美术欣赏的基本功。要反复练习，熟悉这种方法，并能熟练运用。

(3) 比较　俗话说："不怕不识货，就怕货比货。"比较也是美术欣赏的一个重要方法。

尤其是作品的艺术形式、技巧方面，如不同的画种、不同风格的作品，用文字语言来描述常常不容易说清楚。但如果把这些作品摆放在一起进行比较，很快就会得出结论。因此，我们在美术欣赏中切忌孤立地对待一件作品，而是要和其他作品联系起来看，进行多方面的比较，例如横向比较、纵向比较、相似比较、反差比较等。

（4）综合　在美术创作中，画家通过形象思维创造艺术形象，是用形象来感染、打动人的。在美术欣赏中，观赏者也离不开形象思维。美术欣赏包含着观赏者以对作品的直观感受为开端、导引，经过自己的联想、补充和再创造的过程。我们观赏一件优秀的美术作品，多少年后，作品的作者、题目和内容，可能被遗忘了，但作品形象却不易忘却。这就是说在美术欣赏中，理性的分析虽然是必要的，但最终仍需回到对作品的艺术形象的感觉上去，经过理解去更生动、更鲜明、更深刻地"感觉"。这就是说在美术欣赏中还要运用综合的方法：我们既不能满足于最初的直观感受，也不能停留在理性的分析上，而是要把感性与理性统一起来，进入更高层次的审美境界。

第四节　实用艺术与摄影艺术给你一个斑斓的世界

一、实用艺术的审美特征

从"艺术的门类"一节中，我们知道实用艺术主要指建筑艺术与工艺艺术。

1. 建筑艺术的审美特征

● 建筑的实用功能。建筑人类生活、工作的环境与场所。它与美的联系就体现在建筑的价值意义——"善"，而建筑之"善"又以"真"（科学规律）为前提，"真""善"统一而达到"美"。

● 建筑的审美功能。随着人类文明的进步，建筑还增添了审美的功能，即具有雕塑的属性。由于建筑艺术所占空间庞大，会给人的视觉造成强大的冲击而给人留下深刻印象，因此，建筑艺术十分讲究形与色，美的建筑必然充分体现"形式美"的组合规律。人们常将出色的建筑誉为"凝固的音乐"，因它会给人以深刻的韵律感受。

● 建筑的文化功能。建筑之美具有鲜明的民族性，古今中外皆然。故在文化交流中，如何保持传统之优，吸取他人之长，是建筑美学的重要课题。

2. 工艺艺术的审美特征

工艺艺术除种类繁多的工艺品外，也指其他工业产品（大到飞机、轮船、轿车，小到手机、手表）的外形设计与包装。

● 工艺艺术品种之多不胜枚举，故审美特征具有多样性。工艺艺术之美或精细、或粗犷、或宏伟、或细微，显示出其多样性。

● 同类品种的艺术在美的属性上显示出"大同而小异"或"求同存异"的特点。如果没有"异"，雷同的东西说不上是艺术。

● 工艺品贵在设计奇巧，对艺术技巧的特别注重是工艺艺术的又一审美特征。

● 工艺品之美有突出的民族性、民间性、地域性；民族民俗、宗教信仰也可从中体现。

● 工艺艺术的审美特征，还与该艺术物质载体的质地有内在联系。用昂贵高雅的黄金、白银、玉石、玛瑙、翡翠……为施艺对象，则可能创造出"价值连城"的艺术品来。

二、摄影艺术的审美特征

摄影通称照相，是通过感光胶片的感光作用，用照相机拍下实物的影像。

摄影是一门科学，是信息传播的重要手段。它是现代科学技术综合运用于形象信息记录、再现和传播的新型科技手段。摄影作为一种技术手段，已经广泛地运用于各学科、各领域和国民经济建设的各个部门。摄影又是一种艺术欣赏的重要形式，它已经成为人类文化生活的一个重要内容。著名的法国大画家安格尔叹赞道："摄影术真是巧夺天工，我很希望能够画到这样逼真，然而，这可能是任何画家也难以做到的。"

我们平时所说的"摄影术"，与摄影艺术还不完全是一回事，它们有着截然不同的本质属性。摄影者由于摄影的目的、性质不同，往往表现出不同的特点。如果把摄影作为某种实物形态或事件的记录、储存和传播的手段，基本上是对原物的复写，这同复印机复印某些材料的目的是一样的，这就叫摄影术；但是，如果把摄影术用来达到艺术创作的某种目的，在拍摄事物的过程中，凝注了摄影者对于生活、理想、审美观念和对事物美与丑的评价，并且达到了一定的典型高度，这些照片就具有了认识价值和审美价值，这类摄影作品就成了摄影艺术作品。这种具有审美属性的创作活动，通常我们把它叫做摄影艺术。因此，在摄影活动中拍摄的作品是否具有审美属性，是区别应用性信息资料摄影与摄影艺术的基本依据。

摄影艺术作为一种艺术形式，与文学、音乐、舞蹈、绘画等艺术形式有着不可分割的联系，彼此之间互相影响，互相作用，共同发展。它们的共同特征是来源于社会生活，又以更集中、更典型的形式反映社会生活。摄影艺术发展的历程告诉我们，在研究和认识摄影艺术的本质和审美特性时，必须把它置于艺术的整体范畴中进行考察，才能既立足于摄影又能在艺术整体的联系中，准确地概括它的本质特征。

摄影艺术是以摄影为手段的一种艺术形式，是一种平面视觉造型艺术。它具有独特的表现形式和特殊的艺术语言，同时又具有独特的社会功能和审美价值。

1. 摄影艺术通过艺术形象这一特殊形式来反映客观世界和社会生活

摄影的纪实性决定了摄影艺术形象是剥离于现实的直接物象，但绝不是生活原型的复制。它是主观因素与客观因素的统一体，是感情因素和理性因素的统一体。它既有鲜明独特的个性，又具有普遍的共性。

2. 摄影艺术是一种特殊的视觉造型艺术

它借助于摄影机和感光材料的光学、化学功能，以纪实性为特点，来塑造艺术形象，创造艺术美。摄影与绘画、雕塑等造型艺术有所不同。摄影艺术是利用科技手段直接从现实中进行选择和剥离，它创造的艺术形象几乎是事物的再现，十分形象、逼真。摄影艺术由于其物质手段固有的特性，只能是严格按照事物的本来面目，在精心、细致的选择中，抓住自然现象和正在发生的具有典型意义的事物，一次性地完成对事物的表现。在创作过程中"形象的塑造"几乎全部在瞬间"选择"中完成，所以有人说摄影是一种选择的艺术。摄影艺术虽然从形式上看是直接再现客观对象，但它却蕴涵着作者主观的审美意识和人类共同的情感，是"真""善""美"的统一。从这种意义上讲，摄影艺术是一种纪实性的造型艺术。在摄影艺术的创造中，也有人运用物质手段来塑造艺术形象，表现为写意的形态。

摄影是一种视觉造型艺术，塑造视觉形象是它的主要特征。在鉴赏摄影艺术作品时，是通过视觉感官对艺术形象的直接感知来获得美感。眼睛是摄影审美的主要器官，对眼睛的审美感受来说，明暗、色彩、影调和造型等都具有表达情感的审美属性，当视觉受到这种光、

影、色、形的刺激时，便使人获得精神上的审美愉悦。

3. 摄影艺术是人类审美认识和审美情感的物化形态

摄影艺术是审美的一种形式，摄影艺术作品体现了创作主体的审美创造和鉴赏主体的再创造。摄影艺术的审美创造表现为"能动的纪实再现"。一方面，创作主体利用摄影器材的纪实功能，再现社会生活，通过选材、构思、布光、取景等将主观的思想情感、审美理念和艺术追求融入拍摄对象，创造出主客观统一的艺术形象；另一方面，鉴赏主体按照自己的生活阅历、知识情趣、审美理念和审美追求进行积极感受，达到新的审美意境和审美效果，这实际上也是鉴赏主体的再创造。正是鉴赏主体的再创造，摄影艺术才最终完成和实现了自身的审美意义和审美价值。

4. 摄影艺术凝聚着生活中的"真""善""美"，是人类审美意识的物化形态

摄影艺术中的美比现实更集中、更典型，具有现场美感和真实美感，凝聚着生活中的"真""善""美"，更能引起人的审美愉悦。

第五节　生活、理想、追求——文学与综合艺术的美学内涵

文学艺术所涉及的具体艺术形式十分丰富，诸如小说、诗歌、散文、传记、特写等。综合艺术，顾名思义，指多种艺术形式、艺术语言、艺术手法相融共济，其重要形式有电影、电视、戏剧。

文学与影剧联系密切，共同表现人们的生活、理想、追求，抒发人们丰富的内心情感。现就相关内容简介如下。

一、文学艺术的审美特征

（1）情理交融　文学艺术以语词、文字为物质载体，其美的属性多不表露于外，人们需通过审美认识与理性思维的相互转化，方可获得审美感受。

（2）再创性　正因为文学艺术的情理交融，造就了文学艺术"再创造"的广阔空间，可将其转化为表情艺术、造型艺术、综合艺术的多种具体艺术形式。

（3）形象差异性　文学艺术创作者的形象思维通过文字的描述有其确定性，而欣赏者的形象思维都是不确定的，即或受其描述的引导，也因主体不同而意象万千。

（4）能动作用　审美主体审美能力的高低、情感的丰富程度对文学艺术审美价值的实现具有十分明显的能动作用。

（5）理性启迪　文学艺术的"艺术语言"非色彩、形状、声音等感性材料，故文学艺术的审美价值侧重于理性启迪。

二、中国文学艺术中的小说与诗歌

1. 中国古典名著

小说起源于中国古代劳动人民劳作和休息时的闲聊。正如鲁迅先生所讲："人在劳动时，既用歌吟以自娱，借它忘却劳苦了，则到休息时，亦必要寻一种事情消遣闲暇。这种事情，就是彼此谈论故事，而这谈论故事，正就是小说的起源。"

● 六朝时代，中国人迷信鬼神，加上印度佛教思想的传入，为了与鬼神沟通，巫、方士、民间百姓，多谈论鬼神、求仙的怪诞故事，就有了小说的收获。这个时期的小说比较著

名的有：干宝的《搜神记》，陶潜的《搜神后记》，魏文帝的《列异传》，王琰的《冥祥记》，王浮的《神异记》。

- 中国小说到了唐代，成为重要的里程碑。因为唐代的小说，是文学家有意识创作的作品，且篇幅较长，情节也曲折，一般称之为"传奇小说"。较著名的作品有：沈既济的《枕中记》，陈鸿的《长恨歌传》，白行简的《李娃传》，元稹的《莺莺传》，李公佐的《南柯太守传》。
- 宋代的小说包含在"讲史"与"说话"中。它们对后来的小说，尤其是长篇章回小说影响较大。这时期的著名作品有《五代史平话》《京本通俗小说》。
- 中国古典小说到了元、明、清时期，达到一个收获高峰期。这期间产生了一批著名作家和有国际影响的作品如元末明初罗贯中的《三国演义》，明代施耐庵的《水浒传》，明代吴承恩的《西游记》，清代曹雪芹的《红楼梦》，清代吴敬梓的《儒林外史》，清代文康的《儿女英雄传》，清代石玉昆的《三侠五义》，清末李宝嘉的《官场现形记》。

2. 中国现代名著

- 中国现代文学的初期，主要是反封建，反专制，提倡科学民主；反对文言文，提倡白话文；反对旧传统、旧制度，提倡个性解放。涌现出了一批著名作家和作品，代表作如下。

鲁迅的《狂人日记》（中国现代文学史上第一篇白话小说），《阿Q正传》《呐喊》（小说集）。

胡适的新诗集《尝试集》（中国现代文学史上第一部白话诗集）。

郁达夫的小说集《沉沦》（中国现代文学史上第一部白话小说集）。

叶圣陶的小说集《隔膜》。

- 20世纪20年代末到30年代，无产阶级革命文学得到了有力的倡导与发展。这一时期，文学反映工农大众、自觉揭示历史发展趋向、表现无产阶级理想要求成为文学工作者的主要任务，创作实践也有所突破。这个时期的代表作有。

茅盾的长篇小说《蚀》《子夜》。

巴金的长篇小说《激流三部曲》。

萧军的长篇小说《八月的乡村》。

萧红的长篇小说《生死场》。

王统照的长篇小说《山雨》。

老舍的长篇小说《骆驼祥子》。

柔石的中篇小说《二月》，短篇小说《为奴隶的母亲》。

沈从文的中篇小说《边城》。

艾芜的小说集《南行记》。

- 抗日民族解放战争时期，文学出现了各种流派和各种创作方法。作家深入工农兵群众生活，坚持革命现实主义方向，写出许多群众喜闻乐见的作品。代表作有。

李劼人的长篇小说《死水微澜》《大波》《暴风雨前》。

赵树理的中篇小说《李有才板话》。

孙犁的短篇小说《荷花淀》。

沙汀的长篇小说《淘金记》。

老舍的长篇小说《四世同堂》。

钱钟书的长篇小说《围城》。

丁铃的长篇小说《太阳照在桑乾河上》。

周立波的长篇小说《暴雨骤雨》。

● 新中国成立后，人民当家做主人，代表社会主义新中国文学的主导风格也逐步形成，热情歌颂社会主义革命和社会主义建设中的英雄形象成为主要潮流。这期间产生的有代表性的作品有：

杨朔的长篇小说《三千里江山》。

孙犁的长篇小说《风云初记》。

杜鹏程的长篇小说《保卫延安》。

李乔的长篇小说《欢笑的金沙江》。

吴强的长篇小说《红日》。

曲波的长篇小说《林海雪原》。

杨沫的长篇小说《青春之歌》。

欧阳山的长篇小说《一代风流》。

罗广斌、杨益言的长篇小说《红岩》。

● "文化大革命"结束后，展示"伤痕"，反思民族的命运，思考如何振兴中华，探索建设有中国特色的社会主义道路，成为作家的神圣使命。这期间产生的有代表性的作品有：

刘心武的短篇小说《班主任》。

卢新华的短篇小说《伤痕》。

张洁的长篇小说《沉重的翅膀》。

谌容的中篇小说《人到中年》。

蒋子龙的短篇小说《乔厂长上任记》。

高晓声的短篇小说《李顺大造屋》。

周克芹的长篇小说《许茂和他的女儿们》。

3. 中国古典诗歌

（1）概况　诗歌是中国文学中产生最早的艺术形式之一，也是中国文学中得到充分发展的体裁。《诗经》是最早的一部诗歌总集，其中最早的诗篇产生于西周初年，最晚的产生于春秋中叶。四言为主的句式和重叠反复的章法，是那个时代诗体的重要特色。紧接着，在南方的楚地又兴起一种新的诗体——楚辞。楚辞是在楚地民歌的基础上发展起来的，具有浓厚的地方色彩，并以伟大的诗人屈原为其光辉代表。自古代来，"风""骚"并称。《诗经》中的"国风"和以《离骚》为代表的楚辞，成了中国古代诗歌的两个典范。就创作方法而言，"国风"和《离骚》分别开中国文学现实主义和浪漫主义之先河。

随着楚辞逐渐接近于散文的赋体的演变，另一种诗体——乐府，带着民间文学特有的刚健清新的风格步入了汉魏六朝诗坛。乐府民歌无论是长篇还是短制，都"感于哀乐缘事而发"（班固《汉书·艺文志》）。强烈的现实感，是它们的一个重要标志。这种现实主义精神直接影响了尔后诗人创作的"乐府古题"，以及唐代的"新乐府运动"。在汉魏六朝乐府民歌中产生了《陌上桑》《孔雀东南飞》和《木兰诗》等中国古代长篇叙事诗中的瑰宝。在乐府诗的发展过程中，五言、七言的句式日渐引人注目。到了汉末，佚名诗人作的《古诗十九首》出现，五言诗体便基本成熟了。到了齐梁时期，中国古代著名文学批评家钟嵘《诗品·序》中已经确认"五言居文词之要，是众作之有滋味者也"。七言诗的产生稍后于五言诗，它的广泛流行大约在晋宋之际。经过齐梁间以沈约为代表的"永明体"诗歌在声律方面的充分准备，到唐代，近体诗确立了，诗歌进入了鼎盛时期，这是中国诗歌的一个黄金时代，出现了李白、杜甫、白居易等世界闻名的伟大诗人。

（2）唐诗　唐代诗歌标志着中国古典诗歌的最高成就。《全唐诗》录有的作品已达48900多首，有姓名可考的作者2200多人。可见唐诗创作之繁荣，流派也众多，题材风格丰富多样，各类诗歌体裁愈益齐备并全面定型，显示出中国古典诗歌已达到完全成熟的阶段。唐诗发展的大致脉络如下。

- 初唐诗歌。以王勃、杨炯、卢照邻、骆宾王（"初唐四杰"）为代表的诗人不满意宫廷应制诗的空虚内容和呆板形式，热切要求抒写自己的情感，诗歌的题材内容"由宫廷到市井""从台阁移至江山与塞漠"（闻一多《唐诗杂论》），开创了一代新诗风。"初唐四杰"之后的陈子昂，把创新事业更加推进了一步。他提倡"汉魏风骨"，推崇诗歌雄健的风格，用以抑制和扫荡齐梁以来的浮靡陋习，端正了唐诗的发展方向。其代表作有《感遇》《登幽州台歌》等。

- 盛唐诗歌。唐玄宗开元、天宝年间，诗歌全面繁荣的高潮来到。"李杜文章在，光焰万丈长。"（韩愈《调张籍》）李白和杜甫是唐代双峰并峙的大诗人，他们的诗歌风格不同，但在艺术上同样达到出神入化的境地。严羽《沧浪诗话》曾指出："子美不能为太白之飘逸，太白不能为子美之沉郁。太白《梦游天姥吟留别》《远别离》等，子美不能道；子美《北征》《兵车行》《垂老别》等，太白不能作。"

- 中唐诗歌。中唐诗歌比较有成就的诗人分为两部分。一部分是以白居易、元稹、李绅、张籍、王建为代表的一派作家，他们倡导"新乐府运动"，写下了大量的政治讽刺诗，在揭露现实的广泛性和批评时政的自觉性方面，继承了杜甫"语不惊人死不休"的精神，标新立异，精思独创。另一部分是以韩愈、孟郊、李贺、柳宗元、刘禹锡等为代表的一派作家，力图自创新格，另辟蹊径，"用思艰险"，崇尚"苦吟"，多以抒写个人的遭遇来揭示社会的弊端。

- 晚唐诗歌。"元和中兴"的势头消逝后，唐王朝衰亡的命运逐渐临近。反映在诗篇里，感伤颓废的情调和藻饰繁缛的风气逐渐增浓。其间杰出的诗人有杜牧、李商隐等，但他们的诗中充满感伤忧国的叹声，给人以"夕阳无限好，只是近黄昏"的没落感，缺乏鼓舞人心的力量。

4. 中国现代诗歌

现代诗歌，孕育于"五四"新文化运动，在时代的感召下诞生。其最显著的特征是以接近群众的白话语言反映现实生活。最初试验并倡导新诗的杂志是《新青年》，它在1917年2月2卷6号上刊出了胡适的白话诗8首，这是中国现代文学史上出现的最早白话诗。现代诗歌发展的历程大致如下。

- 现代诗歌在中国20世纪20年代至30年代之间，出现了多种风格流派并存的局面。浪漫主义诗歌的代表是郭沫若，他的著名作品《女神》写于1920年。《女神》的基本精神在于创造，于旧的毁灭中寻找新我的诞生。新月派的代表是诗人徐志摩，著有诗集《志摩的诗》《翡冷翠的一夜》等，他的诗语言风格鲜明，色彩清丽，具有流动的质感。象征派的代表是诗人李金发，著有诗集《微雨》《食客与凶年》等，他的诗以新奇生涩的形象，表现奇异的感伤气氛。

- 革命诗歌的形成与发展。以1930年左翼作家联盟成立为标志，革命诗歌得到进一步发展。产生了一批著名的诗人和作品：蒲风，代表作《茫茫夜》；臧克家，代表作《烙印》，田间,代表作《给战斗者》;艾青,代表作《大堰河——我的保姆》。

● 抗日战争时期的诗歌。抗日战争时期,诗歌以多种形式为现实斗争服务,街头诗、传单诗应运而生。此阶段的著名诗人和作品有:何其芳,代表作《夜歌》;卞之琳,代表作《慰劳信集》;王统照,代表作《吊今战场》;舒群,代表作《在故乡》。

● 20世纪40年代新诗的发展。此时期的解放区诗歌,以延安文艺座谈会精神为指针,引导诗歌向群众喜闻乐见、通俗易懂的方向发展。著名的诗人和作品有:李季的《王贵与李香香》,田间的《赶车传》,张志民的《王九诉苦》,李冰的《赵巧儿》等。此时期国民党统治区的诗歌,也以民谣、小调的形式,揭露和抨击腐朽没落思想,如袁水拍的《马凡陀的山歌》,臧克家的《宝贝儿》等。

● 新中国建立后的诗歌。中华人民共和国成立后,颂歌题材的诗歌不断涌现。这时期的诗歌的主流是歌颂新中国及其缔造者,歌颂新中国建设的新成就,歌颂各条战线的劳动英雄模范。代表诗人有何其芳、公木、徐迟、公刘、李瑛、贺敬之、郭小川、闻捷、李季等。这时期的作品有主题单一、形式枯燥的局限。

● "文化大革命"结束后的现代诗歌。十年"文化大革命"结束后,极左思潮得到纠正,文学领域又迎来了百花齐放的局面。中国作协在1983年到1986年进行了两次新诗评奖,有舒婷的《双桅船》等26部诗集获奖。这些作品留下了历史转折期的时代烙印,是和生活变革步伐相一致的作品。

三、影视、戏剧的审美特征

1. 电影常用术语

(1) 蒙太奇 这是电影艺术的主要叙述手段和表现手段之一。通过蒙太奇,电影的叙述可以跨越几十年的时间,可以跨越几万里的空间。两个不同的运动的并列与交叉,可以造成紧张的悬念,不同时间的蒙太奇可以反复地描绘人物过去的心理经历与当前的内心活动之间的联系。蒙太奇这种操纵时空的能力,使电影艺术家能根据他对生活的分析,撷取他认为最能阐明生活实质的,最能说明人物性格、人物关系的,乃至最能表达艺术家自己感受的部分,经过分解与组合,保留下最重要的、最有启迪力的部分,摒弃、省略大量无关紧要的东西,去芜存菁地提炼生活,获得最生动的叙述和最丰富的感染力。蒙太奇还有两个无法否定的作用,一是使影片自如地交替使用不同的叙述角度,如从作者的叙述到人物内心的主观表现,或者通过人物的眼睛看到某种事态。没有这种交替使用,影片的叙述就会单调笨拙。二是通过镜头更迭运动的节奏影响观众的心理。

(2) 对白 指电影中人物之间的对话。电影对白语言要求凝练、生动,具有形象性和动作性。

(3) 场面 俗称:"一场戏"。指在一定时间和环境中人物相互发生关系而构成的生活段落。在电影中,场面可由多个镜头以蒙太奇手法组接而成,也可由场面调度与摄影机移动相配合一气拍成。一部电影是由一系列相互衔接、具有内在联系的场面构成的。

(4) 画外音 电影中声源不在画面内,即不是由画面中人或物体直接发出的声音。它的特点是声音与其发声体可能在同一个空间,却不在同一画面里。画外音的美学特征在于它突破了镜头的限制,打破了画幅四框的界限,把电影的表现空间扩展到镜头和画面之外。另外,说明电影画面的某种意义而出现的解说与旁白,也可称为画外音。

(5) 插入 指电影借助平行蒙太奇手段同时表现几条情节线的一种方法。根据剧情发展的需要，在影片的某个部分插入某个特定的情节，以表现相互关联的人物在当时当地的思想行为。插入不受地点和时间的限制，可以是同一地点同一时间的，也可以是同一时间两个地点的。

（6）切入，切出　指电影中表现时间和空间转换的技巧之一。在各种镜头技巧中，"切"是最简单、最常见的，凡是内容上紧密联系的两个镜头直接衔接在一起，都叫做"切"。前一个镜头叫"切出"，后一个镜头叫"切入"。随着镜头的"切入、切出"，观众感到自己的视线仿佛发生了变化，忽而注视这个对象，忽而注视那个对象，忽左忽右，忽远忽近，从视点的不断变换中，逐渐接近表现对象，从而获得对它的全面了解。

（7）解说词　指电影中介绍、解释影片或某些镜头内容的画外音。通常用于新闻纪录片、科教片的内容解说，也见于故事片中对某些个别情节或人物的介绍以及代表作者或第三者所作的评论。

（8）闪回　又称"闪念"。指电影中用短暂的画面表现人物精神活动、心理状态和情感起伏的一种艺术手法。闪回，展现的时间比较短促，常常是几个镜头一闪而过。闪回的作用主要在于表现人物一瞬间的思想感情和心理活动，用看得见的画面来表现人物看不见的内心变化和发展。但它必须与人物此时此刻的行为、感受以及固有的思想感情、性格相联系，并符合人物或情节的逻辑，具有其特定性。闪回可以表现人物性格，使观众窥视人物的心灵奥秘，较一般回忆更能直接地揭示人物的内心世界。

（9）淡入，淡出　合称"淡"。指电影画面的渐显、渐隐。画面由亮转暗，以至完全隐没，这个镜头的末尾叫淡出，也叫渐隐；画面由暗变亮，最后完全清晰，这个镜头的开端叫淡入，又叫渐显。"淡出，淡入"是电影中表现时空转换的一种技巧，也表示一场戏剧或一个段落的开始或结束。

（10）划入，划出　合称"划"，指电影中表示时间和空间转换过程的技巧之一。其形式很多，如爆破形、扇面形等。常用的形式是：用一条明晰或模糊的直线，从画幅边缘开始，或横、或直、或斜地将前一个画面迅速抹去（划出），同时展现下一个画面（划入）。这一手法，适用于表现迅速的场景转换，造成明快的节奏。

（11）化入，化出　合称"化"，指电影中表示时间和空间转换过程的方法之一。在一个电影画面逐渐隐去（化出）的同时，另一个电影画面逐渐显露出来（化入）。运用这种方法，可使一个场景徐徐过渡到另一个场景，造成前后相互联系的感觉，省略一些不需要表现的繁琐过程。

"化"，既表示前后镜头之间的间隔，又表示它们之间的密切联系。表达较含蓄委婉，还寓有深意。两个镜头叠合在一起的时候，表示后一事物从前一事物中孕育而出，并具有对比、象征、比喻、讽刺的作用。

2. 电影主要片种

（1）纪录片　以真人真事为表现对象，不经过虚构，直接反映生活的一个片种。

（2）科教片　或称电教片、科学教育片。多用于工业、农业技术推广和大型课堂教学。

（3）美术片　除最常见的动画片外，还有剪纸、木偶、折纸、皮影和电脑制作作品。

（4）故事片　有完整故事情节，以塑造人物为主，由演员扮演剧中人物的影片。它可分为喜剧片、悲剧片、惊险片、传记片、历史片、伦理片、武打片、推理片、神话片等。

3. 电视艺术的主要特征

（1）纪实性　在视听艺术中，只有电视可以在事件发生的同时，让观众看到实况，给

观众以真实的感受,这是任何艺术不能替代的。纪实性的电视节目约有四大类:新闻、专题、电视文艺、电视报告文学。

(2) 兼容性　电视艺术是现代电子技术与多种艺术的有机兼容,是声画并重的视听综合艺术。它能博采各种艺术之长,并且在内容和形式上展示出多样性与丰富性。它是将"时间艺术"和"空间艺术"融会在一起的综合艺术,它是造型艺术、表演艺术、语言艺术及各种文艺材料和手段的创造性结合。

(3) 参与性　电视打破了电影、戏剧"我演你看"的局面,打破了"第四堵墙",电视中的人物既可以对另外的人说话,也可以直接对观众讲话,电视观众不再是被动的"受传者",而是节目的制作与参与者。如"智力竞赛"等节目。

(4) 连续性与系列性　电视的发展使连续性、系列性的艺术特色得以充分体现。中国人的欣赏习惯是乐于接受连续性和情节性强的故事。电视连续剧、电视系列节目、追踪报道等电视节目充分满足了人们的这种艺术需求,它能够表现时间跨度大、结构复杂、人物众多、情节曲折、真实性强的各种内容。

4. 影视欣赏要诀

欣赏一部电影、电视剧,如何知晓影视作品质量的高低?怎样鉴别影视作品的成功失败?精品的标准是什么?这里我们略谈一些基本的要素。

(1) 主题的突出和题材的新颖是第一位的　美国影视理论家波尔克说:"任何一部影片首先需要考虑的是主题。如果观众抓不住主题讲的是什么,那就很难指望他们去评论、分析和研究它。"确实,一部影视作品,耐人寻味,发人深省,使人久久难以忘怀,关键在于影视作品主题的突出和题材的新颖。如表现人性美,表现人生的艰难和困苦,表现崇高的爱情,表现革命英雄主义,表现爱国与民族振兴等。只有主题突出,题材新颖,一部影视作品成功的基本要素才具备。

(2) 思想精深　导演谢晋曾经说过:"影片真正打动观众的,最主要的是在于它的真实性和思想深度。"一部影视作品,题材选好,主题突出,还要重视对作品思想深度的挖掘。只有思想精深的影视作品,才能使观众受到教育,才能鼓舞人、激励人前进。如《鸦片战争》就是影视精品。

(3) 导演、演员的艺术发挥　一部影视作品如果单纯追求思想深度,很容易使作品简单化、概念化。思想是与艺术结合在一起的,导演艺术和演员的表演艺术发挥得好与坏,直接关系到一部影视作品的成功与否。演员应该依据影视文学剧本和分镜头剧本提供的人物形象,在导演的直接指导下,以精湛的演技,为影视作品的成功打下坚实的基础。

(4) 一部影视作品的成功与否,质量的好坏,还应该是多种因素的结合　比如:情节的引人入胜,结构紧凑有序,细节巧妙合理,表演逼真动人,摄影和剪辑精心高明,声、光、乐、彩、形等既协调又有新意。

5. 戏剧(话剧)简介

在中国,戏剧是话剧、歌剧、舞剧等的总称。而在西方,戏剧即指话剧。我们在这里主要谈话剧。话剧按作品类型分为悲剧、喜剧、正剧等,按题材可分为历史剧、现代剧、神话剧、童话剧等。下面,我们就戏剧基本的构成要素和基础知识作一简要介绍。

(1) 戏剧的基本要素是矛盾冲突　著名作家老舍说过:"写戏须先找矛盾与冲突,矛盾越尖锐,才越会有戏。"《周恩来论文艺》也指出:"剧本要写冲突,要写矛盾。冲突本身必然要发展,不然形不成高潮。从头到尾冲突不突出,或突出而不发展,都不好。"曹禺的著名话剧《雷雨》就是通过两个家庭，8个角色（周朴园、繁漪、周萍、周冲、鲁贵、鲁妈、大海、四凤），28个矛盾冲突线索构成，它使全剧无休无止发生"雷雨"。所以概括地说：冲突就是戏，没有冲突就没有戏。

（2）戏剧写作的规律　剧作家在创作戏剧（话剧）作品时，一般要按照这样的方式来写剧本。

● 先确立主题，展开情节。主题即是作品通过特定形象体系表现出来的中心思想。确立主题后，作者就要在自己积累的各种素材中去找"戏"，去发现矛盾，制造冲突。当矛盾冲突发展到最激烈的时候，这就是全剧的高潮，也正是全剧的思想主题最突出、最耐人寻味的关键。所以情节的展开可概括为先交代人物，再制造矛盾冲突，进一步发展到"高潮"，然后"解扣"（矛盾解决），最后便是"结局"。

● 剧作的场次安排。讲故事在适当的时候形成段落，看小说也有章、回，对戏剧而言同样也有场次的安排。德国戏剧家约·埃·史雷格尔说："每一场里都应通过几件重要事件向前跨进一步，或者交代一个新环境，或者设置一个新的障碍，做出一个新的行动。"也就是说戏剧的场与场划分是以新环境、新障碍、新行动、新决定为界线。比"场"篇幅更长的戏剧阶段称为"幕"，如《雷雨》就是四幕剧。比"场"更小的阶段称为"景"。在编写剧本的全部工程当中，最费心思的是它的结构，也就是对场、景、幕的安排。

● 要精心设计人物。一部剧作的情节和结构，都是因人物而设。正如俄国评论家伯林斯基所说："人是戏剧的主人公，不是事件在戏剧中支配着人，而是人支配着事件"。剧作家在塑造人物时要掌握"少""深""比""新""狠"的要诀。少，即戏剧人物要少而精；深，即在深知深思的情况下把人物写深刻；比，即人物与人物之间要有鲜明的对比；新，创造人物时观念和手法要新；狠，即要人物狠狠发挥。

（3）戏剧的语言特点　剧本中的语言有两类：一类是"舞台指示"，是剧作者对演出的一些明确要求。如时间、地点的介绍，服装、化妆的规格，表现、动作的要求，灯光、音响的规范等，这些在剧本中常用括号标明；另一类是出场人物的语言，即通常所称的"台词"。"台词"的特点是：一要言之有物，"物"中有人物、事物、景物；二要言之有情，这"情"字包含感情、激情、深情；三要言之有戏，即语言要有动作性，有潜蓄性（话里有话，戏里有戏），有音乐性。另外，戏剧的语言表达中，还有"独白""旁白"。剧作中的对话、独白、旁白，都是为刻画人物的性格特征、揭示剧情和时空环境而精心设计的。

6. 戏曲简谈

世界上有三种古老的戏剧：一是希腊的悲剧和喜剧；二是印度的梵剧；三是中国的戏曲。"戏曲"是包括宋元南戏、元明杂剧、明清传奇、近代京剧和所有地方戏在内的中国传统戏剧的统称。其中，京剧是中国戏曲文化的代表和集大成者。可以这样说，世界各国对戏曲的了解，通常也只限于京剧，下面我们就对京剧的基本要素和基础知识作一些简单的介绍。

（1）京剧中的角色分类　主要为"生""旦""净""丑"。

● 生。分为老生、小生、武生等。老生，多扮演老年正面男性人物，因戴假须，故又称须生，如诸葛亮、蔺相如等。小生，多扮演男青年人物，如梁山伯、周瑜等。武生，多扮演小将，如岳云等。

● 旦。分为正旦、花旦、闺门旦、武旦、老旦和彩旦等。正旦，多扮演中青年女性悲剧人物，因通常穿青衫又称青衣，如秦香莲等。花旦，多扮演中青年喜剧人物，如孙玉姣、红娘等。闺门旦，多扮演情窦初开的闺阁少女，如杜丽娘等。武旦，多扮演擅长武艺的女性，如穆桂英等。老旦，多扮演老年妇女，如佘太君等。彩旦，多为喜剧或闹剧中的女丑角，如茶婆、媒婆、店婆等。

● 净。又称花脸，可细分为大花脸和二花脸。大花脸，又称黑头、铜锤，多扮演官吏，如廉颇等。二花脸，多扮演勇猛刚烈侠士，如鲁智深、李逵等。抹粉白脸的奸雄曹操也属于这一类的一个分支。

● 丑。又称三花脸、小花脸，分为文丑、武丑。文丑中又因衣着身份的不同细分为袍带丑、方巾丑、褶子丑、茶衣丑、老丑等。武丑，多扮演会武功的丑角，如《三岔口》中的刘利华。

(2) 表演的四项基本功　"唱""念""做""打"是京剧和各剧种演员表演的四项基本功。唱，要求演员善于运用声乐技巧来表现人物的性格、感情与精神状态。演员大都把传声与传情结合起来，通过声乐的感染力，表现剧中人的内心世界。念，念白与歌唱相互配合、补充，是表达人物思想感情的重要艺术手段。念白要结合具体剧目，根据剧中人物性格特点和情节的开展，妥善处理轻重、缓急、抑扬、顿挫的节奏变化，达到既能悦耳动听又能传神的艺术境界。做，泛指表演技巧，一般又指舞蹈化的形体动作。演员在练好腰、腿、手、臂、头、颈等各项基本功后，还须悉心揣摩戏情戏理、人物特征，才能把人物演活。演员在创造角色时，手、眼、身、步法各有多种程式，髯口、翎子、甩发、水袖表现各有多种技法。灵活运用这些程式化的动作，以突出人物性格上、年龄上、身份上的特点，使塑造的艺术形象鲜明生动。如在各种步法中，表现人狼狈挣扎时走跪步，表现少女欢乐时甩着辫子走碎步，就不仅仅是纯技术性的表演，而是能起到渲染气氛和描绘情态的作用。打，是戏曲形体动作的另一重要组成部分。它是传统武术的舞蹈化，是生活中格斗场面的高度艺术提炼。通常分为"把子功"和"毯子功"两大类。凡是用古代刀、枪、剑、戟等兵器对打或独舞的，称把子功，在毯子上翻、滚、跌、扑的技艺称毯子功。演员在戏曲表演中要善于运用这些难度极高的技巧，准确地展示人物的精神面貌和神情气质。

(3) 脸谱化妆　京剧中脸谱的化妆使人物更性格化。脸谱既有象征性，又有说明性。通常红脸象征忠烈，如关羽；黑脸象征刚毅，如包公；蓝色象征凶猛等。有一套口诀将其概括为："红忠紫孝，黑正粉老，水白奸邪，油白狂傲，黄狠灰贪，蓝凶绿暴，神佛精灵，金银普照。"在公用的颜色和脸谱上还可加上特殊标志，如包公黑脸，脑门上绘白色月牙，表示他像黑夜中的明月一样，洞察黑暗，判案准确清楚。鲁智深额上加一对螳螂眉，用好斗的螳螂来表现他的勇猛和好打抱不平。

(4) 穿戴有规矩　在京剧中衣帽穿戴有严格的规定。同是文官服，颜色、图案不同则级别不同。穿蟒袍者为大官，只有皇帝才能"龙袍加身"。文官仅纱帽一项就大有讲究，皇帝或大官的帽翅向上，一般官吏帽翅平伸。正直官员戴方翅纱帽，名曰："忠纱"；奸臣戴尖翅纱帽，名曰："奸纱"；贪官的帽翅是圆角，名曰："金钱纱"；纱帽上插金花，是新科状元的专用品；帽子上插套翅，是驸马的专用品。

每章一练

1. 为什么说音乐与舞蹈是表情的艺术？
2. 如何欣赏书画作品？
3. 摄影与摄影艺术区别何在？
4. 举例简要说明文学艺术与影视艺术的教化价值。

第七章 人体艺术

 本章概述

本章介绍了美的极致——人体,从人体艺术探索史和人体艺术的审美特征,以客观的视角对人体艺术这一敏感话题做了阐述,这也是高校学生需要接触的知识。

 教学目标

帮助学生树立对人体艺术的正确看法,学会欣赏美,理解美。

✵ ✵ ✵ ✵ ✵ ✵ ✵ ✵ ✵ ✵

第一节 人体艺术探索史

人体是大自然中发展得最高级、最完善、最值得赞美的造型,同时,人又是社会生活的主体,所以美术作品一向以描绘人及人的生活为主要内容。例如,迄今所发现的最早的绘画活动,大多以表现人类的集体劳动为主。后来在宗教文化的发展中,绘画及雕塑等都以人的具体形象作为神的体现。并且为了崇拜统治者,为了人的"死后重生"等迷信活动的需要,逐渐出现了描绘具有个性特征的人物肖像画。在传播宗教文化和封建文化的过程中,对人的描绘更加丰富。不仅出现了头像,而且还出现了半身像、群像等。随着科学文化的发展,人体绘画从最初的文化实用目的逐渐转变为审美的目的,出现了极为丰富的审美性人体美术,并成为人类重要的精神财富。

人体艺术的出现,从本质上说是人类自身审美的需要。人体为物质与精神的载体,是一切美的因素的结合体。人的外在形象与内在精神的特殊联系,使其成为最理想、最直接的情感传达媒体。一幅成功的人体美术作品,既是大自然的写照,又是社会的映象,还是作者和观赏者的镜子。人体美术作品具有很高的审美价值,可是,不同国度、不同民族的人们对此却颇有争议。

一、跨世纪的争论

就我国而言,对人体之美原本并无禁忌。如杭州灵隐寺飞来峰上的裸女石雕,敦煌壁画上的"飞天"裸女,众多寺庙里的观音塑像……皆属人类人体艺术的不朽之作。

可惜,随着封建礼教对人性的摧残,极富人性味的人体艺术这朵耀眼的奇葩也随之凋谢。但

它并未死亡，且与人类的生命同在，只不过面对风刀霜剑的轮番折磨，几经挣扎才重获新生。

到 20 世纪 20 年代，我国仍处于半封建半殖民地的历史时期。不仅一般民众，就是从事造型艺术的画家和雕塑家也只能以僵死的石膏模型作为创作的模特儿，哪能以鲜活的人体作为审美对象。为争创作的自由，艺术家们与封建卫道士的斗争从未停息。

斗争焦点集中在人体艺术是美还是丑，是道德还是不道德，是文明人性的复归还是野蛮兽性的表露。

二、突破—复苏—飞跃

1. 突破

2004 年 7 月 16 日晚，中央电视台"文化教育"频道《探索·发现》栏目，以"照片上的人，你们还好吗？"为题，报道展示了 1929 年上海美术专科学校第 17 届毕业生留影时，邀请女模特儿参加合照的一帧历史照片。画外音评论指出：

"……女模特全身赤裸，位居中央，身微侧，面带羞涩之美。照片上人们的笑容，宣布了'人体'争论风波的结果：先进文化与封建礼教的搏斗获得了胜利，是文明战胜野蛮，美丽战胜丑恶，是人性的复苏与解放！"

这一历史性的"突破"，为何在七十多年后的今天，才引起人们如此倾情的关注——怀着热情和敬意寻找健在的斗士（照片上的师生们），尤其是那位为艺术献身的女模特儿。人们呼唤着："你在哪里？"因为七十多年里，人体艺术在我国，并非由 1929 年的突破而步上坦途，而是仍在崎岖的道路上艰难地跋涉。

2. 复苏

马克思主义哲学告诉我们：人类社会的文化构成及其价值追求在于科学文化之求"真"，道德文化之求"善"，艺术文化之求"美"。"真""善""美"的统一，是人类先进文化的发展方向。

人体艺术，是表现人体美的自然属性的艺术群类。它在艺术文化领域中，形式极为多样，内容极为丰富，新旧观念鲜明对立，从而导致的争论也非常激烈。因人体艺术在艺术表现形式上有人体绘画、人体摄影、人体彩绘和舞蹈、服饰、模特儿等。其中前面三种形式涉及男女裸体，后面诸种又多有人体的局部裸露。于是出现了艺术与"色情"、文明与野蛮、高尚与腐朽、道德与不道德、美与丑长时期的争论。这种争论曾严重制约了我国艺术文化的发展。直到 20 世纪 60 年代中期，在毛泽东主席的亲切关怀与大力支持下，我国的艺术院校才开始使用活生生的人体模特儿，以取代僵死的石膏模型。这虽然仅仅是在教学领域内的一次变革，但对我国整个文艺界影响巨大。艺术家们将毛主席这封关于模特儿使用问题的信函，视作具有划时代意义的文献！毛主席写到：

定一、康生、恩来、少奇、小平、彭真同志：

此事应当改变，画男女老少裸体 Model 是绘画和雕塑必需的基本功，不要不行，封建思想，加以禁止，是不妥的。即使有些坏事出现，也不要紧。为了艺术科学，不惜小有牺牲。

请酌定。

毛泽东

一九六五年七月十八日

这封信使长期被禁锢的人体艺术获得解放，使一大批从事人体艺术创作与展示人体美的艺术家获得解放，使人们对人体美的欣赏与评论有所遵循，奠定了人体艺术蓬勃复苏的坚实基础。可惜，事隔一年"文化大革命"骤至，江青在文艺界一手遮天，将人体艺术作为"资产阶级腐朽文化"而打入另册，完全背离了毛主席的观点，完全背离了"百花齐放，百家争鸣"的文艺方针，艺术园地被弄得百花凋零，万马齐喑。"文化大革命"后，这些虽已成历史，但直接表现人体自然美的艺术作品却仍然很少。

3. 飞跃

党的十一届三中全会后，随着我国经济体制的改革和国民经济长期、稳定、快速、健康的发展，社会文化的相伴飞跃已成必然。久违了的人体艺术，也悄悄揭开了悬垂的纱幕。20世纪90年代，在中国美术馆举办的"国际摄影艺术展"中，就有少量的国外人体摄影作品。继中国摄影家协会举办第14届全国影展以来的历次影展，人体摄影已崭露头角。2000年我国第一次举办了全国性的"人体摄影"大型赛事。这表明人体艺术与其说是被中国人认同，还不如说是相关机构在"三个代表"重要思想，尤其是"代表先进文化的发展方向"这一科学思想指导下，对一个重要的艺术领域的全面解禁。这就使艺术殿堂更加绚丽多姿，使人们对于自身的美敢于欣赏，勇于表现，善于创造。

其飞跃的轨迹如下。

● 毛泽东主席的信与相关批示公开向艺术界传达，虽然群众对此全然不知，更无人体艺术欣赏可言，但其现实意义犹如思想解放的旗帜和进军的号角。

● 自此，人体艺术崭露头角。到1988年底，北京举办人体油画展览，18天竟有22万多人参观，创历次美展参观人数之最高纪录。人体艺术在我国得到了公众的认同。

● 1998年，广州市举办了第一次人体摄影艺术展览，尽管只有二十余幅作品，但它不是绘画，而是活生生的人体之最直接、最真实的反映。

但是，无可讳言，人体艺术的当前态势——仍然谨慎地控制着，数量不要多，影响不要大，小心翼翼地以含蓄、朦胧的面貌出现。人体艺术遭受重炮轰击虽已成过去，但闲言碎语犹存，仍面临诸多疑难与困惑。即使如此，人体艺术在我国发展速度之快，涉及内容之广、形式之新，却连西方人也为之惊叹。这是时代进步与观念更新的必然结果。正如浙江美术学院一位教授所言：有人认为人体艺术不合我国国情。是的，因为我国还残存着封建意识，可这种极为落后的腐朽意识，将会被改革的历史洪流荡涤净尽。

三、理论探索

1. 人体艺术的价值取向

艺术家在创作人体美术作品或展示自身体形、体态、容貌、肌肤等诸种表露于外的美的特征时，还必须按照美的规律充分展现人的朝气蓬勃的生命力，以及举手投足的律动韵味。

不难看出，人体美虽说是外在美与内在美的和谐统一，但它却偏重于外在的自然属性之美。正因为如此，人们在进行审美观照的初始阶段，不可能一蹴而就地跳跃到深层次的内在美的审视高度，从而获得丰硕的审美成果。它必须经历"由表及里"的创作途径，才能实现审美价值。而在这种欣赏的初级阶段，即"表"层皆属颇具性感的外在信息，混杂着生命延续的本能欲望，从而导致对人体艺术价值取向的背离。

那么，应当怎样认识并摆脱这些恼人的"困惑"呢？按照反映论的观点，"物经感觉而达思维"。任何具有健全的感官、神经系统和大脑的人，在接收到客体信息时，都会引起相应的感觉——对事物外在形象、特征做出反映。因此，人体的特殊信息，特别是活生生的人体彩绘、性感服饰、泳装表演……引起观者的过度关注必然的，是符合生理、心理发展规律

的自然现象。

但人对外部世界的反映是具有能动性的——有意识有目的的行为,这种行为受制于反映活动的价值取向。在艺术欣赏活动中的价值追求,是一种崇高的精神体验。法国哲学家库申有句名言:"美的特点并非刺激欲望或把它点燃起来,而是使它纯洁化、高尚化。"将人的自然属性与社会属性统一起来,去追求人性的完美,使对人体艺术的欣赏真正进入审美的境界。

如果有人缺乏审美素质,缺乏"由此及彼,由表及里"的认识能力,只能停留在感性认识阶段,甚至失去自控能力而导致非理性,那绝不是人体艺术的错误。因此,我们对待人体艺术不能因噎废食。正如毛主席信中所指:"即使有些坏事出现,也不要紧。为了艺术科学,不惜小有牺牲。"不能"谈性色变",进而否定人体艺术,那是不科学的陈旧观念的反映。所以,加强美学理论教育,促进观念更新是摆脱"困惑"、确保审美价值得以实现的科学方法。

2. 羞涩心理的生理基础

在人体美的展示与欣赏活动中,审美主体与审美客体皆同为人类。那么,以自身面对"自身",为何会产生"难为情""不自然"的羞涩之感呢?同是人体的五官与四肢,展之无此感受;而人体的某些部位却羞于暴露。要回答对五官四肢"见惯不惊"而对其他体位"少见多怪"的问题,就必须弄清羞涩心理的生理基础。

据观察,婴幼儿对自己的身体,在尚无理性认识和对性特征无差别意识时,就无所谓"羞涩"之感。可见,羞涩心理伴随性特征的产生而产生,随性成熟而日趋敏感。

实践证明:在特定的时空条件下(人体艺术表演、竞技等公共场所),在特定的人际关系(如人体摄影、彩绘,艺术家与被摄、被绘者之间)和特定的实践活动(人们参与游泳、舞蹈、健美)中,"羞涩心理"将转化为"羞涩美感"或转化为坦荡大方的主动配合行为,使特定实践活动得以进行,使居于审美活动中的主客体双方都能同时获得美感体验与享受。

3. 羞涩美感的道德机制

随着社会前进的步伐,人类实践的内容也日益丰富。人体审美活动出现后,羞涩心理向羞涩美的转化,就源于人们在审美实践中的感受,这种感受在文明社会中,无疑蕴涵着道德尺度。即由审美客体所隐含的不太自然的"羞涩表情",转为坦荡、自由的"羞涩美感",这正是人对自身的纯真、纯洁有了理性认识后的一种纯情的表露。矛盾以一种鲜明的对立方式展开,使审美主体所获得的美感更加深刻——从羞涩看到纯真之美,是美的规律,"真"与"善"(道德价值判断)之统一使然。这正如"残缺美"比"完美"更有强烈的冲击力一样,"羞涩美"能给人的审美意象烙下深深的印痕,并令人产生由痛惜而疼爱,由"羞"而"美"的心灵碰撞从而获得审美享受。因此,人们在人体艺术的创造、展示、欣赏活动中,对"羞涩美感"的追寻、发掘与享受,无一不含有对"纯真""纯洁""纯情""崇高"和"真善统一"等种种道德机制的确认。

据此"确认",我们又必然能够找到确保人体艺术之审美价值得以实现,审美定向不被歪曲的社会条件。即人体美的创作、展示与欣赏必须在特定场合,如寝室、家庭、美术馆、舞台、体育场所、T形台、人体美艺术创作室、摄影棚等。在这种特定的公共场合,因有大众的参与,对抱非艺术欣赏的不健康态度者,会形成一种无形的强大的社会制约力量。这个"条件",就在于正确运用和发挥社会道德的能动作用和社会舆论的监督作用,以此确保审美活动的道德属性。

我们深信，在迎面奔来的小康生活中，人们对精神生活的需求，将有一个飞速的提升，对人体艺术的创作、展示与欣赏，也将是审美活动与审美享受的重要内容。

第二节　人体艺术的审美特征

一、多样的人体艺术形式

将人体作为艺术创作的对象和艺术欣赏的对象，这是人类历史文明进步的结果。那么，人体艺术有哪些表现形式呢？

1. 人体绘画

人体绘画指在二维平面上表现人体之美，以色和形等感性材料与绘画艺术语言，充分展现人体合宜的比例，肌肤的柔嫩、光滑、弹性、力度。这只表现人的外在的美，更重要的还在于通过人的表情以展现其内心世界和气质之美。

2. 人体雕塑

人体雕塑指通过三维空间的立体方式展现人体之美；用石雕、泥塑、金属浇铸打制等多种制作方法以完成艺术创作。雕塑艺术较之绘画在手法上更加洗练，它浓缩事物发展的过程，去除细枝末节，具有高度的概括性。

3. 人体摄影

人体摄影是机械、物理、化学技术与艺术技巧的结合。人体摄影是最真实而直接的反映人体，身临其境的现场感尤为突出。人体摄影中有黑白、彩色、特技、静态、动态摄影等多种表现手法。由于人的情感丰富，一举手一投足变化万千，再加上个体、群体、特写、全景、表演、写真摄影之别，使人体摄影之美美不胜收。

4. 人体彩绘

人体彩绘是人类从粉面文身到化妆艺术的进一步发展，是脸谱艺术、面具艺术、环境艺术、绘画艺术等多种艺术形式与人体艺术的结合。

此项艺术，正处于方兴未艾的发展时期，在实践与理论研究上，为人们的创新提供了广阔的空间，同时也存有诸多争议。

在鲜活的人体上作画：一要表现人体之美，二要表现绘画艺术之美。求得二者的统一需要有较高的艺术技巧，构思要奇特有趣，利用和展现人体凹凸之美自然得当。此项艺术有艺术性与趣味性相统一的特征。

人体彩绘之美，着重在"形式美"，即色彩、线条、构图整体和谐，而不在绘画必须表现什么重大的题材和深刻的内容。又因人体的较大块面集中于前胸、腹、背和大腿，这为绘画带来局限，故人体彩绘之审美目的，仍集中指向人体本身的自然之美。

5. 其他

如服饰、模特儿、舞蹈、体育、杂技等诸多艺术形式，也在相当程度上具有人体艺术的审美特征。

二、人体美术作品介绍与欣赏

1. 油画《入睡的维纳斯》

这幅油画，是意大利乔尔乔内的杰作。画家以女性裸体为主题，塑造了一个睡在草地上

的妙龄女子，周围是简单的、富有诗意的意大利风景。维纳斯比例匀称，身体丰满，在幽雅宁静的草地上入睡。她闭着眼睛，保持着安闲的表情。画家将她丰腴柔润的躯体与优美恬静的田园风光巧妙地加以组合，构成了一种闲适优雅的理想世界。

2. 油画《浴后的狄安娜》

《浴后的狄安娜》为法国布歇所创作。该画的女性裸体在景物的衬托下明亮耀眼，虽非恋爱的场面，但由此也可见古代神话中的形象。猎神狄安娜和她的侍女则构成了一幅宫女出浴图。狄安娜纤小的手足、柔嫩的肌肤和她手中拿着的珍珠项链，更充分显示了宫廷贵妇的特征。

3. 油画《泉》

法国安格尔创作的这幅绘画，仅对比产生的美就有多处。如"泉水"的直线与人体 S 形的弯曲；冰冷的无生命的岩石与人鲜活的肉体；暗的背景与亮的人体。但最突出的美则是少女那羞怯的神情与赤裸的身体的强烈对比。使人感到少女之所以可爱，是因为她不仅有健美的洋溢着青春活力的肌体，而且还有着纯洁无邪的心灵。她是完美的青春女神，她美，她庄重，她不可侵犯。如果不画成裸体，便不足以展示她身体的健康和美丽；如果不画出羞怯的神情，又不足以显示她的纯真无邪。因而，形体和精神，每一方面都是不可缺少的、至关重要的美的因素。

4. 雕像《弓箭手赫拉克勒斯》

雕像为法国布尔德尔所创作。在这座雕像上，那个引箭张弓的英雄形象被表现得扣人心弦：虎背熊腰的赫拉克勒斯左腿撑着一块凸起的巨石，身体右斜，全身的重量集中在屈膝的右腿。他使足力气拉开强弓，仿佛其致命的利箭即将离弦而去，直刺空中的怪鸟。整座雕塑以雄劲的气势和强烈的动感，显示出雕塑家对于力量的强调。无论是那紧张倾斜的姿势、肌肉紧绷的躯体，还是那因用力而勾起脚趾的双脚和那颅骨狭小而颧骨高凸的头部，都让人强烈地感受到力量之美。这股力量，最终汇聚到那支并未表现出来的箭之上，并且，其焦点顺着人物目光的方向一直扩展到雕像以外遥远的上空。这件作品，不仅显示了雕塑家塑造人体形象的高超技艺，而且还反映出其构图及结构处理上的非凡造诣：巨大的弯弓在空中勾画出一条巨大的弧线，为雕塑结构定下大的基调；弯弓的上部与人物倾斜的上身躯体相呼应，下端则与人的双臂及双腿所形成的斜线的趋势相统一。疏朗、透空而富于起伏的造型，使这件雕塑具有动人的节奏与韵律之美。

1. 何谓人体艺术的价值取向？
2. 为什么人们的思想意识与道德观念对人体艺术有着重大的影响？
3. 你对人体艺术持何种看法？为什么？